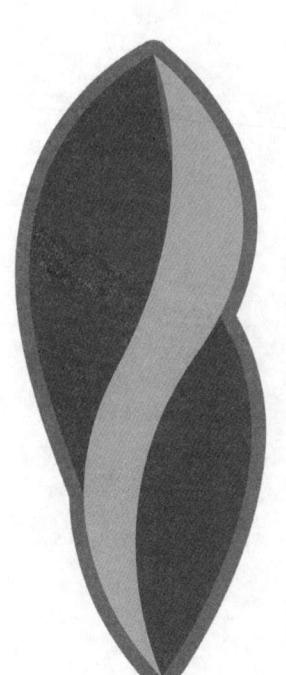

DIREITO DO TRABALHO E DIREITO DA SEGURIDADE SOCIAL:

clássicos e novos instrumentos de inclusão social e econômica

Érica Fernandes Teixeira

Doutora e mestre em Direito do Trabalho pela PUC Minas. Advogada e professora de Direito do Trabalho, Direito Processual do Trabalho e Direito Previdenciário nos cursos de graduação e pós-graduação da PUC Minas. Coordenadora do Curso de pós-graduação em Direito do Trabalho: Materialidade, Instrumentalidade e efetividade, no IEC-PUC Minas.

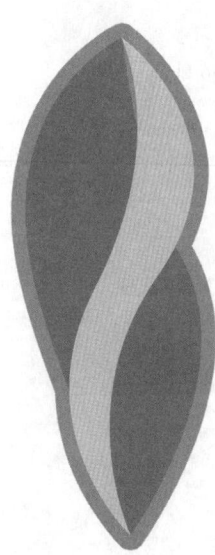

DIREITO DO TRABALHO E DIREITO DA SEGURIDADE SOCIAL:
clássicos e novos instrumentos de inclusão social e econômica

EDITORA LTDA.
© Todos os direitos reservados
Rua Jaguaribe, 571
CEP 01224-001
São Paulo, SP – Brasil
Fone (11) 2167-1101
www.ltr.com.br

Produção Gráfica e Editoração Eletrônica: Estúdio DDR Comunicação Ltda.
Projeto de Capa: Fabio Giglio
Impressão: Cometa Gráfica e Editora

LTr 4805.8
Novembro, 2013

Dados Internacionais de Catalogação na Publicação (CIP)
(Câmara Brasileira do Livro, SP, Brasil)

Teixeira, Érica Fernandes
   Direito do trabalho e direito da seguridade social: clássicos e novos instrumentos de inclusão social e conômica / Érica Fernandes Teixeira. – São Paulo : LTr, 2013.

   Bibliografia.
   ISBN-978-85-361-2747-7

   1. Democracia 2. Direito do trabalho 3. Direitos fundamentais 4. Inclusão social 5. Justiça social 6. Previdência social – Legislação – Brasil I. Título.

13-07325   CDU-34:331

Índices para catálogo sistemático:
1. Direito do trabalho   34:331

Sumário

Prefácio 11
1. **Introdução** 13
2. **Inclusão social no capitalismo e na democracia: o papel dos direitos sociais trabalhistas e previdenciários** 17
   2.1. O capitalismo como sistema desigual e excludente: traços históricos 17
   2.2. A emergência dos ramos sociais do direito e da democracia no sistema capitalista: a deflagração do processo de inclusão econômico-social 19
   2.3. A proteção dos direitos sociais trabalhistas e previdenciários no capitalismo e na democracia 33
3. **O Direito do Trabalho como instrumento de inclusão social** 44
   3.1. Considerações iniciais 44
   3.2. Direito do Trabalho: papéis na sociedade e na economia capitalistas 46
   3.3. Evolução do Direito do Trabalho: referências mundiais 50
   3.4. Evolução do Direito do Trabalho no Brasil e a promoção da inclusão social 56
4. **Clássicos e novos desafios à generalização da inclusão social na ordem capitalista, relativamente ao Direito do Trabalho** 62
   4.1. Desafios à generalização do Direito do Trabalho no Brasil e os impasses à inclusão social 62
   4.2. Os impactos das inovações tecnológicas 69
   4.3. Alterações na estrutura das empresas 70
   4.4. Aumento da concorrência no sistema capitalista 75
   4.5. Concepções intelectuais de ataque ao trabalho e emprego 75
   4.6. Alterações normativas trabalhistas 76
   4.7. As artificiais previsões do fim do emprego na sociedade capitalista 77
   4.8. Políticas públicas e o salário mínimo 77
5. **O Direito Previdenciário como instrumento de inclusão social** 82
   5.1. Direito Previdenciário e Direito da Seguridade Social: conceituação e distinção; correlação ... 82
   5.2. Evolução do Direito Previdenciário 85
   5.3. Evolução da proteção social no Brasil 92
   5.4. Instrumentos de atuação do Direito Previdenciário: caracterização 108
6. **Clássicos e novos desafios à generalização da inclusão social na ordem capitalista, relativamente ao Direito Previdenciário** 118
   6.1. A hegemonia do pensamento econômico liberal 119
   6.2. Transição demográfica da sociedade 127

6.3. O papel das políticas de transferência de renda 132
6.4. O impacto da rotatividade em postos de trabalho 144
    6.4.1. Regulamentação do § 4º do art. 239 da Constituição Federal............................... 147
6.5. O desafio dos acidentes de trabalho 151
    6.5.1. A propositura de ações de regresso pelo INSS... 153
6.6. Ampliação do seguro-desemprego... 156
6.7. Regulamentação do inciso VII do art. 153 da Constituição Federal (Imposto sobre Grandes Fortunas).. 158
7. **A previdência complementar como instrumento adicional de inclusão social previdenciária** 161
7.1. Previdência pública e previdência complementar 161
7.2. Previdência complementar: traços históricos.. 162
7.3. Objetivos da previdência complementar.. 164
7.4. Classificação... 165
7.5. Entidades fechadas e entidades abertas 165
    7.5.1. Entidades fechadas... 166
    7.5.2. Entidades abertas 168
7.6. Intervenção estatal 171
7.7. Custeio 172
7.8. Planos de benefícios 172
7.9 Atuação como instrumento adicional de inclusão social previdenciária..................... 174
8. **Os fundos de pensão como instrumentos adicionais de inclusão social e econômica no capitalismo** 176
8.1. Considerações iniciais.. 176
8.2. Fundos de pensão: traços característicos 178
8.3. O controle dos fundos de pensão pela criação da Superintendência Nacional de Previdência Complementar pela Lei n. 12.154/2009 183
8.4. Os fundos de pensão como instrumentos adicionais de inclusão social e econômica no capitalismo... 186
9. **Conclusão** 193
    Referências 201

*Aos professores
Dr. Mauricio Godinho Delgado
e Dr. José Roberto Freire Pimenta.*

*Ao meu marido Fernando,
com todo amor e gratidão.*

Primeiramente, agradeço a Deus e a Nossa Senhora, pela possibilidade de concretizar mais um sonho e pelas presenças constantes em minha vida.

Ao Professor Dr. José Roberto Freire Pimenta, pela honra de tê-lo como orientador, bem como pela humildade, gentileza e paciência com que sempre transmite seus infinitos conhecimentos.

Ao meu eterno Professor Dr. Mauricio Godinho Delgado, exemplo de pessoa e de doutrinador, imprescindível em minha caminhada acadêmica, por todo seu empenho, orientação e incentivo. A ele, meu carinho, admiração e perpétua gratidão.

Aos meus familiares, em especial à minha querida mãe, por todo incentivo, torcida, carinho e companheirismo.

Em especial agradeço ao Fernando: meu marido, meu amor, meu amigo, meu companheiro e meu porto seguro.

Prefácio

A Constituição da República, com a sabedoria que a distingue, fixou no campo social do Direito a diretriz principal de sua construção jurídica. Alçando a pessoa humana ao pilar central de sua estrutura, por meio de vários princípios determinantes de caráter humanístico e da própria arquitetura de seu corpo normativo, o Texto Máximo da República percebeu a essencialidade de enfatizar os segmentos do Direito Social, sob pena de tornar vazia sua intenção humanística, inclusiva e democrática.

Nessa medida, o Texto Máximo Republicano conferiu notável destaque ao Direito do Trabalho em seu conjunto normativo, distribuindo seus conceitos cardeais desde o Preâmbulo da Constituição, passando pelo Título I ("Dos Princípios Constitucionais") e pelo Título II ("Dos Direitos e Garantias Fundamentais") até chegar à configuração e regência do mercado econômico (Título VII) e das estruturas, instituições e dinâmicas do restante da sociedade civil (Título VIII).

Assegurou também relevância ao Direito de Seguridade Social, regulando-o no Título VIII, consideradas, nesse quadro, as inovações normativas trazidas pelas Emendas à Constituição de n. 20/1998, n. 29/2000, n. 41/2003, n. 42/2003, n. 47/2005, n. 51/2006 e n. 63/2010.

Determinou a Constituição de 1988, ainda, a criação do Direito do Consumidor no País, anteriormente não organizado como ramo jurídico próprio no Direito brasileiro (art. 48 do Ato das Disposições Constitucionais Transitórias).

Conferiu, por fim, o Texto Magno da República importância ao Direito Ambiental, organizando diretrizes quanto à política urbana (arts. 182 e 183), à política agrícola e fundiária, inclusive no tocante à reforma agrária (arts. 184 a 191), além de abrir capítulo normativo específico sobre o meio ambiente (Capítulo VI do Título VIII, em seu art. 225).

Dessa maneira, traduz-se em empreendimento atual e absolutamente moderno na seara jurídica brasileira a perspectiva de investigar e estudar, de maneira integrada, o Direito do Trabalho e o Direito da Seguridade Social. É que tais segmentos normativos são componente decisivo da estratégia constitucional de construir no Brasil um Estado Democrático de Direito, com fulcro na pessoa humana e sua dignidade, de maneira a realizar os princípios da justiça social, do bem estar individual e social, da valorização do trabalho e do emprego, da segurança, da equidade e da justiça.

Esse notável empreendimento constitui o que realiza a Professora Érica Fernandes Teixeira, Mestre e Doutora pela PUC Minas, com seu livro, ora publicado pela Editora LTr, intitulado *Direito do Trabalho e Direito da Seguridade Social: clássicos e novos instrumentos de inclusão social e econômica.*

O livro inicia-se com a análise dos caminhos de inclusão social no capitalismo e na Democracia, enfatizando, nesse quadro, o papel dos direitos sociais trabalhistas e previdenciários.

Discorre sobre a evolução do Direito do Trabalho na História, demonstrando sua atuação como instrumento de inclusão social. Nesse estudo, aborda o debate sobre os clássicos e os novos desafios à generalização da inclusão social na ordem capitalista, relativamente ao Direito do Trabalho, inclusive examinando as políticas públicas de incremento desse ramo jurídico especializado, de maneira a potenciar seus efeitos sociais e econômicos benéficos.

Discorre também o livro sobre a evolução do Direito da Seguridade Social, demonstrando sua importância como mecanismo de inclusão social e econômica no Ocidente. Aborda a evolução desse ramo jurídico no Brasil e os meios que propiciaram sua expansão. Partindo da tutela meramente contributiva direcionada aos integrantes de categorias profissionais, inseridos nos antigos Institutos de Aposentadorias e Pensões (IAPs), até a proteção previdenciária e de seguridade social mais universalista que hoje caracteriza o Direito brasileiro seguinte à Constituição de 1988, a obra demonstra o notável papel do sistema de seguridade social na efetivação do Estado Democrático de Direito arquitetado pela Constituição da República.

Completa a obra da Professora Érica Fernandes Teixeira a pesquisa acerca dos mecanismos de previdência complementar, quer as instituições fechadas de previdência complementar privada, quer o sistema aberto de previdência complementar privada. Regulado também pela Constituição da República (art. 202), o regime de previdência privada, em suas duas vertentes (a fechada e a aberta), é examinado com clareza e abrangência pela Professora Doutora da PUC Minas.

Nessa análise, o presente livro tem a sabedoria de enfocar os dois veículos do regime de previdência privada como mecanismos *adicionais* de inclusão previdenciária, na linha determinada pelo art. 202 da Constituição Federal. Nessa perspectiva constitucional, tal regime não pode ser compreendido – à diferença de certa concepção excludente que já teve prestígio na América Latina e no Brasil nos anos de 1980 e 1990 – como instrumentos alternativos ao Sistema Oficial de Seguridade Social, ao invés de meros contributos adicionais à prestação de benefícios de previdência social no sistema jurídico brasileiro.

Trata-se de obra muito relevante à compreensão das funções e das estruturas essenciais do Direito do Trabalho e do Direito da Seguridade Social prevalecentes na realidade institucional, econômica, social e jurídica do Brasil.

Brasília, agosto de 2013.

Mauricio Godinho Delgado
Ministro do Tribunal Superior do Trabalho / Ex-Professor do Doutorado e Mestrado em Direito da PUC Minas / Ex-Professor do Mestrado em Ciência Política e da Faculdade de Direito da UFMG / Professor dos Cursos de Pós-Graduação em Direito do Centro Universitário IESB (Brasília-DF)

1. INTRODUÇÃO

O objeto geral desta obra consiste no estudo dos clássicos e novos instrumentos de inclusão econômico-sociais trabalhistas e previdenciários na sociedade contemporânea. A sociedade torna-se mais democrática quanto mais includente ela se caracterizar, por meio de normas imperativas que impliquem garantias para os indivíduos, a fim de atribuir papéis ativos a todos os cidadãos.

O surgimento dos direitos sociais na ordem jurídica marca o início do processo de inclusão dos indivíduos. Os direitos sociais visam criar condições de igualdade material entre os seres, a fim de conectá-los ao sistema produtivo e distribuidor de riquezas do Estado Democrático de Direito. Assim, os direitos sociais devem ser compreendidos em uma dimensão retificadora, no sentido de reduzir as desigualdades existentes entre os cidadãos, e também em uma função provedora, para alcançar justiça social.

A denominação "direitos sociais" passou, a partir da segunda metade do século XIX, a ter relação com os ramos jurídicos engajados com o processo inovador de democratização real das sociedades. O Direito do Trabalho foi um ramo pioneiro com matriz jurídica social, de natureza interventiva, gerindo interesses de caráter social. Ainda que o Brasil não tenha vivido a real experiência do *Welfare State*, a supremacia do trabalho e do emprego foi incorporada à cultura jurídica, em especial, a partir da Constituição Federal de 1988, traduzindo-se numa das maiores conquistas democráticas no mundo ocidental capitalista. Nas últimas décadas do século XIX, e ao longo de todo o século XX, houve também o surgimento e estruturação do Direito Previdenciário. Ambos os ramos jurídicos caracterizam-se pela larga prevalência de normas imperativas objetivando a inclusão social.

Um sistema privado de proteção social existe em nosso país há vários anos. A previdência pública estatal, porém, foi criada posteriormente, tendo atribuído ao tradicional sistema privado a característica de complementaridade.

Assim sendo, este trabalho busca analisar o papel desempenhado pelos institutos, regras e princípios do Direito do Trabalho e, também, do Direito Previdenciário na promoção de uma sociedade mais democrática.

São, pois, objetivos específicos desta obra:

a. Verificar a primazia do trabalho e do emprego na sociedade capitalista contemporânea;

b. Analisar o surgimento dos direitos sociais e verificar a amplitude do conceito de democracia;

c. Abordar a evolução do Direito do Trabalho, indicando seu papel na promoção da inclusão social;

d. Analisar alguns clássicos e novos desafios à generalização do Direito do Trabalho na ordem social capitalista;

e. Caracterizar e distinguir o Direito Previdenciário e o Direito da Seguridade Social;

f. Abordar o Direito Previdenciário como instrumento de inclusão social;

g. Estudar os instrumentos de atuação do Direito Previdenciário;

h. Analisar alguns clássicos e novos desafios à generalização do Direito Previdenciário na ordem social capitalista;

i. Analisar a Previdência Complementar e verificar seu papel na sociedade democrática;

j. Conceituar, caracterizar e verificar a importância dos Fundos de Pensão como instrumento inclusivo na sociedade capitalista.

O estudo se faz necessário para elucidar os reais instrumentos de que dispõe o cidadão para promover, como verdadeiro protagonista, uma sociedade mais justa, menos desigual e mais humana. Trataremos dos diversos obstáculos à generalização dos direitos sociais trabalhistas e previdenciários, verificando seu alcance e possibilidade de êxito.

Será verificada a importância da criação da previdência complementar na sociedade contemporânea e seu papel de distribuição de renda. Abordaremos suas características e peculiaridades, inclusive distinguindo-a da imprescindível previdência oficial. Analisaremos se o Fundo de Pensão pode ser caracterizado como um vigoroso instrumento de potencialização do cidadão, traçando suas características, perspectivas e consequências.

A metodologia utilizada no trabalho foi a jurídico-dogmática, valendo-se de trabalhos doutrinários pátrios, a fim de verificar os institutos que compõem os temas objetos da pesquisa. No procedimento metodológico, foram realizadas também análises de pesquisas feitas por reconhecidos institutos brasileiros, a fim de exibir dados estatísticos. A pesquisa, portanto, foi bibliográfica e documental.

A obra está dividida em oito capítulos, que formam, junto com a introdução, a conclusão e a seção de referências bibliográficas, além de complementos exigidos pelas regras da Associação Brasileira de Normas Técnicas, o todo deste trabalho.

No capítulo 2, será analisado o sistema capitalista, desenvolvendo traços históricos que evidenciam sua tradicional característica excludente. Em seguida, o surgimento dos direitos sociais será abordado, em especial os direitos trabalhistas e previdenciários, desencadeando o processo de inclusão econômico-social. Por fim, este capítulo estudará a necessária proteção aos direitos sociais trabalhistas e previdenciários.

O capítulo 3 trata do Direito do Trabalho como instrumento fundamental de inclusão social. Serão abordadas as características e funções desempenhadas por este ramo jurídico, tratando de sua finalidade dentro da sociedade capitalista. Serão demonstrados traços históricos que definem a evolução deste ramo jurídico rumo à generalização plena.

No capítulo 4 serão abordados os clássicos e novos desafios que insistem em impedir a generalização do Direito do Trabalho. Trataremos sobre o papel desejado e os reais efeitos alcançados por tais desafios. Assim, desejamos verificar se esse ramo jurídico possui ainda função notória em nossa sociedade contemporânea.

O capítulo 5 estudará o Direito Previdenciário. Serão esquadrinhadas suas características, peculiaridades e distinções com o Direito da Seguridade Social. Uma breve abordagem histórica será necessária para compreendermos o potencial inclusivo deste ramo jurídico nas suas diversas fases evolutivas. Abordaremos também os instrumentos de que dispõe o Direito Previdenciário para melhor promover a dignificação social.

No sexto capítulo, os clássicos e novos desafios à generalização da inclusão social referente ao Direito Previdenciário serão examinados. Verificaremos a intensidade e alcance do pensamento ultraliberal; a transição demográfica da sociedade; o papel das políticas de transferência de renda; o impacto da alta rotatividade em postos de trabalho; a regulamentação do § 4º do art. 239 da Constituição Federal, que trata da alíquota progressiva do PIS/PASEP para empresas com alto índice de demissões desmotivadas; o desafio que representam os acidentes de trabalho; a propositura de ações de regresso pelo INSS; a ampliação do prazo de concessão do seguro-desemprego e a necessidade de regulamentação do inciso VII do art. 153 da Constituição Federal, que dispõe sobre o Imposto sobre Grandes Fortunas.

No capítulo 7 será analisada a previdência complementar. Serão abordadas as características da previdência pública e da previdência complementar, incluindo seus objetivos, classificações, tipos de entidades, analisada a intervenção estatal, formas de custeio e planos de benefícios. Toda essa análise será feita tendo o objetivo de verificar a efetividade da previdência complementar como instrumento adicional de inclusão social.

O oitavo capítulo estudará o Fundo de Pensão, abordando inicialmente suas características específicas e distintivas. Verificaremos os órgãos de controle que objetivam imprimir segurança e transparência na gestão destas entidades. Ao analisarmos seu potencial como instrumento adicional de inclusão social, apontaremos as consequências da criação de um fundo de pensão. Observaremos se é possível a generalização destas entidades no Brasil, demonstrando, inclusive, seus reflexos sobre a figura do empregado e do empregador.

A obra ora apresentada é fruto e produto da inquietação de sua autora relativamente à generalização do Direito do Trabalho e do Direito Previdenciário como verdadeiros remédios contra as chagas da exclusão social, da pobreza, da violência, da marginalização e das desigualdades que assombram nossa sociedade.

Verificamos a necessidade de aprofundar a pesquisa nesta área diante da importância do tema e da divergência de estudos doutrinários. Este trabalho, originalmente tese de doutorado, tem a pretensão de contribuir para o desenvolvimento do tema, provocando a comunidade acadêmica e jurídica face à necessidade de se protegerem sempre os direitos sociais trabalhistas e previdenciários, eis que se tratam de eficazes meios de dignificação do cidadão.

2. INCLUSÃO SOCIAL NO CAPITALISMO E NA DEMOCRACIA: O PAPEL DOS DIREITOS SOCIAIS TRABALHISTAS E PREVIDENCIÁRIOS

2.1. O capitalismo como sistema desigual e excludente: traços históricos

A utilização do trabalho humano pelo capitalismo foi marcada por situações de mando e submissão, destacando-se casos de abuso sexual, exploração da mão de obra de crianças e mulheres, jornadas de trabalho excessivas, inexistência de descanso remunerado, falta de higiene nos locais de labor, dentre outros. (DELGADO, Gabriela, 2006, p. 150).

A grande concorrência travada entre as empresas indicava a necessidade de um mercado livre de restrições e com a mínima intervenção estatal, a fim de obter o máximo lucro. A produção massiva de mercadorias, aliada à mão de obra barata, reduziu o consumo, causando acúmulo de produtos, indicando uma forte crise do sistema capitalista, experimentada a partir de 1970. Vários trabalhadores foram demitidos, ficando às margens da sociedade. "O desemprego já não faz apenas pobres – mas *excluídos*." (VIANA, 1999, p. 890). Na busca por maiores lucros, os capitalistas absorveram as tendências Toyotistas, executadas inicialmente nas indústrias nos anos de 1970, e passaram a exigir jornadas maiores e trabalhadores aptos a operar novas tecnologias e com funções concentradas, surgindo o conceito de trabalhador *flexível e multifuncional*. Ademais, no lugar dos grandes blocos empresariais – as chamadas empresas verticais –, o Toyotismo propôs a contratação de pequenas empresas, "a fim de delegar a estas tarefas instrumentais ao produto final da empresa-polo." (DELGADO, 2005, p. 48).

Sobre a descentralização do sistema produtivo Toyotista e suas consequências, expõe Delgado:

> Embora tal estratagema não reduza, forçosamente, o número global de postos de trabalho naquele segmento econômico envolvido, ele tende a diminuir, de modo drástico, o valor econômico desse mesmo trabalho, por ser, de maneira geral, muito mais modesto o padrão de pactuação trabalhista observado por tais entes subcontratados. (DELGADO, 2005, p. 48).

A fórmula Toyotista mostrou-se, então, excludente e contrária aos pilares da justiça social, pois a diminuição dos custos da empresa principal era derivada precipuamente do barateamento da mão de obra e de sua exploração por empresas subcontratadas.

As tendências do sistema capitalista estão expressas nos ensinamentos de Viana:

> Como um animal sempre faminto, o sistema capitalista depende de porções crescentes de alimento. Seu verbo é *acumular*. Toda empresa quer crescer, dominar o vizinho, controlar o mercado. A concorrência parece buscar o monopólio. Mas os lucros nascem da *mais-valia*, diferença entre o que se *paga* para que a força-trabalho se reproduza e o que se *ganha* com a venda do que ela cria. E essa diferença depende, em boa parte, do controle da mesma força. Isso implica não só reduzir espaços de resistência, como trocar, em grau crescente, o trabalho *vivo* pelo trabalho *morto*, ou seja, o homem pela máquina. (VIANA, 1999, p. 886).

O trabalho humano no sistema capitalista atua como essencial instrumento de subsistência do cidadão, destacando a relação de emprego como o principal meio de afirmação socioeconômica da grande maioria dos indivíduos que compõem esta sociedade, sendo um dos mais relevantes instrumentos de afirmação da Democracia na vida social (DELGADO, 2005)[1]. Paradoxalmente, é inegável constatar que o sistema torna-se opressor e tenta fazer desse trabalho humano uma mercadoria destinada a produzir novas mercadorias e valorizar o capital (ANTUNES, 2004). O sistema capitalista agregou ao trabalho características degradantes, estranhas à sua finalidade originária de promover a dignificação do obreiro e a inclusão do cidadão.

Viana detalha a exploração da classe operária nesse sistema:

> Ao invés de se organizar verticalmente, como fazia antes, a empresa moderna passa a se horizontalizar, jogando para as *parceiras* várias etapas de seu ciclo produtivo. Algumas chegam a externalizar toda a linha de produção, tornando-se simples gerenciadoras. E a mesma técnica é utilizada pelas contratadas, que também subcontratam tudo o que podem. Naturalmente, esses *terremotos* não aconteceram por acaso. À exceção, talvez, dos choques do petróleo, foram todos desejados e produzidos pelo próprio sistema capitalista, que se ajusta à nova realidade do consumo para recuperar suas taxas de dominação e lucro. Na verdade, até o desemprego serve para isso, na medida em que achata os salários dos que estão empregados e inibe os movimentos de resistência. E a própria economia informal se articula com a formal, integrando à grande empresa pequenas oficinas de fundo de quintal. Em geral, a empresa-mãe submete cada *parceira* a rígidas diretrizes. E, enquanto se une em fusões e oligopólios, externaliza para ela o jogo da concorrência. Naturalmente, quanto mais baixos são os salários pagos pela parceira, mais fácil lhe será conseguir o contrato com a grande. Isso a induz a violar os direitos de seus empregados,

---

(1) Apesar de este trabalho focar-se na relação de emprego como a modalidade mais relevante de pactuação de prestação de trabalho nos últimos duzentos anos (DELGADO, 2012), há também outras formas de labor humano que, apesar de não possuírem a sistematicidade e tutela inerentes ao ramo justrabalhista, podem também conferir ao cidadão níveis de vida elevados e dignos, a exemplo do que ocorre com os corretores de imóveis, profissionais liberais em geral, dentre outros.

tarefa facilitada pela sua pequena visibilidade. No fim da linha, quem ganha com isso é ainda a grande empresa. (VIANA, 1997, p. 136).

Certo é que o primado do trabalho e do emprego na sociedade capitalista iniciou sua estruturação na segunda metade do século XIX nos países ocidentais, resultando na mais eficiente forma de promover igualdade de oportunidades. A justiça social inerente ao Estado de Bem-Estar Social, aprofundada no século XX,

> [...] vai permeando não só a atuação do Estado, por meio de políticas públicas garantidoras e/ou redistributivistas (as políticas previdenciárias e assistenciais são claro exemplo disso), como também vai permeando as relações sociais, por meio, principalmente, do Direito do Trabalho, com seu caráter distributivo de renda e poder. (DELGADO; PORTO, 2007, p. 23).

A Constituição Federal de 1988 impôs os novos marcos do sistema capitalista, atribuindo-lhe uma função social, imprescindível para propiciar a valorização do ser humano. Por essa razão, os tradicionais traços excludentes inerentes ao capitalismo acabam sendo atenuados, principalmente, por efetivos instrumentos inclusivos do cidadão no estado democrático. Necessário, pois, identificar e incentivar a generalização de tais instrumentos a fim de obtermos uma sociedade realmente democrática, nos moldes constitucionais.

Apesar de todas as características aqui expostas inerentes ao sistema capitalista, imperioso ressaltar sua necessária relação com o Estado de Bem-Estar Social (EBES) para alcance de uma sociedade mais livre, justa e moldada em padrões de dignidade. Isso importa em atribuir uma finalidade social – de grande valor para a sociedade – ao desigual sistema capitalista.

> O que é curioso no EBES, em suas diversas formulações concretas, é que ele se mostrou plenamente compatível com as necessidades estritamente econômicas do sistema capitalista. Muito além disso, ele se mostrou funcional ao desenvolvimento econômico mais sólido, duradouro e criativo desse sistema. Gerando um mercado interno forte para as respectivas economias (que se mostra também poderoso consumidor para o mercado mundial); valorizando a pessoa física do trabalhador e seu emprego, dando, com isso, melhores condições para a criação e avanço tecnológicos, assegurando maior coesão e estabilidade sociais, o EBES torna os respectivos países e economias mais bem preparados para enfrentar o assédio das pressões internacionais e para conquistar os mercados mundiais. (DELGADO; PORTO, 2007, p. 24).

2.2. A emergência dos ramos sociais do direito e da democracia no sistema capitalista: a deflagração do processo de inclusão econômico-social

O surgimento dos direitos sociais na ordem jurídica marca o início do processo de inclusão dos indivíduos.

Verifica-se que tal concepção se perfaz através da proteção do cidadão que despende força laborativa para prover uma melhor qualidade de vida, atrelada, pois, ao princípio da Dignidade da Pessoa Humana e à própria definição subjetiva do Direito do Trabalho. (DELGADO, 2012).

José Afonso da Silva afirma:

> Os direitos sociais, como dimensão dos direitos fundamentais do homem, são prestações positivas proporcionadas pelo Estado direta ou indiretamente, enunciadas em normas constitucionais, que possibilitam melhores condições de vida aos mais fracos, direitos que tendem a realizar a igualização de situações sociais desiguais. São, portanto, direitos que se ligam ao direito de igualdade. Valem como pressupostos do gozo dos direitos individuais na medida em que criam condições materiais mais propícias ao auferimento da igualdade real, o que, por sua vez, proporciona condição mais compatível com o exercício efetivo da liberdade. (SILVA, 2006, p. 229).

O estado social é aquele que efetiva os direitos trabalhistas e previdenciários do cidadão, além de promover educação e saúde com qualidade, distribuir riquezas, efetivar políticas públicas sociais, dentre outras ações. Consoante Bonavides, a partir do momento em que o Estado:

> [...] coagido pela pressão das massas, pelas reivindicações que a impaciência do quarto estado faz ao poder político, confere, no Estado constitucional e fora deste, os direitos do trabalho, da previdência, da educação, intervém na economia como distribuidor, dita o salário, manipula a moeda, regula os preços, combate o desemprego, protege os enfermos, dá ao trabalhador e ao burocrata a casa própria, controla as profissões, compra a produção, financia as exportações, concede crédito, institui comissões de abastecimento, provê necessidades individuais, enfrenta crises econômicas, coloca na sociedade todas as classes na mais estreita dependência de seu poderio econômico, político e social, em suma, estende sua influência a quase todos os domínios que dantes pertenciam, em grande parte, à área de iniciativa individual, nesse instante o Estado pode com justiça receber a denominação de Estado social (BONAVIDES, 1993, p. 182).

Conforme entendimento de Araújo e Nunes Júnior:

> [...] os direitos sociais, como os direitos fundamentais de segunda geração, são aqueles que reclamam do Estado um papel prestacional, de minorização das desigualdades sociais. Nesse sentido, o art. 6 do texto constitucional, embora ainda de forma genérica, faz alusão expressa aos direitos sociais: a educação, a saúde, o trabalho, a moradia, o lazer, a segurança, a previdência social, a proteção à maternidade e à infância, a assistência aos desamparados. (ARAÚJO; NUNES JÚNIOR, 2010, p. 218).

Souto Maior e Correia (2007), contudo, não entendem apropriado denominar os direitos sociais como direitos humanos de segunda geração[2]. Para esses autores, tal associação faz com que os direitos sociais sejam apropriados pelos fins liberais. Ademais, fazem interessante ponderação ao expor que, em primeiro plano, aparece a efetivação dos ditos direitos de primeira geração (políticos e liberdades individuais), para, somente depois, ou seja, em segundo plano, caso alcançada a satisfação daqueles, seja buscada a concretização dos valores essenciais do direito social. Por isso, afirmam que o direito social não consiste numa "dimensão específica do direito, é, isto sim, a única dimensão vigente." O ordenamento jurídico vigente deve ter como prioridade a satisfação dos valores fundamentais do direito social, impondo à ordem econômica sua natureza social, através da efetivação da responsabilidade social como obrigação prevista em lei. (SOUTO MAIOR; CORREIA, 2007, p. 29).

Os direitos sociais buscam a igualdade material entre os seres integrantes do Estado Democrático de Direito, repelindo privilégios e discriminações, integrando-os ao sistema produtivo e distribuidor de riquezas, a fim de efetivar a justiça social. Nesse sentido, os direitos sociais devem ser compreendidos em uma dimensão retificadora, no sentido de reduzir as desigualdades existentes entre os cidadãos, e também em uma função provedora, para atender às demandas das populações referentes à dignidade da pessoa humana.

A relação entre direitos sociais e igualdade é bem expressada por Fortes, *in verbis:*

> A igualdade na dignidade, resumida enquanto cidadania, é exatamente a condição atribuída aos que são membros integrais da comunidade, isto é, os que partilham de seus valores e são, a um só turno, por ela responsáveis e beneficiados. Nesse sentido, os direitos sociais encontram-se situados no Estado Democrático de Direito como garantias iguais para todos os membros da comunidade política, sem estabelecimento de privilégios e distinções, portanto construídos sobre a ideia de Justiça Social. (FORTES, 2005, p. 173).

A denominação "direitos sociais" passou, a partir da segunda metade do século XIX, a ter relação com os ramos jurídicos engajados com o processo inovador de democratização real das sociedades. O Direito do Trabalho foi um ramo pioneiro com matriz jurídica social, de natureza interventiva, gerindo interesses de caráter social. Mas, nas últimas décadas do século XIX, e ao longo de todo o século XX, houve o surgimento e estruturação do Direito Previdenciário. Ainda nesse processo democratizante, ao longo do século XX, consolidaram também o Direito Consumeirista e o Direito Ambiental.

Em todos esses ramos, há larga prevalência de normas imperativas objetivando a inclusão social. É inegável que tão mais democrática é uma sociedade quanto mais includente ela se caracterizar, por meio de normas imperativas que impliquem garantias para os indivíduos, a fim de atribuir papéis ativos a todos os cidadãos.

---

(2) A definição de geração de direitos será abordada no capítulo 2.2 desta obra.

Segundo entendimento de Souto Maior, o conceito de "direitos sociais" extrapola a hipossuficiência socioeconômica do obreiro, predominante no Direito do Trabalho e do Previdenciário. Assim, seus princípios e postulados atingem ramos jurídicos tradicionalmente vinculados tanto ao direito privado (como em algumas relações de consumo ou em pequenos contratos vinculados ao sistema financeiro de habitação), quanto ao direito público (Direito Previdenciário, concessão de remédios ou tratamentos pelo Direito Sanitário ou mesmo no Direito Tributário). (SOUTO MAIOR; CORREIA, 2007, p. 29).

O autor também destaca a amplitude das hipóteses de direitos sociais previstas no art. 6º da Constituição brasileira de 1988. Essa norma elenca ser direito social desde o direito à moradia, até o direito ao lazer, incluindo o Direito ao Trabalho e à Previdência Social. Certamente, outros direitos essenciais para a dignidade humana também estão aqui abrangidos, devendo as hipossuficiências a eles relacionadas serem tuteladas pelo legislador ou, até mesmo, pelo intérprete[3]. Os direitos e as garantias fundamentais, juntamente com os direitos individuais (art. 5º) e a previsão do art. 170 da referida Carta, compreendem os direitos sociais. Por tudo isso, as regras inerentes aos direitos sociais possuem:

> [...] caráter transcendental, que impõe valores à sociedade e, consequentemente, a todo ordenamento jurídico. [...] Os valores são: a solidariedade (como responsabilidade social de caráter obrigacional), a justiça social (como consequência da necessária política de distribuição dos recursos econômicos e culturais produzidos pelo sistema), e a proteção da dignidade da pessoa humana (como forma de impedir que os interesses econômicos suplantem a necessária respeitabilidade à condição humana). (SOUTO MAIOR; CORREIA, 2007, p. 26).

Diante do exposto, é inegável afirmar que uma sociedade capitalista pautada pelo pleno respeito dos direitos sociais é uma sociedade no qual o princípio da Dignidade Humana deve estar em vigor desde a essência, buscando ampliação do mercado de consumo, aumento da produção, redução do desemprego e do informalismo, concedendo igualmente aos cidadãos uma ordem crescente e efetiva de direitos trabalhistas e previdenciários.

Conforme ensinamentos de Lobo, que reforçam a necessidade de ampliação e valorização dos direitos sociais:

> A fixação de políticas sociais produz o efeito, nem sempre desejado, de reduzir a dependência do trabalhador em relação ao empregador e termina por se transformar em fonte potencial de poder (Heimann *apud*

---

(3) Necessário destacar o entendimento de Jorge Luiz Souto Maior, do qual comungamos, de que as normas de Direitos sociais não possuem caráter programático. Tal caráter as faria dependentes de norma infraconstitucional reguladora, além de reduzir sua efetividade, já que, em primeiro lugar, estariam vinculadas ao respeito às possibilidades econômicas e às políticas públicas eleitas pelo legislador constituinte. (SOUTO MAIOR; CORREIA, 2007, p. 29).

Esping-Andersen, 1990:89), desencadeando um círculo virtuoso que tende a alimentar o processo de construção da cidadania baseada em direitos sociais e na desmercantilização da força de trabalho. Em outros termos, a desmercantilização fortalece o trabalhador e enfraquece a autoridade absoluta do empregador. Os direitos sociais, a igualdade e a erradicação da pobreza que um Estado de Bem-Estar universalista busca constituem pré-requisitos importantes para a força e a unidade necessárias à mobilização coletiva de poder. Na presença de mecanismos de proteção referentes ao conjunto da sociedade, tais como seguro-desemprego, seguro-velhice, seguro-doença, seguro-acidente etc., trabalhadores emancipados em relação ao mercado se habilitam com mais facilidade à ação coletiva, fortalecendo a solidariedade de classe e ampliando as chances para o estabelecimento de uma sociedade menos desigual. Ao contrário, quando os trabalhadores se encontram em situação de inteira dependência em relação ao mercado, o custo da adesão à ação coletiva se eleva, inibindo o potencial mobilizador das organizações do trabalho. (LOBO, 2010, p. 12).

Para melhor compreensão do processo de eclosão dos ramos sociais do direito e da democracia no sistema capitalista, processo que deflagra a busca de inclusão social, serão expostos traços históricos até a sedimentação do atual Estado Democrático de Direito.

Conforme doutrina de Delgado, a Democracia teve recente construção na civilização. Apesar de ser uma palavra criada há mais de dois milênios em Atenas, sua efetiva realidade só foi experimentada no período contemporâneo. (DELGADO, 2011).

Para o referido autor:

> A Democracia, enquanto método e institucionalização de gestão da sociedade política e da sociedade civil, baseada ela na garantia firme das liberdades públicas, das liberdades sociais e das liberdades individuais, com participação ampla das diversas camadas da população, sem restrições decorrentes de sua riqueza e poder pessoais, dotada de mecanismos institucionalizados de inclusão e de participação dos setores sociais destituídos de poder e de riqueza, é fenômeno que despontou na História apenas a partir da segunda metade do século XIX, na Europa Ocidental. (DELGADO, 2011, p. 1.159).

Diante de um conceito de tamanha dimensão e reflexos inclusivos, é indubitável anuir com os ensinamentos expostos pelo autor, no que se refere ao efetivo despontamento da Democracia apenas no período contemporâneo.

Demonstrando as várias perspectivas isoladas, ou em conjunto, que a Democracia vem assumindo, sendo uma das maiores construções da civilização, assevera:

"Há, pois, um caráter multidimensional na Democracia, na acepção do constitucionalismo contemporâneo, ultrapassando a esfera estrita da sociedade política, para espraiar-se, cada vez mais, para áreas diversas da sociedade civil." (DELGADO, 2011, p. 1.159).

Por essa razão, conclui que são insuficientes as definições que tratam a Democracia como *regime político*:

> Mediante o qual se assegura, em contexto de garantia das liberdades públicas, a participação ampla da população institucionalmente qualificada (cidadãos) na gestão do Estado e de seus organismos, seja pela representação, seja por veículos de participação direta. (DELGADO, 2011, p. 1.160).

Por isso, destaca o autor que a Democracia atinge a quase totalidade dos aspectos da vida social, invadindo cada vez mais a esfera econômica. Seu conceito se expande, pois, para além da estrita dimensão política e institucional. (DELGADO, 2011, p. 1.160).

Assim, Canotilho assevera: "O princípio democrático aponta, porém, no sentido constitucional, para um processo de democratização extensivo a diferentes aspectos da vida econômica, social e cultural." (CANOTILHO *apud* DELGADO, 2011, p. 1.161).

Ademais, a definição apenas como *regime político*, não obstante sua relevância, deixa de fora uma fundamental perspectiva da Democracia, que consiste em seu "caráter includente." (DELGADO, 2011, p. 1.161). Pelas suas características:

> [...] é tendente a produzir – ou, pelo menos, a propiciar e incentivar – significativo processo de inclusão de pessoas humanas. Inclusão política (obviamente, isso é de sua natureza original), inclusão social, inclusão econômica, inclusão cultural. (DELGADO, 2011, p. 1.161).

Com a plena afirmação da Democracia na sociedade civil e política, foi possível ao constitucionalismo "encontrar a base para afirmação da pessoa humana e sua dignidade ao topo das formulações constitucionais." (DELGADO, 2011, p. 1.161).

O primeiro marco do constitucionalismo edificado, a partir da segunda metade do século XVIII, ocorreu no Estado Liberal de Direito (também chamado de Estado Liberal Primitivo), que não se adequava ao conceito e à realidade da Democracia. Naquela época, a sistemática constitucional era manifestamente excludente, direcionada às elites proprietárias da economia e da sociedade, deixando às suas margens a maioria da população dos respectivos países. (DELGADO, 2011, p. 1.161).

Ainda assim, Delgado (2011) destaca importantes conquistas do Estado Liberal de Direito. Em primeiro lugar, aponta a ideia de relevância do texto constitucional escrito, como um resumo das principais regras norteadoras da estrutura do Estado. Também, há de se enfatizar o princípio da Primazia da Constituição na ordem jurídica. Em terceiro lugar, houve a afirmação das primeiras grandes liberdades individuais, ilustrativamente, a liberdade de opinião, de expressão do pensamento, de informação, dentre outras; que é pré-requisito para engendrar efetivamente a Democracia. À época, tais liberdades eram garantidas apenas às elites proprietárias, já que o direito de liberdade estava vinculado à propriedade e não à pessoa humana; mas, ainda assim, a mera existência de tais liberdades permitiria a extensão desse direito, a partir da segunda metade do século XIX. Acresçam-se as liberdades e os direitos políticos clássicos, ainda que atados ao caráter censitário, não se estendendo ao conjunto da população. Também é do Estado Liberal Primitivo a criação de limites jurídicos e institucionais ao Poder Executivo, fundamental para posterior aprofundamento da Democracia. Por fim, alerta Delgado que, no plano da sociedade civil, houve reconhecimento "e institucionalização ao primeiro relevante patamar de separação do ser humano e de seu trabalho do conceito e da realidade do direito de propriedade." (DELGADO, 2011, p. 1.162-1.163).

A afirmação do trabalho livre, resultado da segregação dos meios de produção e da força de trabalho, é cardeal para os avanços democráticos vividos pelas sociedades nos períodos subsequentes à fase liberal. (DELGADO, 2011, p. 1.161).

No estado liberal, era possível distinguir moral de direito. Ewald salienta que o direito era impulsionado por um caráter obrigacional, enquanto a moral era uma espécie de dever que, para ser efetivada, dependia da livre vontade dos indivíduos. Nesse sentido, informam os postulados básicos de um direito no sistema liberal:

> a) a preocupação com o próximo decorre de um dever moral: tornar esse dever em uma obrigação jurídica elimina a moral que deve existir como essência da coesão social;
>
> b) todo direito obrigacional emana de um contrato: a sociedade não deve obrigação a seus membros; só se reclama um direito em face de outro com quem se vincule pela via de um contrato;
>
> c) a desigualdade social é consequência do mercado (e a igualdade, também): quando o Direito procura diminuir a desigualdade, acaba acirrando a guerra entre ricos e pobres (ricos, obrigados à benevolência, buscam eliminar o peso do custo total de tal obrigação; pobres, com direitos, tornam-se violentos);
>
> d) a fraternidade é um conceito inexistente, já que não pode ser definido em termos obrigacionais;
>
> e) o direito só tem sentido para constituir a liberdade nas relações intersubjetivas, pressupondo a igualdade (a ordem jurídica tem a função de impedir obstáculos à liberdade);
>
> f) o direito não pode obrigar alguém a fazer o bem a outra pessoa;
>
> g) em uma sociedade constituída segundo o princípio da liberdade, a pobreza não fornece direitos, ela confere deveres. (EWALD *apud* SOUTO MAIOR; CORREIA, 2007, p. 15-16).

Nesse cenário liberal, foi incorporado na legislação civil francesa o conceito de Responsabilidade Civil, que estabelecia a necessidade da existência da culpa como fundamento para reparação do dano. A obrigação de reparar estava vinculada à ocorrência de um dano e, também, à necessária demonstração de culpa. Destaca-se, ainda, que a ausência de culpa era presumida, além de ser fortemente influenciada pelo raciocínio liberal, que atribuía à própria vítima a tarefa de exercer plenamente sua liberdade cuidando de si mesma. Por tal razão, os riscos a que estava submetido um trabalhador no ambiente laborativo eram devidos ao próprio indivíduo, não atingindo os empregadores nem mesmo a sociedade. O liberalismo daquela época apregoava a plena autossuficiência, de forma que cabia a cada cidadão promover sua segurança no exercício de sua liberdade. A distribuição de renda também era lançada à sorte do próprio indivíduo. Assim, o pobre poderia se tornar rico caso se valesse das mesmas virtudes e liberdades que promoveram a riqueza alheia. Por isso, "querer descarregar sobre o outro a sua responsabilidade é abdicar de sua liberdade, renunciar a sua qualidade de homem, desejar a escravidão." (SOUTO MAIOR; CORREIA, 2007, p. 16).

Com os ideais de liberdade e de igualdade alcançados com a Revolução Francesa, o direito de propriedade passou a ser absoluto, tornando-se essencial na realização da pessoa humana. A vida social determinava, a cada cidadão, a tarefa de se livrar das dificuldades naturalmente impostas nesse modelo liberal de sociedade, podendo até mesmo causar danos alheios, que não deveriam ser reparados, visto que ocorridos sem culpa. Por isso a concorrência, para Ewald, seria "a garantia de poder impunemente causar certos prejuízos a outros." (EWALD *apud* SOUTO MAIOR; CORREIA, 2007, p. 17).

O advento do Estado Social de Direito, também denominado Estado Social, é alicerçado em duas constituições pioneiras: a do México, de 1917, e a da Alemanha, de 1919. Nesse segundo marco do constitucionalismo, vivenciado a partir da segunda década do século XX, ocorre uma notável renovação política e jurídica. (DELGADO, 2011).

Conforme lapidar doutrina de Delgado, o Estado Social traduz um período de transição para um processo democrático, mas ainda não tem o condão de "desvelar fórmula plena e consistente do novo paradigma em construção." (DELGADO, 2011, p. 1.163). As constituições dessa fase explicitam, pois, "de princípio, um estado de independência, transitoriedade e compromisso." (BONAVIDES *apud* DELGADO, 2011, p. 1.163).

Ainda assim, Delgado explicita destaques referentes a esse período. No primeiro deles, o autor ressalta o avanço das liberdades e dos direitos reconhecidos ou criados no Estado Liberal em relação à população em geral. Nesse sentido, a conquista das liberdades individuais institucionalizadas, conferindo direito de opinião, de reunião, de manifestação do pensamento, dentre outros, a todos os segmentos sociais. Da mesma forma, a conquista das liberdades públicas, que se materializou também pela organização e representação de grupos sociais, especialmente partidos políticos e sindicatos, permitiu o exercício efetivo dessas liberdades. Além disso, as liberdades e os direitos políticos clássicos se estenderam a todos os segmentos populares, como o direito de voto, o de ser votado, o de integrar partidos políticos, etc. (DELGADO, 2011, p. 1.163).

O autor evidencia a constitucionalização de novos ramos jurídicos, especialmente destinados à promoção dos interesses das classes populares. Foi o que ocorreu com o Direito do Trabalho e com o Direito de Seguridade Social, este em grau menos acentuado. Tal fenômeno traduziu-se na "primeira manifestação constitucional no sentido de autorizar a intervenção do Estado na ordem econômica e social." (DELGADO, 2011, p. 1.163). Ressalta ainda que esse intervencionismo estatal seria aprofundado décadas depois para a efetivação da Democracia. Ao atingir o *status* de norma constitucional, o trabalho livre adquiriu proteções mais consistentes, ao invés de ser um demérito para o cidadão. O trabalho sofre, então, uma evolução "para se tornar valor especialmente celebrado pela ordem jurídica e constitucional." Sua incorporação pela ordem constitucional assegura "o avanço do processo de desmercantilização do trabalho na economia e de democratização do poder no interior da sociedade civil." (DELGADO, 2011, p. 1.164).

A transitoriedade do Estado Social é demonstrada por Delgado, ilustrativamente, pela inserção dos direitos individuais da pessoa trabalhadora ao final dos textos constitucionais, como um anexo estranho ao corpo de seu texto. Isso, pois, também ainda não havia absorvido a relevância da pessoa humana na estrutura da sociedade política e civil. Lembra o autor que é desse período a clássica distinção entre regras constitucionais em sentido material e formal. Estas tratavam, dentre outros direitos, dos trabalhistas e da seguridade social, não integrando o núcleo essencial da Constituição. Estariam tais direitos em tal diploma apenas em caráter circunstancial. Por fim, afirma a transitoriedade do Estado Social, ao revelar que as Cartas Constitucionais desse período não expressaram com clareza em suas regras e princípios a centralidade da Democracia na sociedade política e civil. (DELGADO, 2011, p. 1.164).

Os direitos sociais nasceram, pois, "abraçados ao princípio da Igualdade" (BONAVIDES, 2001, p. 562) e umbilicalmente ligados ao princípio da Dignidade da Pessoa Humana e da Cidadania, já que têm, como um dos seus principais objetivos, a intenção de atenuar a desigualdade entre cidadãos e proporcionar-lhes melhores condições de vida.

Com a Revolução Industrial, os avanços tecnológicos, a introdução da máquina no sistema produtivo, gerando produção em larga escala, fizeram eclodir vários problemas sociais que clamavam por respostas urgentes do ordenamento jurídico. O número de mortos e mutilados em razão das precárias condições de trabalho aumentava em proporções alarmantes. Como nos ensina Ewald, os diversos acidentes de trabalho e seus terríveis efeitos foram uma das fontes materiais mais relevantes para o abandono do modelo de estado liberal e origem do Estado-Providência. Em razão das diversas discussões sobre a responsabilidade nos referidos acidentes laborativos, foi criada a teoria do risco profissional, que se tornaria a base do estado social. Essa teoria inspirou a criação de normas jurídicas de proteção ao acidentado e a seus dependentes em vários países da Europa, inicialmente na Alemanha (1871 e 1884), e, posteriormente, na Áustria (1887); na Dinamarca (1891); na Inglaterra (1897); na França (1898) e na Espanha (1900) (EWALD apud SOUTO MAIOR; CORREIA, 2007, p. 18). No Brasil, a primeira norma jurídica a tratar do acidente de trabalho foi o Decreto Legislativo n. 3.724, de 15/1/1919, que continha uma definição restrita de acidente e, apesar de não prever a contratação de seguro, atribuía ao empregador a responsabilidade pelas indenizações acidentárias. (OLIVEIRA, 2002, p. 212).

Nas palavras de Souto Maior e Correia:

> O acidente de trabalho, ou melhor, a necessidade de se estabelecerem obrigações jurídicas pertinentes à sua prevenção e à reparação foi, assim, um dos principais impulsos para a formação do direito social e do seu consequente Estado Social. (SOUTO MAIOR; CORREIA, 2007, p. 18).

Verifica-se, assim, que a preservação e a proteção do direito à vida em todos os aspectos, em especial, no ambiente laborativo, construíram a responsabilização pelo risco profissional e trouxeram um efetivo contraponto ao modelo liberal, necessário à implementação do direito social.

Bobbio (1992), ao analisar a instituição do direito social, afirma que tanto a preocupação com o meio ambiente quanto a busca por uma melhoria na qualidade de vida dos cidadãos foram tendências que ganharam grande importância na sociedade mundial após a Segunda grande Guerra. Segundo o autor, assim foi vivenciada a "Era dos direitos". Ele assevera:

> Com o nascimento do Estado de direito, ocorre a passagem final do ponto de vista do príncipe para o ponto de vista dos cidadãos. No Estado despótico, os indivíduos singulares só têm deveres e não direitos. No Estado absoluto, os indivíduos possuem, em relação ao soberano, direitos privados. No Estado de direito, o indivíduo tem, em face do Estado, não só direitos privados, mas também direitos públicos. O Estado de direito é o Estado dos cidadãos. (BOBBIO, 1992, p. 69).

A evolução dos direitos sociais certamente não se deu de forma linear, em razão, até mesmo, das circunstâncias e dinâmicas das várias etapas, desde seu surgimento até sua consolidação. Contudo, a exposição de doutrinas que apontam o desenvolvimento histórico desses direitos mostra-se valioso instrumento de compreensão das distintas fontes materiais que influenciaram na formação dos direitos humanos hodiernamente reconhecidos.

Gabriela Delgado elenca a evolução dos direitos sociais relacionados à cidadania, que foram classificados por Marshall – em sua obra datada de 1967, *Cidadania, classe social e status* – em direitos civis, políticos e sociais. Os civis, oriundos de fins do século XVII e meados do XVIII, eram essenciais à vida, à liberdade e à propriedade. Os direitos políticos, criados no século XIX, se vinculam à participação política. Quanto aos direitos sociais, introduzidos no século XX, são os referentes à educação, à previdência social e ao trabalho. (DELGADO, Gabriela, 2006, p. 57).

A doutrina da geração de direitos fundamentais, difundida com êxito por Bobbio, foi criada pelo jurista Karel Vazak em 1979. E, apesar da indivisibilidade dos direitos humanos, a referida doutrina também fraciona o surgimento dos direitos humanos em gerações, atadas a sucessivos momentos históricos.

Quanto à indivisibilidade de tais direitos, Flávia Piovesan discorre:

> [...] sem a efetividade dos direitos econômicos, sociais e culturais, os direitos civis e políticos se reduzem a meras categorias formais, enquanto que, sem a realização dos direitos civis e políticos, ou seja, sem a efetividade da liberdade entendida em seu mais amplo sentido, os direitos econômicos, sociais e culturais carecem da verdadeira significação. Não há mais como cogitar da liberdade divorciada da justiça social, como também é infrutífero pensar na justiça social divorciada da liberdade. Em suma, todos os direitos humanos constituem um complexo integral, único e indivisível, em que os diferentes direitos estão necessariamente inter-relacionados e são interdependentes entre si. (PIOVESAN, 2000, p. 151).

Os direitos fundamentais de primeira geração são aqueles relacionados à vida e à liberdade, surgidos no século XVIII, com a Declaração dos Direitos do Homem e do Cidadão em 1789 e com a Declaração de Virgínia, de 1776. O excessivo poder estatal, visto como opressor das liberdades individuais, impulsionou a criação da primeira geração de direitos. Estes se destinavam à preservação dos direitos civis e políticos do cidadão, estabelecendo o direito à liberdade, à vida, à segurança, à propriedade, à igualdade, à livre expressão e à manifestação de ideias, ao voto, dentre outros. Assim, criou-se uma proteção efetiva dos indivíduos perante o Estado, buscando minimizar a intervenção deste na sociedade.

A segunda geração de direitos fundamentais surgiu diante do impacto da Revolução Industrial e dos problemas sociais advindos dessa época, principalmente com a verificação de que somente a consagração da liberdade e da igualdade perante o Estado não garantiam a sua efetivação. Surgiram, então, os direitos sociais, econômicos e culturais. A proteção volta-se, nessa geração, para o homem enquanto ser coletivo, visando à proteção dos chamados direitos humanos sociais. Trata-se de direitos que reivindicam uma atuação do Estado na redução das desigualdades sociais, a exemplo da seguridade social, do salário mínimo e do direito à subsistência. Por isso, podemos afirmar que tais direitos incidiram diretamente no Direito do Trabalho e Previdenciário, com o objetivo de tutelar o operariado diante dos abusos do empregador e do próprio capitalismo.

Leite afirma que:

> A positivação desses direitos deu origem ao que se convencionou chamar de "Constitucionalismo Social", a demonstrar que os direitos fundamentais de primeira geração, quando do seu exercício, têm que cumprir uma função social. Os direitos de segunda geração traduzem-se, portanto, em direitos de participação. Requerem, por isso, uma política pública que tenha por objeto, sobretudo, a garantia do efetivo exercício das condições materiais

de existência de contingentes populacionais. São direitos de igualdade substancial entre as espécies humanas. (LEITE, 2006, p. 29).

Os direitos fundamentais de segunda geração foram incorporados às Cartas Constitucionais e deram origem ao Estado de Bem-estar Social. As constituições do México (1917) e da Alemanha (de *Weimar,* de 1919) foram as primeiras cartas a inserir em seus textos o trato dos direitos sociais.

Gabriela Delgado (2006) expõe que as manifestações operárias e sindicais eclodidas a partir do século XIX, principalmente após a Revolução Industrial, assim como as estratégias adotadas pelos poderes políticos para manutenção de seu poder estatal, foram determinantes para o desenvolvimento dos direitos sociais.

A terceira geração compreende os direitos coletivos, marcados na sua essência pelo ideal de fraternidade ou solidariedade, evidentes na segunda metade do século XX. Busca-se a não individualização dos direitos no indivíduo, mas sua tutela em grupos de natureza difusa. Em 1948, os direitos humanos internacionalizaram-se, sendo estendidos a todos os povos com a proclamação da Declaração Universal dos Direitos Humanos pelas Nações Unidas. O Brasil ratificou através do Decreto 591, de 6 de julho de 1992, a Resolução 2.2000-A (XXI), de 16 de dezembro de 1966, que aprovou o Pacto Internacional dos Direitos Econômicos, Sociais e Culturais, o qual entrou em vigor em 30 de janeiro de 1976.

Sobre tais direitos, discorre novamente Leite:

> Dotados de altíssima dose de humanismo e universalidade, os direitos de terceira geração não se destinam especificamente à proteção de um indivíduo, de um grupo de pessoas ou de um determinado Estado, pois os seus titulares são, via de regra, indeterminados. A rigor, seu destinatário, por excelência, é o próprio gênero humano, num momento expressivo de sua afirmação como valor supremo em termos existenciais. (LEITE, 2006, p. 30).

Com o Estado Democrático de Direito, os direitos de terceira geração foram exaltados, a exemplo do meio ambiente, paz, autodeterminação dos povos e do próprio direito de greve.

Conforme afirma Delgado (2011, p. 1.164), "o Estado Democrático de Direito consubstancia o marco contemporâneo do constitucionalismo" e está alicerçado nas transformações políticas, culturais e jurídicas ocorridas no Ocidente a partir do final da Segunda Guerra Mundial. Expressou-se, inicialmente, nas Cartas Constitucionais da França de 1946, da Itália de 1947, da Alemanha de 1949, e, posteriormente, de Portugal de 1976, da Espanha em 1978, e do Brasil, com a Constituição de 1988.

Nas palavras do referido autor:

> O Estado Democrático de Direito consubstancia claro fenômeno de *maturação* histórica e teórica, uma vez que incorpora a relevância da Democracia na construção de seu conceito político e jurídico. Nessa medida,

dá origem a real inovador paradigma de organização e gestão da sociedade civil e da sociedade política (Estado). (DELGADO, 2011, p. 1.164).

Todo o complexo de princípios e regras constitucionais assume, nesse período, um novo paradigma conceitual, que destaca a relevância da pessoa humana e sua dignidade. Ademais, a Democracia desponta como veículo e estrutura para melhor realizar todas as dimensões do Estado Democrático de Direito. (DELGADO, 2011). Assim:

> O conceito de Estado Democrático de Direito funda-se em um tripé conceitual: pessoa humana, com sua dignidade; sociedade política, concebida como democrática e includente; sociedade civil, concebida como democrática e includente. Nessa medida apresenta clara distância e inovação perante as fases anteriores do constitucionalismo. (DELGADO, 2011, p. 1.164).

Em destaque, o autor aponta que a intervenção estatal na economia, assim como a função social da propriedade privada, que surgiram na fase Social precedente, constituem marcos importantes e definidos do Estado Democrático de Direito. E expõe:

> É que ele labora em torno de noções como dignidade da pessoa humana, direitos individuais e sociais fundamentais, valorização do trabalho e especialmente do emprego, sociedade livre, justa e solidária, erradicação da pobreza, da marginalização e redução das desigualdades sociais e regionais, justiça social, em suma, noções que reconhecem que o mercado privado, por si somente, sem regulação e induções públicas, é incapaz de atender aos anseios cardeais de um Estado Democrático de Direito. [...] Sem Democracia, e sem instituições e práticas democráticas nas diversas dimensões do Estado e da sociedade, não há como se garantir a centralidade da pessoa humana e de sua dignidade em um Estado Democrático de Direito. Sem essa conformação e essa energia democráticas, o conceito inovador do Estado Democrático de Direito simplesmente perde consistência, convertendo-se em mero enunciado vazio e impotente. (DELGADO, 2011, p. 1.165).

A prevalência da pessoa humana está espraiada em toda a Constituição do Estado Democrático, compondo seus princípios fundamentais: os direitos e garantias fundamentais e regulando a ordem econômica, financeira e social. (DELGADO, 2011, p. 1.165).

O caráter democrático e includente da sociedade política e civil também está afirmado nessa constituição, seja por meio do processo eleitoral; do Parlamento; dos sindicatos; dos meios de comunicação de massa, dentre outros. Quanto às empresas e ao próprio mercado econômico em geral, devem atuar de forma a não afetar as regras e os princípios que afirmam o império da Democracia e da inclusão social. Nesse sentido, Delgado aponta o Direito do Trabalho como instrumento de moderação do exercício do poder empresarial, de inclusão social e econômica dos trabalhadores. (DELGADO, 2011, p. 1.166).

Para o autor, o Estado Democrático de Direito pode ser melhor atendido pelo Estado de Bem-Estar Social. Certamente, adaptações são necessárias nesse modelo, em razão, por exemplo, dos avanços da medicina e da demografia, como ocorre com a seguridade social, que tem adaptado as idades de aposentação em razão de tais circunstâncias. Tais adaptações "sequer diminuem o Estado de Bem-Estar Social, repita-se, mas apenas o calibram ao resultado das conquistas que ele próprio promoveu."[4] (DELGADO, 2011, p. 1.166).

Confirma ainda, com grande êxito, que as "mudanças ocorridas nas últimas décadas no *Welfare State* de vários países da Europa Ocidental não têm sido capazes de desconstruir a essência do modelo de bem-estar social." E conclui:

> Esse mesmo sistema normativo é que irá garantir, ao mesmo tempo, constante dinâmica de distribuição de renda no universo econômico estatal, completando o ciclo virtuoso de construção do Estado Democrático de Direito no âmbito da sociedade civil, especialmente na economia. Nesse quadro analítico, a inter-relação entre Constituição da República, Estado Democrático de Direito e Direito do Trabalho ganha consistência histórica, lógica e normativa inarredável, descortinando o real sentido do projeto central da Constituição de 1988. (DELGADO, 2011, p. 1.165).

Apesar de não acolhida pela maioria da doutrina, Bonavides (2000) defende a quarta geração de direitos fundamentais. Trata-se de direitos resultantes do contraponto à globalização da política neoliberal, a partir da universalização dos direitos fundamentais, que, segundo o autor, corresponde à última fase de institucionalização do Estado Social.

Conforme o autor:

> A democracia positivada enquanto direito da quarta geração há de ser, de necessidade, uma democracia direta. Materialmente possível graças aos avanços da tecnologia de comunicação, e legitimamente sustentável graças à informação correta e às aberturas pluralistas do sistema. Desse modo, há de ser também uma democracia isenta já das contaminações da mídia manipuladora, já do hermetismo de exclusão, de índole autocrática e unitarista, familiar aos monopólios do poder. Tudo isso, obviamente, se a informação e o pluralismo vingarem por igual como direitos paralelos e coadjutores da democracia; esta, porém, enquanto direito do gênero humano, projetado e concretizado no último grau de sua evolução conceitual. (BONAVIDES, 2000, p. 570).

---

(4) A atual crise experimentada pelos países europeus indica a necessidade de realização de algumas mudanças, a fim de calibrar e adaptar o estado de bem-estar social, ilustrativamente, aos avanços da medicina, à elevação da expectativa de vida dos indivíduos, ao custeio do sistema previdenciário. Entretanto, ainda que sejam necessárias alterações para retomar o equilíbrio e o expansionismo destes países, "tais mudanças sequer diminuem o Estado de Bem-Estar Social, repita-se, mas apenas o calibram ao resultado das conquistas que ele próprio promoveu". (DELGADO, 2011, p. 1.166). Assim, tais mudanças não têm o condão de desconstruir o núcleo do modelo de Bem-Estar Social. Sobre a necessária recalibragem, ver capítulo 6.1 deste trabalho.

A pesquisa biológica e científica, a defesa do patrimônio genético, os avanços da tecnologia, a democracia, a informação e o pluralismo são exemplos de direitos que, segundo o autor, permitirão o progresso da cidadania e a liberdade dos cidadãos.

Há ainda tendência para classificar os direitos de quinta geração, representados pelos meios cibernéticos, que envolvem a realidade virtual. De outra forma, entende Bonavides que os direitos de quinta geração compreendem a paz como requisito básico para uma sociedade democrática, além de edificar valores, sendo direito supremo da humanidade.

Bonavides afirma, ainda, no que tange aos direitos de quarta e de quinta gerações, que:

> longínquo está o tempo da positivação desses direitos, pois compreendem o futuro da cidadania e o porvir da liberdade de todos os povos. Tão somente com eles será possível a "globalização política". (BONAVIDES, 2000, p. 527).

Novamente Bonavides (2000) adverte que o surgimento, a oficialização e a consolidação dos direitos fundamentais ocorreram através de processo cumulativo e qualitativo, afastando a ideia de evolução linear. Por tal razão, a expressão "dimensão de direitos" vem ganhando força, por estar melhor associada à dinâmica do surgimento e ao desenvolvimento evolutivo dos direitos humanos.

Cançado Trindade também critica a expressão "gerações de direitos". Para ele, tal expressão traz uma visão simplificada e fragmentada da evolução dos direitos humanos. Segundo esse autor, não se trata de uma sucessão, como sugere a expressão, mas de uma expansão, uma cumulação e um fortalecimento dos direitos humanos. (CANÇADO TRINDADE, 2000).

Contudo, Gabriela Delgado, a quem nos filiamos, destaca a importância da teoria das gerações. Assim, "apesar de inúmeras críticas, a referida expressão é capaz de expressar o sentido de historicidade, típico dos direitos fundamentais." (DELGADO, Gabriela, 2006, p. 58).

Pode-se afirmar que a efetivação das normas sociais protetivas do trabalho humano, inclusive quanto a questões previdenciárias, promove a Democracia. Doutro modo, o recuo da legislação tuitiva trabalhista e previdenciária, assim como de sua aplicação, conduz a um cenário de exclusão social e de desigualdades, além de ser absolutamente incompatível com o Estado Democrático de Direito.

2.3. A proteção dos direitos sociais trabalhistas e previdenciários no capitalismo e na democracia

Por integrarem a seara de direitos humanos, a proteção dos Direitos Trabalhistas deve ser efetivada nos três grandes eixos destacados por Gabriela Delgado, a saber: eixo global, eixo regional e eixo nacional. (DELGADO, Gabriela, 2010).

O primeiro eixo de proteção é formado pelos direitos previstos na ordem internacional, "que refletem um patamar civilizatório universal de direitos compartilhados pelos estados." (DELGADO, Gabriela, 2010, p. 456). Regras que preveem proteção ao trabalho podem ser identificadas na quase totalidade dos diplomas internacionais de direitos humanos. A título de exemplo, compõem esse eixo a Declaração Universal de Direitos Humanos de 1948; o Pacto Internacional dos Direitos Civis e Políticos e o Pacto Internacional dos Direitos Econômicos, Sociais e Culturais de 1966. Também é necessário destacar que as Convenções da OIT exercem fundamental papel dentro deste eixo universal. Especialmente no Brasil, onde, quando ratificadas, conforme previsão da Constituição Federal Brasileira, tais Convenções assumem fundamental papel de fonte formal do direito.

Trindade explicita a absoluta prevalência dos direitos de proteção da pessoa humana:

> no presente domínio de proteção, o direito internacional e o direito interno, longe de operarem de modo estanque ou compartimentalizado, se mostram em constante interação, de modo a assegurar a proteção eficaz do ser humano. Como decorre de disposições expressas dos próprios tratados de direitos humanos, e da abertura do direito constitucional, não mais cabe insistir na primazia das normas de direito interno, como na doutrina clássica, porquanto o primado é sempre da norma – de origem internacional ou interna – que melhor proteja os direitos humanos. (TRINDADE, 1997, p. 22).

A prevalência dos direitos humanos não significa necessariamente supressão da soberania nacional dos países, mas expõe a magnitude de tais direitos a ser priorizada por todas as nações, em sua acepção máxima, já que repercutem nos ideais de justiça, liberdade e humanidade. Os diplomas internacionais possuem enorme função protetiva, pois estabelecem uma plataforma mínima mundial de direitos sociais num cenário de nações globalizadas e com fronteiras cada vez mais reduzidas.

No segundo eixo jurídico de proteção, conforme a autora, estão os sistemas regionais de proteção dos direitos humanos. Assim, destaca aqueles desenvolvidos na Europa, América e África, além de um sistema árabe e outro asiático. (DELGADO, Gabriela, 2010).

O terceiro eixo é composto por diplomas nacionais, especialmente através da Constituição Federal de 1988, que institucionalizou a proteção aos direitos humanos no Brasil.

A autora pondera que os referidos eixos devem interagir e sempre atuar em benefício dos indivíduos, "adotando-se o valor da dignidade da pessoa humana como referência maior para seu cotejo." (DELGADO, Gabriela, 2010, p. 456). Especificamente quanto ao Direito do Trabalho, a identificação da norma mais favorável será feita através da Teoria do Conglobamento. (DELGADO, 2012, p. 179-180).

Seguindo esses espectros de proteção, uma nação atinge maiores índices de civilização quanto mais efetivos forem os direitos humanos. Assim, é possível afirmar que tais direitos são, pois, fundamentais para efetivação do princípio democrático.

Os direitos humanos atuam de forma progressiva na ordem jurídica mundial, impedindo qualquer medida que signifique redução de níveis sociais já atingidos pela ordem jurídica.

Sobre o princípio da vedação do retrocesso jurídico e social no direito do trabalho, Reis expõe sua dimensão múltipla. Assim, afirma que, de um lado, o princípio em tela expressa um caráter estático, "em que se supõe a efetividade dos direitos sociais já assegurados pela ordem jurídica". (REIS, 2011, p. 84). Revela, assim, um patamar de direitos que possuem ampla efetividade em todas as nações, independentemente da existência de processo de ratificação de normas internacionais. É o que ocorre, a título de exemplo, com a Declaração da OIT referente aos princípios e direitos fundamentais no trabalho, admitida pela Conferência Internacional do Trabalho, na 86ª sessão realizada em Genebra, haja vista a imperiosidade do patamar de direitos que explicita. (DELGADO, Gabriela, 2010, p. 457). Quanto à perspectiva dinâmica, o princípio da vedação ao retrocesso jurídico e social determina que as disposições internacionais aprimorem a legislação nacional, correlacionando-se com o princípio da progressividade da proteção humana, gerando "melhoria das condições sociais, mediante o aperfeiçoamento da ordem jurídica." (REIS, 2011, p. 84).

Por meio do princípio da vedação do retrocesso, as regras de proteção à pessoa humana são submetidas a um processo de constante aperfeiçoamento, objetivando atingir níveis cada vez mais elevados de dignidade, fato que, consequentemente, promove uma sociedade mais inclusiva e democrática. Por tudo isso, o princípio da progressividade comunica-se com o princípio da norma mais favorável – essencial no Direito do Trabalho – assim como é consequência do princípio da progressividade dos direitos econômicos, sociais e culturais, que tem grande importância na esfera dos direitos humanos internacionais. (REIS, 2011, p. 85).

No eixo mundial, a Declaração Universal dos Direitos do Homem, de 1948, proclamou princípios fundamentais internacionais, aplicáveis em toda ordem jurídica. Trata-se do mais importante documento criado na defesa da pessoa humana, tendo a dignidade como fundamento da liberdade, da justiça, da igualdade, da vida e de outros direitos.

Pela sua relevância, "a Declaração transformou os direitos humanos num tema global e universal no sistema internacional e traçou a *vis directiva* de uma política do direito voltada para a positivação dos direitos humanos no âmbito do Direito Internacional Público." (LAFER apud SENA; DELGADO; NUNES, 2010, p. 458).

Em especial, no que se refere ao Direito Individual do Trabalho, afirmou vários direitos. Já dos arts. 1º e 2º da Declaração, em que constam os fundamentos expressos nos princípios da igualdade, liberdade e fraternidade, decorre o princípio da não discriminação, que encontra no Direito do Trabalho um campo fértil e ávido por sua necessária proliferação. Nos arts. 22 a 28, encontram-se previstos os direitos sociais, abordando o direito ao trabalho, à seguridade social, à educação, à associação sindical, ao repouso e ao lazer (inclusive limitando as horas de trabalho em níveis razoáveis); direito às férias anuais remuneradas; à livre escolha do emprego; à proteção contra o desemprego; à garantia de condições de trabalho justas e favoráveis, além do direito à vida cultural e a um nível de vida adequado, com os meios necessários de subsistência. Por tudo isso, essa declaração simboliza o avanço dos direitos humanos rumo à ampla tutela dos direitos sociais dos trabalhadores, concedendo-lhes um eixo internacional de proteção universal e indivisível, fundamental para promoção da dignidade.

Em referência ao Direito da seguridade social, a declaração previu no seu art. 25 a garantia, a toda pessoa, a um padrão de vida que lhe assegure, e à família dela, saúde, bem-estar, além de serviços sociais indispensáveis, segurança em caso de desemprego, doença, invalidez, viuvez, velhice ou hipóteses de perda dos meios de subsistência em circunstâncias fora de seu controle. Ademais, em tal artigo há também a tutela à maternidade e à infância.

Em 1978 foi criada a Convenção Americana de Direitos Humanos – Pacto de San José de Costa Rica, que instituiu, para proteger os direitos previstos na Declaração Universal dos Direitos Humanos de 1948, a Comissão Interamericana de Direitos Humanos e a Corte Interamericana de Direitos Humanos, que entraram em vigor no nosso País em 1992.

A Declaração de Filadélfia foi adotada pela OIT em maio de 1944, como anexo à sua Constituição, num cenário de depressão e de crise causado pela 2ª Guerra Mundial. Nesse documento constam seus princípios fundamentais, que revelam a essência de sua conduta. É necessário ressaltar que, conforme consta na declaração referente aos princípios e direitos fundamentais de 1998 da OIT, ainda que não tenham ratificado as convenções tidas como fundamentais, os países-membros se obrigam a respeitar e a realizar, de boa fé, e em conformidade com a Constituição, os princípios concernentes aos direitos fundamentais.

O primeiro princípio da Declaração da Filadélfia sustenta que "o trabalho não é uma mercadoria". Nos ensinamentos de Delgado:

> o trabalho, em especial o regulado (o emprego, em suma), por ser assecuratório de certo patamar de garantias ao ser humano, constitui-se no mais importante veículo de afirmação socioeconômica da grande maioria dos indivíduos componentes da sociedade capitalista, sendo, desse modo, um dos mais relevantes (senão o maior deles) instrumentos de afirmação da Democracia na vida social. (DELGADO, 2005, p. 29).

A garantia do trabalho digno tende a atenuar a desigualdade entre os seres que pactuam a relação de emprego, sendo, pois, uma das formas mais eficazes de potencializar o trabalhador dentro da sociedade capitalista. O trabalho humano realizado e reconhecido em atenção aos direitos fundamentais tem o condão de fomentar a democracia e desencadear "um círculo virtuoso que tende a alimentar o processo de construção da cidadania baseada em direitos sociais e na desmercantilização da força de trabalho." (LOBO, 2010, p. 12). Através do trabalho digno, "o homem encontra sentido para a vida" (DELGADO, Gabriela, 2010, p. 455) e torna sua relação com o empregador menos dependente. Assim, promove considerável manumissão em relação às chagas da exclusão social.

Nesse sentido, a efetivação de proteções sociais para todos os indivíduos, concedendo-lhes, ilustrativamente, seguro-desemprego, tutela na velhice, na doença, em casos de acidentes, propicia a emancipação de tais indivíduos em relação ao mercado, fazendo com que eles interajam "com mais facilidade à ação coletiva, fortalecendo a *solidariedade de classe* e ampliando as chances para o estabelecimento de uma sociedade menos desigual." (LOBO, 2010, p. 3).

Também está previsto na Declaração de Filadélfia o princípio que dispõe que a penúria, em qualquer lugar, constitui um perigo para a prosperidade geral. Certo é que a vida em condições de extrema pobreza e miséria é o retrato de uma sociedade excludente, marcada por forte desigualdade social e destoada dos patamares mínimos de direitos humanos. Conforme destacado por Gabriela Delgado, uma das formas de reduzir as desigualdades sociais se dá por meio do Direito do Trabalho, por ser ele "o mais generalizante e consistente instrumento assecuratório de efetiva cidadania, no plano socioeconômico, e de efetiva dignidade, no plano individual." (DELGADO, Gabriela, 2010, p. 459)

Outro princípio de Direito Internacional do Trabalho previsto na Declaração de Filadélfia estabelece que a luta contra a carência, em qualquer nação, deve ser conduzida com infatigável energia, com esforço internacional contínuo e conjugado, por intermédio do qual os representantes dos empregadores e dos empregados discutam, em igualdade, com os dos Governos, e tomem com eles decisões de caráter democrático, visando ao bem comum.

Trata-se do princípio que expressa um dos principais objetivos da OIT, a fim de promover uma ação conjunta entre representantes dos empregados, dos empregadores e do governo, através da estratégia do "diálogo social". (DELGADO, Gabriela, 2010, p. 459).

O Pacto Internacional dos Direitos Civis e Políticos de 1966 possui também grande relevância no rol de instrumentos que determinam a proteção dos direitos humanos. Conjuntamente com o Pacto Internacional dos Direitos Econômicos, Sociais e Culturais e com a Declaração Universal dos Direitos Humanos, constitui a Carta Internacional dos Direitos Humanos. Em tal Pacto está definida uma série de garantias às classes menos favorecidas, imantando-as contra os abusos cometidos pelas classes dominantes e também determinando a atuação estatal para garantir a todos o pleno exercício dos seus direitos políticos. Possui caráter semelhante e complementar em relação à Declaração Universal de Direitos, pois afirma direitos civis e políticos, além de outros direitos e liberdades, como o direito à vida, a proibição da escravidão e da tortura, direito à nacionalidade, ao devido processo legal, dentre outros.

Nesse sentido:

> O pacto abriga novos direitos e garantias não incluídos na Declaração Universal, tais como o direito de não ser preso em razão de descumprimento de obrigação internacional (art. 11); o direito da criança ao nome e à nacionalidade (art. 24); a proteção dos direitos de minorias à identidade cultural, religiosa e linguística (art. 27); a proibição da propaganda de guerra ou de incitamento à intolerância ética ou à racial (art. 20); o direito à autodeterminação (art. 1), dentre outros. Essa gama de direitos, insiste-se, não se vê incluída na Declaração Universal (PIOVESAN, 1997, p. 169).

O Pacto Internacional dos Direitos Econômicos, Sociais e Culturais possui grande relação com os princípios sociais indicados pela OIT. Contudo, muitos preceitos desse Pacto são de caráter promocional, ao revés do que ocorre com a maioria das convenções da OIT. Assim, em muitos casos, a proteção conferida pelos instrumentos da OIT supera as garantias contidas nesse Pacto. (DELGADO, 2010). Isso significa que os direitos nele expostos demandam uma implementação progressiva. Por isso:

> [...] enquanto os direitos civis e políticos, por prescindir de recursos econômicos, são autoaplicáveis, na concepção do Pacto, os direitos sociais, econômicos e culturais são programáticos. São direitos que demandam aplicação progressiva, já que não podem ser implementados sem que exista um mínimo de recursos econômicos disponível, um mínimo de standard técnico-econômico, um mínimo de cooperação econômica internacional e, especialmente, uma prioridade na agenda política nacional. Para o Pacto, a implementação dos direitos sociais, econômicos e culturais reflete o reconhecimento de que a realização integral e completa desses direitos, em geral, não se faz possível em um curto período de tempo. (PIOVESAN, 1997, p. 195).

Ainda assim, no que se refere especificamente ao direito da seguridade social, o Pacto Internacional dos Direitos Econômicos, Sociais e Culturais prevê, em seu art. 9º, que os estados-membros reconhecem o direito de toda pessoa à previdência social, inclusive ao seguro social. E, no seu art. 10, prevê a proteção às gestantes através da previdência, por um período de tempo razoável antes e depois do parto. E determina que, nesse interregno, deve-se conceder às mães que trabalham licença remunerada ou licença acompanhada de benefícios previdenciários adequados. Desde então, o direito à seguridade social, inclusive à licença-maternidade, foi consagrado internacionalmente, integrando, pois, o rol de direitos humanos fundamentais.

Outro importante documento internacional a ser aqui destacado é a Declaração sobre os Princípios e Direitos Fundamentais no Trabalho, também chamada de Declaração de 1998. Por se tratar de um documento essencial para a OIT, todos os Estados-membros se submetem às suas determinações, que se direcionam no sentido da realização dos direitos fundamentais da pessoa humana. Independentemente de terem ratificado as referidas convenções, todos os Estados-membros são obrigados a respeitar, promover e efetivar seus princípios fundamentais. Tais princípios retratam um patamar mínimo de direitos fundamentais internacionais do cidadão.

Nessa Declaração, composta de oito convenções, foram consagrados os direitos humanos básicos dos trabalhadores, dentre eles os direitos à liberdade de associação e à negociação coletiva (Convenção n. 87 da OIT, não ratificada pelo Brasil e Convenção n. 98 da OIT, ratificada pelo nosso País); à eliminação de todas as formas de trabalho forçado ou compulsório (Convenções ns. 29 e 105 da OIT, ratificadas pelo Brasil); à efetiva abolição do trabalho infantil (Convenções ns. 138 e 182, ambas ratificadas pelo Brasil) e à eliminação da discriminação no que diz respeito ao emprego e à ocupação (Convenções ns. 100 e 111 da OIT, ambas ratificadas pelo nosso País). (DELGADO, 2010, p. 460).

O art. 15 da Convenção de número 29 da OIT sobre o trabalho forçado ou obrigatório merece destaque por estender direitos previdenciários ao cidadão submetido a esse labor. Assim, determina que qualquer legislação ou regulamento referente à indenização por acidente ou por doença resultante do emprego do trabalhador e toda legislação ou regulamento que prevejam indenizações para os dependentes de trabalhadores falecidos ou inválidos, que estejam ou estarão em vigor no território específico, serão igualmente aplicáveis às pessoas submetidas a trabalho forçado ou obrigatório e aos trabalhadores voluntários. Ademais, obriga toda autoridade empregadora de trabalhador em trabalho forçado ou obrigatório a lhe assegurar a subsistência se, por acidente ou doenças resultantes de seu emprego, tornar-se total ou parcialmente incapaz de prover suas necessidades, e, também, tomar providências para assegurar a manutenção de todas as pessoas efetivamente dependentes desse trabalhador no caso de morte ou invalidez resultante do trabalho.

A Convenção de número 102 da OIT, também chamada de Convenção concernente às normas mínimas para a seguridade social, foi aprovada pelo Decreto Legislativo n. 269, de 19/9/2008, e ratificada pelo Brasil em junho de 2009. Seu texto estabelece níveis mínimos para estruturação do sistema de seguridade social, com o intuito de proteger os indivíduos em diversas hipóteses, a saber: idade avançada, invalidez, morte, doenças, acidentes, desemprego, além de prover-lhes assistência médica.

As determinações contidas na Convenção n. 102 da OIT são complementadas pela Recomendação n. 202, aprovada durante a 101ª Conferência Internacional da Organização Internacional do Trabalho, em 2012. Ambos os documentos formam o novo patamar internacional de direitos da pessoa humana no que se refere à seguridade social. Para a redução das desigualdades sociais e promoção de uma sociedade mais inclusiva, urge o respeito amplo aos preceitos contidos em tais diplomas, objetivando garantir que todos os membros da sociedade desfrutem de um patamar essencial de seguridade social ao longo de suas vidas. O texto da recomendação também prevê assistência médica básica, a fim de tutelar o direito à saúde, além de evitar mortes prematuras.

A proteção social consiste em um eficaz instrumento de combate às crises experimentadas por nações em todo o mundo. Ao assegurar direitos sociais para todos os cidadãos, torna-os capacitados para desfrutar de uma vida mais digna. Ademais, traz inegável impulso para a economia e efetivação da distribuição de renda.

Com melhores níveis de vida, o cidadão se qualifica, afirma-se social e economicamente e acaba impulsionando o mercado, que passa a investir em tecnologias, em especial, aquelas que demandem mão de obra especializada. Surgem, consequentemente, novos postos de trabalho, isto é, novas formas de inclusão social dignas através da relação de emprego. Inegavelmente, a promoção dos direitos sociais cria a base para o crescimento econômico sustentável e inclusivo.

Em linhas gerais, defende a universalidade da proteção, baseada na solidariedade social; garante o direito às prestações previstas pela legislação nacional; a adequação e previsibilidade dos benefícios; não discriminação, igualdade e capacidade para atender às necessidades especiais dos indivíduos; inclusão, em particular dos que trabalham na economia informal; o respeito pelos direitos e dignidade das pessoas abrangidas por garantias de segurança social; a solidariedade no financiamento, coerência com as políticas sociais, econômicas e empregatícias; serviços públicos de alta qualidade que melhoram o desempenho dos sistemas de segurança social; cooperação tripartite com organizações representativas de empregadores e trabalhadores.

Para efetivar e implementar a referida proteção social, a Recomendação prevê que os Estados criem incentivos para a promoção de medidas preventivas e protetivas em benefício dos direitos sociais. Também fomenta a afirmação da pactuação do emprego formal, aumentando a formação profissional e capacitando o empregado, elevando os índices de indivíduos com carteira assinada. Associadas as políticas que incentivem o emprego formal, a geração de renda, a educação, a alfabetização e a formação profissional, será alcançado o caminho para reduzir a informalidade em todo o mundo.

Conforme prevê o próprio texto da recomendação, os Estados devem, atendendo às suas circunstâncias nacionais, empenhar-se com urgência na manutenção do piso de proteção social. Para tanto, prevê que os países que carecem de recursos para custear as medidas básicas de proteção social possam contar com a cooperação e o apoio internacionais para complementar valores.

De acordo com o relatório criado pelo grupo consultivo sobre o piso de proteção social – OIT, publicado em 2011 em Genebra, do total de aproximadamente 7 bilhões de pessoas no mundo, 5,1 bilhões não têm acesso à proteção social adequada, enquanto somente pouco mais de 15% dos desempregados em nível mundial recebem alguma forma de benefícios de desemprego. Diante desses dados alarmantes, a proteção aqui engendrada assume ainda maior magnitude. Trata-se de um piso de proteção social internacional que muito engrandece o rol de direitos humanos fundamentais da pessoa humana. (GRUPO CONSULTIVO SOBRE O PISO DE PROTEÇÃO SOCIAL, 2011).

Fica claro, então, que os direitos trabalhistas e previdenciários estão amplamente assegurados também no plano internacional, integrando, pois, o rol dos direitos humanos fundamentais de toda pessoa humana. Isso nos dá a certeza de que toda a humanidade tem formalizados direitos sociais essenciais para a construção da cidadania e para fortalecimento da democracia.

A tutela dos direitos trabalhistas e previdenciários nos eixos global, regional – e também nacional – demonstra a relevância desses direitos como promotores da qualidade de vida dos cidadãos. A garantia de um mínimo para sobrevivência dos indivíduos assegurada pelo Direito Previdenciário, associada à "melhoria das condições de pactuação da força de trabalho na ordem socioeconômica", inerente ao Direito do Trabalho, acaba por restringir "o livre império das forças do mercado na regência da oferta e da administração do labor humano". A ligação entre ambos os ramos jurídicos, como exposto, tem origem no processo de intervenção do Estado no mercado de trabalho, a partir da segunda metade do século XIX na Europa Ocidental. Tal vinculação preserva-se estreita, inclusive em razão de considerável parcela da arrecadação da Previdência Oficial no sistema brasileiro originar-se da folha de salários das empresas, conforme as verbas de natureza salarial auferidas pelos empregados. (DELGADO, 2012, p. 58-80). Direito do Trabalho e Direito Previdenciário caminham juntos na busca pela plena dignidade do cidadão numa sociedade mais igualitária.

Os reflexos da desigualdade provocada pelo sistema capitalista são claramente verificados na seara da previdência social. A tendência de diminuição dos salários sentida no bolso do trabalhador reduz sua capacidade contributiva. E, como se trata de um sistema cujo objetivo é manter níveis de dignidade na velhice ou em casos de infortunística, com menores contribuições, certamente, será mantido o tímido padrão de dignidade experimentado por grande número de trabalhadores de baixa renda, o que indica a perpetuação da desigualdade social. Destaca-se também a importância de instigar o cidadão a contribuir para um sistema previdenciário ao longo de sua vida ativa, a fim de preservar ou, até mesmo, dependendo das contribuições efetuadas, aprimorar seu padrão de vida em idades mais avançadas ou em períodos específicos, como no caso de acidentes.

Por sua vez, a assistência social possui caráter mais abrangente, caracterizando-se como um sistema universal, que independe de contribuição. Os indivíduos desempregados que integram um exército constante de mão de obra disponível no sistema capitalista[5] geram indubitável ampliação dos gastos públicos, seja através de benefícios assistenciais ou mesmo programas sociais para população de baixa renda, sem os quais nem mesmo a dignidade mínima do cidadão poderia ser mantida. Nesse aspecto, o objetivo do apontamento não é discutir a extensão da fundamental responsabilidade do Estado, mas, sim, alertar que o sistema capitalista, ao lançar diversos indivíduos à margem da sociedade em razão do desemprego, é absolutamente dependente da assistência social para prover a subsistência desses cidadãos. Assim, é possível afirmar que tão mais desenvolvida é uma nação quanto melhor e mais inclusivo for seu sistema de previdência social, apto a garantir melhor qualidade de vida a todos os indivíduos contribuintes. Esses contribuintes e segurados são também consumidores, o que, sem dúvida, é um grande catalisador para o aquecimento do mercado e para o desenvolvimento do capitalismo.

No que se refere à precarização dos direitos trabalhistas em evidência no século XX, trata-se do resultado da difusão dos ideais neoliberais, que pregaram a mínima atuação estatal na regulação das relações econômico-sociais, associados à somatória dos fatores aqui expostos, que conduzem para um quadro crítico de desigualdade e concentração de renda. Os ataques às proteções e às garantias impostas pela relação de emprego formal, regida pelo Direito do Trabalho, e também a tentativa de desconstrução do primado do trabalho e emprego afetam "o mais importante veículo de afirmação socioeconômica da grande maioria dos indivíduos componentes da sociedade capitalista". (DELGADO, 2005, p. 29).

Os indivíduos que vendem sua força de trabalho para prover sua subsistência precisam contar com a rede de proteção e garantias imperativas instituídas pelo ramo justrabalhista. Trata-se de uma condição essencial até mesmo à própria dinâmica do sistema capitalista, que tem no Direito do Trabalho valioso instrumento de perpetuação (DELGADO, 2005, p. 29). Ainda diante das desigualdades e exclusões promovidas pela essência desse sistema, através da relação de emprego formal e dos direitos previdenciários, todos os cidadãos têm acesso a uma das formas de inserção na sociedade em níveis cada vez mais dignos, contribuindo de forma consistente para a distribuição de renda e para a promoção da justiça social. Nas palavras de Delgado, cabe ao Direito do Trabalho:

> [...] estruturar, impelir e organizar o mercado interno de absorção dos próprios bens e serviços gerados pela economia, mantendo-o renovado e dinâmico, por suas próprias forças de sustentação. Ora, ao elevar as condições de pactuação da força de trabalho, esse ramo jurídico não só realiza justiça social, como cria e preserva mercado para o próprio capitalismo interno, devolvendo a este os ganhos materiais socialmente distribuídos em decorrência da aplicação de suas regras jurídicas. (DELGADO, 2005, p. 123).

---

(5) Expressão usada por Karl Marx. (MARX, 1988).

Em sua obra, Cardoso alerta para a seguinte questão: "se o discurso neoliberal se efetivasse em sua plenitude, não estaríamos diante do risco de dissolução dos laços sociais mais estáveis do capitalismo, aqueles garantidos, justamente, pelo Direito do Trabalho?" (CARDOSO, 2003, p. 119). E continua:

> Em nenhum lugar se fala a sério sobre essa diluição do direito do trabalho, exceto, no terceiro mundo e certamente no Brasil da década de 1990. Talvez porque no mundo desenvolvido se tenha alguma noção dos riscos de profunda crise social decorrente da diluição dos laços de solidariedade associados ao direito do trabalho. [...] O direito do trabalho cumpriu exatamente esse papel para o trabalhador diante do capitalista, fazendo-o ainda mais, como resultado universal, e por isso mesmo, social. [...] Apenas aqui não se reconheceu que o mercado, deixado a si mesmo, o mercado sem o Estado, é a guerra, a selva ou a máfia, ou tudo isso junto. (CARDOSO, 2003, p. 120-121).

O trabalho humano tutelado pelo Direito do Trabalho provê sustento para as camadas significativas da população, dignificando o cidadão, além de distribuir riqueza, implementar a democracia e realizar a justiça social. Assim, destaca-se aqui a relevância do trabalho digno como um dos pilares do estado democrático. (DELGADO, 2011, p. 1.167).

Quanto ao Direito Previdenciário, cabe ao Estado provedor ampliar sua rede tuitiva, a fim de garantir um mínimo existencial a todos os cidadãos. Assim, além de garantir condições mínimas de subsistência frente aos riscos sociais, é necessário que o Estado garanta níveis cada vez maiores de cidadania, incluindo novos segurados ou mesmo garantindo qualidade de vida àqueles que guarnecem em sua tutela.

A intervenção do Estado na regulação das relações de trabalho, dos processos de dispensa, bem como na proteção àqueles que se encontram fora do mercado de trabalho, através da legislação trabalhista e securitária, é fundamental para aumentar a segurança do trabalhador e até mesmo o poder sindical. Quanto maior for a abrangência das políticas sociais, menos mercantilizada será a força de trabalho. Dessa forma, no processo de desmercantilização, são importantes não só a crescente efetivação das leis trabalhistas e previdenciárias, mas também a criação de consistentes políticas sociais inclusivas objetivando a justiça social.

3. O DIREITO DO TRABALHO COMO INSTRUMENTO DE INCLUSÃO SOCIAL

3.1. Considerações iniciais

A inserção dos direitos trabalhistas no Capítulo II do Título II da Constituição Brasileira, que dispõe sobre os Direitos e Garantias Fundamentais do cidadão, revela o grande interesse público na tutela dos direitos sociais, tratando-os como Direitos Fundamentais do cidadão. No sistema democrático contemporâneo, a Relação de Emprego, regulada pelo Direito do Trabalho, torna-se um instrumento ainda mais valioso de inserção social. Através dela, o cidadão torna-se efetivamente um ator no sistema democrático, eis que se integra ao sistema capitalista, viabilizando a necessária justiça social e distribuição de riquezas.

Os princípios do Direito do Trabalho traduzem os direitos do cidadão trabalhador e revelam os ideais de justiça social que direcionam a essência desse ramo jurídico. Inquestionavelmente, os princípios cumprem um papel descritivo "como proposições ideais informadoras da compreensão do fenômeno jurídico" e um papel normativo subsidiário, conforme prevê o art. 8º da CLT, assim como o art. 4º da Lei de Introdução às normas do direito brasileiro. (DELGADO, 2012, p. 169) Também se destaca a função normativa concorrente inerente aos princípios de relevante valor. Como "alicerces da ciência" (CRETTELA JÚNIOR, 1998, p. 7), "verdades fundantes" (REALE, 2002, p. 305), "mandamento nuclear de um sistema" (MELLO, 2003, p. 817) ou "proposições fundamentais que informam a compreensão do fenômeno jurídico" (DELGADO, 2012, p. 183), os princípios do Direito do Trabalho são valiosos para demonstrar a dimensão desse ramo jurídico como imprescindível instrumento na promoção da inclusão de cidadãos à sociedade capitalista.[1]

O lapidar ensinamento de Celso Antônio Bandeira de Mello explicita: "a desatenção ao princípio implica ofensa não apenas a um específico mandamento obrigatório, mas a todo sistema de comandos. É a mais grave forma de ilegalidade ou inconstitucionalidade [...]." (MELLO, 2003, p. 818).

A valorização da pessoa humana, em especial através do trabalho digno, recebeu destaque principiológico na Constituição Federal de 1988. Assim, asseverou que os

---

[1] Os princípios desempenham diversas funções na ordem jurídica, como informar o legislador (descritiva), nortear o aplicador da lei na sua atividade interpretativa, além de integrar o Direito, isto é, numa função normativa própria. (DELGADO, 2012, p. 184-187).

fundamentos da República Federativa do Brasil são, também, a dignidade da pessoa humana e o valor social do trabalho (inciso IV, art. 1º) e seus objetivos, a construção de uma sociedade livre, justa e solidária; a redução das desigualdades sociais; a erradicação da pobreza e da marginalização social; bem como a promoção do bem de todos (incisos I, III e IV do art. 3º). A ordem social tem como base o primado do trabalho e como objetivo a justiça social (art. 193), enquanto a ordem econômica funda-se na valorização do trabalho, consoante dispõe o *caput* e inciso VIII do seu art. 170.

Como nos ensina Delgado, o núcleo basilar dos princípios especiais do Direito do Trabalho incorpora a essência da função teleológica desse ramo jurídico, como também possui abrangência ampliada e generalizante, sem, contudo, confrontar de maneira inconciliável com importantes princípios jurídicos gerais externos. (DELGADO, 2012). Assim, demonstra a vertente inclusiva amplamente possibilitada por esse ramo jurídico.

O fundamento do princípio da proteção insere-se na essência do Direito do Trabalho, na medida em que este ramo somente se justifica diante da finalidade de tutelar os interesses do empregado, parte hipossuficiente do pacto laboral.

Uma vez constatada a desigualdade entre as partes contratantes, o Direito do Trabalho instituiu em seu âmago um aparato de normas e institutos com o objetivo precípuo de proteger o obreiro, na tentativa de reduzir ou até mesmo eliminar o desequilíbrio fático inerente ao contrato de trabalho.

Preleciona Delgado acerca de tal princípio:

> [...] efetivamente há ampla predominância nesse ramo jurídico especializado de regras essencialmente protetivas, tutelares da vontade e interesses obreiros; seus princípios são fundamentalmente favoráveis ao trabalhador; suas presunções são elaboradas em vista do alcance da mesma vantagem jurídica retificadora da diferenciação social prática. Na verdade, pode-se afirmar que sem a ideia protetivo-retificadora, o Direito Individual do Trabalho não se justificaria histórica e cientificamente. (DELGADO, 2012, p. 198).

Este cardeal princípio da proteção, com sua ampla influência em todos os segmentos da seara justrabalhista individual, informa uma teia de proteção ao hipossuficiente na relação de emprego, objetivando retificar – ou atenuar –, no plano jurídico, o desequilíbrio inerente ao contrato de trabalho. Através dessa diretriz indutora, assim como de outros princípios especiais como o princípio da norma mais favorável, princípio da imperatividade das normas trabalhistas, princípio da indisponibilidade dos direitos trabalhistas, princípio da condição mais benéfica, princípio da inalterabilidade contratual lesiva, princípio da intangibilidade salarial, princípio da primazia da realidade sobre a forma e princípio da continuidade da relação de emprego, o Direito do Trabalho exprime sua importância em toda sociedade. Lado outro, tendo atacadas essas proposições fundamentais que o informam, a noção central do Direito do Trabalho é fortemente comprometida, tolhendo do indivíduo parte significativa de sua dignidade e possibilidade de inclusão econômico-social. (DELGADO, 2012).

3.2. Direito do Trabalho: papéis na sociedade e na economia capitalistas

O ramo justrabalhista busca uma finalidade precípua. Por ser instituído pela atuação da classe trabalhadora no século XIX, em reação à exploração excessiva e desenfreada do trabalho humano, o Direito do Trabalho tem uma direção valorativa e finalística própria, na qual se sustentam os fundamentos para sua afirmação e perpetuação. Também, as próprias funções desse ramo jurídico retratam seu forte caráter social, mormente na regulação da relação de emprego, que se traduz na principal relação que vincula o cidadão ao sistema capitalista. (DELGADO, 2012). Por isso podemos afirmar que o Direito do Trabalho é o mais eficaz instrumento de realização do princípio da Dignidade da Pessoa Humana, previsto no art. 1º, inciso III da nossa Carta Magna, sendo, pois, dimensão dos direitos humanos. (ALVARENGA, 2009).

Segundo lição de Jean-Claude Javillier, o Direito do Trabalho possui duas finalidades distintas, que são a proteção dos assalariados e a promoção das relações profissionais. (JAVILLIER, 1998, p. 30-33). Dessa forma, entende que a tutela dos trabalhadores assalariados consiste na sua função principal, já que trabalho não é uma mercadoria, devendo ser protegido contra as várias formas de exploração que possa sofrer.

Tomando como foco a doutrina de Delgado (2012), a função central do ramo jurídico trabalhista consiste na "melhoria das condições de pactuação da força de trabalho na ordem socioeconômica". O autor afirma que:

> tal função decisiva do ramo justrabalhista realiza, na verdade, o fundamental intento democrático e inclusivo de desmercantilização da força de trabalho no sistema socioeconômico capitalista, restringindo o livre império das forças de mercado na regência da oferta e da administração do labor humano. (DELGADO, 2012, p. 58).

E, através dessa desmercantilização do labor humano, o ramo justrabalhista enobrece e beneficia o trabalho com regras distintas dos meros ditames do mercado, objetivando sempre atenuar o conflito entre capital e trabalho.

Imperioso ressaltar que a função aqui destacada, em atenção ao interesse público, deve ser tomada em consideração ao universo mais global de trabalhadores, prevalecendo o ser coletivo sobre o trabalhador isolado, conforme destacado até mesmo no art. 8º da CLT.

Ao longo da década de 1990, a disseminação de correntes de precarização do trabalho e de desprestígio à proteção do ramo justrabalhista resultou em elevado índice de concentração de renda.[2] Essa fase de tentativa de desarticulação das

---

(2) Conforme dados oficiais do IBGE, citados por Delgado, "a renda aumentou no Brasil na década de 90, mas junto com ela, cresceu a distância salarial entre os 10% mais ricos e os 40% mais pobres. Em 1992, a diferença entre o pico e a base da pirâmide nacional de rendimentos era de cerca de treze salários mínimos. Em 1999, chegou a aproximadamente dezessete. Os números são do estudo Síntese de Indicadores Sociais 2000, divulgado ontem pelo Instituto Brasileiro de Geografia e Estatística" (*Gazeta Mercantil*, São Paulo, 5 abr. 2001, p. A-10 – Renda cresce e

normas trabalhistas foi marcada também por uma transição democrática, com o surgimento da Constituição Brasileira de 1988. Trata-se do reflexo um pouco tardio da crise vivenciada na Europa Ocidental a partir de meados da década de 1970.

Dados oficiais do MTE (Ministério do Trabalho e Emprego) indicam uma elevação no número de empregados com carteira assinada a partir do ano de 2001 – quando se registravam 23 milhões de cidadãos. No período de 2003 a 2010, os dados da RAIS apontaram uma geração de 15,384 milhões de empregos formais. Apenas no ano de 2010 houve a criação de 2,590 milhões de vínculos celetistas e 270,4 mil estatutários, o que resultou em uma elevação na participação do emprego celetista no total do emprego formal de 79,84% para 80,53% (e consequente redução da participação de vínculos estatutários, de 20,16% para 19,47%). De janeiro de 2011 a junho de 2012, o crescimento foi de 8,54%, representando um aumento de 3.064.257 vagas. Com isso, a quantidade de trabalhadores com carteira assinada teve uma alta de 2,76% sobre a quantidade registrada em dezembro de 2011. (BRASIL, 2011c).

Trata-se de um montante inédito na história do emprego formal num intervalo de nove anos sucessivos, o que indicam a elevação do valor-trabalho e a valorização da relação de emprego regulamentada em nosso País.

Esse favorável desempenho deve-se também a alguns outros fatores econômicos como o fortalecimento da demanda interna, proporcionado pela elevação real da massa salarial em 8,2%; expansão do crédito do sistema financeiro, com recursos livres para pessoas físicas, de 17,6% em termos nominais; e aumento dos investimentos de 21,8% – a maior taxa acumulada em quatro trimestres da série iniciada em 1986. Tal resultado positivo do PIB teve certamente reflexos sobre o trabalho formal, que registrou a geração de 2,861 milhões de empregos, a maior da série histórica da RAIS, representando um crescimento da ordem de 6,94%. (MTE, 2012).

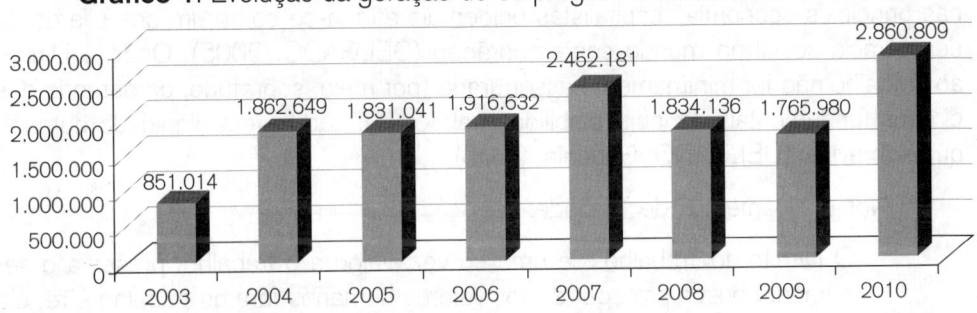

Gráfico 1: Evolução da geração de emprego. Período: 2003 a 2010 Brasil.

Ano	Empregos
2003	851.014
2004	1.862.649
2005	1.831.041
2006	1.916.632
2007	2.452.181
2008	1.834.136
2009	1.765.980
2010	2.860.809

Fonte: (MTE, 2012)

Desigualdade persiste.) A mesma pesquisa demonstrava ainda que o número de empregados formais (com CTPS assinada) praticamente não cresceu nos anos de 1990, variando de 19,2 milhões para apenas 19,6 milhões de obreiros. O Brasil ocupava, na época, o 74º lugar no mundo, no tocante ao índice de desenvolvimento humano da ONU, Pnud (Monitor Mercantil, Rio de Janeiro, 5 abr. 2001, p. 8). (DELGADO, 2012. p. 114).

Segundo dados estatísticos do Ministério do Trabalho, no ano de 2010 foram constatados 66,3 milhões de trabalhadores brasileiros com carteira assinada. Conforme dados do questionário da Amostra do Censo Demográfico 2010, divulgados pelo Instituto Brasileiro de Geografia e Estatística (IBGE), o percentual de empregados com carteira assinada teve crescimento expressivo em todas as regiões do País, subindo de 54,4%, em 2000, para 65,2%, em 2010. (INSTITUTO BRASILEIRO DE GEOGRAFIA E ESTATÍSTICA apud BRASIL, 2011) Ainda em resposta ao processo de generalização do ramo justrabalhista e melhoria do "patamar civilizatório mínimo" (DELGADO, 2012, p. 193) por esse ramo instituído, destaca-se que, conforme divulgado pelo MTE, o resultado do ano de 2011 – que verificou a elevação do número de postos de trabalho no Brasil – foi o terceiro melhor na série do Cadastro Geral de Empregados e Desempregados (Caged) entre os anos de 2003 a 2011 (ressalta-se que, por se tratar de um registro voltado exclusivamente a empresas, estão excluídos deste cadastro os trabalhadores contratados por pessoas físicas, como empregados domésticos) (BRASIL, 2011c).

Todos esses dados revelam a plena compatibilidade do crescimento econômico do País com a aplicação crescente do Direito do Trabalho. Superada a fase de crise desse fundamental ramo jurídico e transição democrática do nosso País, o número de postos de trabalho celetistas aumentou consideravelmente, o que retrata e confirma cada vez mais a essencialidade do Direito do Trabalho na promoção da justiça social.

Exatamente por ser um dos principais instrumentos de inserção do cidadão, a relação de emprego formal, regulada pelo Direito do Trabalho, é um dos mais eficazes meios para alcançar a dignidade humana na sociedade capitalista. É através dela que todo ser humano pode obter sua afirmação, seja no aspecto pessoal, social, econômico ou mesmo familiar. Por tais razões, a valorização do trabalho digno nas principais economias capitalistas ocidentais afirma-se como um dos pilares da democracia social no mundo contemporâneo (DELGADO, 2005). Onde o Direito ao Trabalho não for minimamente assegurado (por meio, sobretudo, da garantia dos direitos fundamentais de indisponibilidade absoluta), não haverá dignidade humana que sobreviva. (DELGADO, Gabriela, 2006).

Nos ensinamentos de Trindade:

> O Direito do Trabalho, de uma só vez, valoriza o trabalho, preserva o ser humano, busca proteger outros valores humanos fora do trabalho e regula o modelo de produção na perspectiva da construção da justiça social dentro do regime capitalista. (TRINDADE, 2007, p. 36).

Uma segunda função do Direito do Trabalho a ser destacada é o seu **caráter modernizante e progressista**, no aspecto econômico e social, conforme ensina Delgado. Tal função pode ser explicitada em enfoques diferenciados. No primeiro deles, com a melhor distribuição de renda e valorização do trabalho humano, propiciadas pelo ramo justrabalhista, verifica-se um fortalecimento da economia e melhoria na gestão do mercado. Dessa forma, o Direito do Trabalho não só alcança a justiça social, "como cria e preserva o mercado para o próprio capitalismo interno, devolvendo a este os ganhos materiais socialmente distribuídos em decorrência de suas regras jurídicas". (DELGADO, 2005, p. 123).

Verifica-se, pois, que a primeira função desse ramo jurídico de buscar melhoria das condições de pactuação da força de trabalho na ordem socioeconômica, favorável ao trabalhador, harmoniza-se com a função progressista modernizante, que busca a inserção de trabalhadores num mercado estruturado e interessante para o sistema capitalista.

Na busca pela elevação do lucro, é valioso que o empregador faça investimentos em novas tecnologias, mas ao mesmo tempo, preserve e capacite sua mão de obra. Dessa maneira, o trabalhador se qualifica, elevando seu potencial de conhecimento, além de operar atividades laborativas mais dinâmicas e modernas. Tudo isso, aliado a uma atuação respeitosa da empresa no que se refere às normas trabalhistas, num círculo virtuoso, que faz com que o obreiro, por sua vez, também se motive cada vez mais na sua tarefa.

A legislação trabalhista deve sempre generalizar ao mercado de trabalho condutas e direitos alcançados pelos setores mais avançados da economia, impondo, a partir daí, "condições mais modernas, ágeis e civilizadas de gestão da força de trabalho". (DELGADO, 2012, p. 58).

Conforme ratifica Pochmann, "o emprego assalariado formal representa o que de melhor o capitalismo brasileiro tem construído para sua classe trabalhadora, pois vem acompanhado de um conjunto de normas de proteção social e trabalhista" (POCHMANN, 2002, p. 98).

Destaca-se que apenas neste início do século XXI é que foram retomadas as políticas públicas de promoção ao desenvolvimento social, bem como o processo de generalização do Direito do Trabalho na sociedade e na economia brasileiras. Tais fatores justificam o fato de que a função modernizante e progressista do Direito do Trabalho não se tenha manifestado com clareza plena em nosso País.

A terceira função a ser destacada do Direito do Trabalho, conforme leciona Delgado (2012), é **a civilizatória e democrática**. Além de ser um dos mais efetivos instrumentos de controle e harmonização das vicissitudes do sistema capitalista, o Direito do Trabalho também regula a relação de emprego, que consiste em uma fundamental relação de poder na sociedade contemporânea. Diante de tal função, assevera Delgado:

> Na proporção em que se sabe que o mercado econômico, por si só, é incapaz de realizar tais objetivos – tendendo, na verdade, a exacerbar dinâmicas e efeitos contrários a eles –, pode-se aquilatar a essencialidade desse ramo jurídico-trabalhista no processo de construção de sociedades

mais igualitárias, justas e democráticas nos marcos do sistema econômico dominante. (DELGADO, 2005, p. 125).

O ramo jurídico trabalhista possui também uma **função política conservadora.** Por essa função, Delgado evidencia que o Direito do Trabalho é um fundamental "meio de legitimação cultural e política do capitalismo – porém concretizada em padrão civilizatório mais alto (e não nos moldes do capitalismo sem reciprocidade, sem peias)" (DELGADO, 2005, p. 126).

Através de tal função, o Direito do Trabalho assume um papel fundamental na promoção de uma sociedade mais justa e democrática. Também, ao garantir à classe trabalhadora, que labora na produção da mais-valia, níveis mais dignos de civilidade através da relação de emprego formal, promove a inclusão direta de diversos cidadãos trabalhadores e, indireta, de seus familiares e dependentes. O sistema capitalista deixa de ser meramente opressor e gerador de desigualdades a partir do momento em que passa a operar segundo parâmetros de justiça social, o que traz resultados favoráveis também para a afirmação e a perpetuação desse sistema.

3.3. Evolução do Direito do Trabalho: referências mundiais

Após abordar as funções mais relevantes do Direito do Trabalho, é necessário tratar de elementos históricos que contribuíram no processo evolutivo desse essencial ramo jurídico rumo à inclusão social. Conforme as sábias palavras de Bobbio:

> Os direitos do homem, por mais fundamentais que sejam, são direitos históricos, ou seja, nascidos em certas circunstâncias, caracterizadas por lutas em defesa de novas liberdades contra velhos poderes, e nascidos de modo gradual, não todos de uma vez e nem de uma vez por todas. (BOBBIO, 1992, p. 5).

Por intermédio da análise do processo de formação e consolidação do Direito do Trabalho vivenciado pelos países do capitalismo central, é possível tecer um retrato dos avanços e recuos dos índices de justiça social e, consequentemente, de inclusão trabalhista.

Conforme melhor doutrina[3], a **fase de formação** do Direito do Trabalho inicia-se em 1802, com a instituição de algumas restrições ao trabalho de menores através do documento inglês *Peel's Act*. Tal fase caracteriza-se por leis ainda bastante dispersas e incipientes, que objetivavam apenas conter a abusiva e brutal exploração do trabalho infantil e do feminino.

Desde a Revolução industrial, os trabalhadores vinham exercendo labor em condições degradantes e em níveis de exploração crescentes, sem qualquer proteção contra acidentes – que se tornavam cada vez mais frequentes com o

---

(3) Ver: DELGADO (2012, p. 95); MORAES FILHO (1960, p. 81).

avanço industrial e com a ampla utilização da máquina – e, também, desprovidos de qualquer perspectiva em relação ao futuro quando não mais tivessem condições de trabalhar.

O período de sistematização desse ramo jurídico é fortemente marcado pelo crescente reconhecimento do direito de livre associação sindical dos trabalhadores por instrumentos normativos em diversos países europeus. Também é notório o aumento da criação de leis trabalhistas e do desenvolvimento das negociações coletivas, tanto em países mais democráticos, como a França, quanto em países com experiência autoritária, como a Alemanha. Moraes Filho destaca que a Conferência de Berlim foi importante fonte material para a formação do Direito do Trabalho no mundo. Isso porque marcou o primeiro reconhecimento formal, pelos principais países europeus, da necessidade de regulação do mercado de trabalho através da edição de normas trabalhistas distintas, conforme a realidade de cada país. (MORAES FILHO apud DELGADO, 2012, p. 97).

Ainda nessa fase, a *Encíclica Rerum Novarum*, editada em 1891 pelo Papa Leão XIII, expressa manifestação oficial da igreja católica, tão influente na época, sobre a necessidade de se opor ao movimento socialista, defendendo a propriedade privada e a necessidade de regulação das relações trabalhistas em favor dos desprotegidos.

Em todos os momentos seguintes até a Primeira Guerra Mundial, constatam-se avanços e recuos na atuação do movimento operário e sindical, assim como do pensamento socialista e das estratégias de atuação do Estado. (DELGADO, 2012).

Findada a Primeira Guerra Mundial em 1919, tem início a **fase de oficialização e autonomia do Direito do Trabalho**, obtendo efetiva cidadania nos países de economia central. Ocorre a criação da OIT (1919); a constitucionalização do Direito do Trabalho (Constituição Mexicana de 1917 e de Weimar, na Alemanha, em 1919), além da edição de considerável arcabouço legislativo trabalhista, em resposta à harmonização entre a atuação coletiva dos trabalhadores e a dinâmica estatal. Após a Segunda Guerra Mundial, o avanço do constitucionalismo trabalhista e a hegemonia do Estado de Bem-Estar Social marcam o apogeu dessa fase de institucionalização do ramo justrabalhista.

A edição do Manifesto Comunista de Marx e Engels em 1848, bem como o Cartismo, na Inglaterra, e a Revolução Francesa marcaram de forma decisiva a fase de intensificação do desenvolvimento desse ramo jurídico. Trata-se do primeiro momento na história mundial em que houve considerável ação coletiva dos trabalhadores contra a ordem institucional em vigor, mais precisamente contra o empresariado.

Conforme Tavares:

> Na Revolução francesa, o Direito de Resistência se expressou com maior eficácia em função da defesa da ideia de liberdade. Amparados pelo iluminismo e pelo liberalismo em ascensão, os franceses justificaram a

resistência violenta à ordem estabelecida em nome da liberdade, princípio maior. Assim, a liberdade expressaria um Direito Fundamental da pessoa humana, estando acima de qualquer lei que viesse a ferir esse princípio. (TAVARES, 2003, p. 11).

A Constituição Francesa de 1848 foi editada na tentativa de pacificar os constantes conflitos sociais num momento de grande expansão do capitalismo liberal europeu. A tomada de força do movimento operário e a publicação do manifesto de Marx e Engels foram fundamentais para a tomada de consciência de classe dos trabalhadores, conforme traduzem Gomes e Gottchalk:

> A concentração do proletariado nos grandes centros industriais nascentes; a exploração de um capitalismo sem peias; a triunfante filosofia individualista da Revolução Francesa; os falsos postulados da liberdade de comércio, indústria e trabalho, refletidos no campo jurídico na falaz liberdade de contratar; o largo emprego das chamadas "meias forças", isto é, o trabalho da mulher e do menor; a instituição das sociedades por ações, sociedade anônima, propiciando, a princípio, a reunião de grandes massas de capital necessário aos empreendimentos industriais, e seu posterior desdobramento em capitais monopolizadores (*trust*, cartéis, *holdings*); a ideia vigorante do não-intervencionismo estatal, por mais precárias que fossem as condições econômicas e sociais, tudo isso gerando um estado de miséria sem precedentes para as classes proletárias, resultou no aparecimento, na história do movimento operário, de um fenômeno relevantíssimo: a formação de uma consciência de classe. (GOMES; GOTTSCHALK, 2007. p. 2).

A Constituição Mexicana merece destaque por ter exercido relevante papel na inserção de uma proteção social mais efetiva em diversos países da Europa. Trata-se do primeiro texto constitucional que reconhece e define os direitos trabalhistas como sendo fundamentais. La Cueva expõe o papel desse texto, *in verbis*:

> É indubitável que o nosso art. 123 marca um momento decisivo na história do Direito do Trabalho. Não queremos afirmar que tenha servido de modelo a outras legislações, nem que seja uma obra original, senão não, apenas, que é o passo mais importante dado por um país para satisfazer às demandas das classes trabalhadoras. Seria inútil empenhar-se em encontrar repercussões que não teve: a Europa não conheceu, em termos gerais, nossa legislação. A promulgação da Constituição alemã de Weimar, unida à excelente literatura que desde o princípio produziu, fez com que a atenção do mundo se fixasse principalmente sobre ela. A falta quase total de estudos sobre o direito mexicano contribuiu também para que fosse ignorado; apenas uma ou outra referência se encontra nos autores franceses e, sobretudo, nos espanhóis. Tampouco é nosso art. 123 completamente original. A exposição histórica comprova que os

legisladores mexicanos inspiraram-se em leis de diversos países, como França, Bélgica, Itália, Estados Unidos, Austrália e Nova Zelândia, de tal maneira que a maior parte das disposições que nela foram consignadas eram conhecidas em outras nações. Mas a ideia de fazer do Direito do trabalho um mínimo de garantias em benefício da classe economicamente fraca e a de incorporar essas garantias na Constituição, para protegê-las contra qualquer política do legislador ordinário, são próprias do direito mexicano, no qual pela primeira vez foram consignadas. (LA CUEVA *apud* NASCIMENTO, 2008, p. 26).

Apesar de ser um texto de indiscutível importância, ressalta-se que a população mexicana, à época, era essencialmente rural, pelo que assume especial relevância o reconhecimento do direito da propriedade privada e da reforma agrária em tal documento. Os direitos trabalhistas contidos em tal documento, apesar de abrangerem pequena parcela da população mexicana, possuem grande valor para o constitucionalismo social, tendo os seus princípios sido incorporados posteriormente por diversos outros países, em busca da justiça social.

A Constituição Alemã, também conhecida como Constituição de Weimar, de 1919, insere-se de forma benéfica na afirmação da constitucionalização de direitos fundamentais trabalhistas e, também, previdenciários (art. 157 e seguintes). Essa carta retratou o ápice da crise do Estado Liberal do séc. XVIII e a afirmação do Estado Social do séc. XX, além de afirmar os direitos sociais de 2ª dimensão, referentes às relações de produção e de trabalho, à educação, à cultura e à previdência.

Imperioso destacar que a Constituição de Weimar, assim como a mexicana, já trouxeram incorporadas em seus textos as convenções aprovadas pela Organização Internacional do Trabalho.

A assunção dos direitos sociais como fundamentais pela ordem jurídica é crucial no Estado Democrático de Direito, pois retrata os anseios almejados desde a Revolução Francesa, porém, não positivados. A atuação do Estado passou a ser crescente no sentido da intervenção, através da edição de normas heterônomas que obrigam a todos os cidadãos, compondo o modelo de normatização privatística subordinada. (DELGADO, 2012).

A conquista dos movimentos operários em meados do século XIX, que gerou a intervenção do Estado na relação contratual para proteger o hipossuficiente, pode ser considerada um grande avanço experimentado por um regime que até então pregava a total separação entre Estado e sociedade civil. Desde aquela época, o trabalho humano já era caracterizado pela sua importância e centralidade na sociedade industrial e, também por tais razões, não poderia mais ser regulado apenas pelas livres e opressoras leis do mercado.

Desde então, o Direito do Trabalho incorporou em seu âmago essa direção finalística social em caráter diferenciado com relação aos demais ramos jurídicos, tendo como escopo a busca da justiça social. Esse ramo jurídico passou então a reformular os fundamentos que informavam a ordem liberal vigente, impondo-lhe um caminho pautado no princípio da igualdade, em que visa essencialmente atenuar o desequilíbrio inerente às partes que pactuam o contrato de emprego. As próprias constituições democráticas da França, da Itália, da Alemanha, de Portugal e da Espanha, seguintes à Segunda Guerra Mundial, incorporaram não só normas trabalhistas, como também regras de valorização do trabalho humano e princípios protetivos, como Dignidade da Pessoa Humana e Justiça Social.

Com o fim da Segunda Guerra Mundial, foi então estabelecido um patamar consistente de direitos e garantias ao trabalhador. A época de ouro foi marcada por um pacto, no qual o Estado assegurava ganhos sociais e seguridade para o trabalhador, e este, por sua vez, assumia o compromisso de não se envolver com movimentos revolucionários. (ANTUNES, 1997). Ocorreu, na verdade, "um consenso tácito ou expresso entre patrões e organizações trabalhistas para manter as reivindicações dos trabalhadores dentro de limites que não afetassem os lucros." (HOBSBAWM, 1999, p. 276).

Nas palavras de Delgado:

> Com o desenrolar do século XX, percebeu-se que o Direito do Trabalho não se resumia a simples contraponto ao poder anteriormente incontrastável do empregador na relação de emprego – embora esta já fosse justificativa bastante para sua emergência, afirmação e desenvolvimento. O novo ramo jurídico despontava também como importante política pública de inclusão social e econômica de grandes maiorias populacionais no âmbito do capitalismo. Mais do que essa sua inegável dimensão promocional dos trabalhadores e das grandes maiorias populacionais, o Direito do Trabalho demonstrou eficiente aptidão incrementadora do próprio sistema econômico capitalista, ao induzir o contínuo esforço ao mercado interno de cada economia nacional contemporânea, requisito essencial à existência e desenvolvimento de todo o sistema capitalista. (DELGADO, 2010, p. 22).

Ao final do século XX, nos anos de 1979/1980, os países ocidentais desenvolvidos atravessam a **fase de crise e transição do Direito do Trabalho**. Um conjunto de fatores apontados por Delgado (2012) pode ser verificado em tal época. Dentre eles, a crise econômica iniciada em 1973/1974, denominada crise do petróleo, que não foi devidamente combatida pelas forças políticas daquela época, agravada pela elevação da dívida pública, em razão da alta dos juros e da baixa arrecadação fiscal pelo Estado. Houve significativo abalo do sistema econômico, aumentando a inflação, a concorrência entre empresas e os índices de desemprego, gerados pelo intenso avanço tecnológico, que implementou a robotização das etapas de produção, e pelos significativos avanços dos meios de comunicação. Ganharam prestígio a reestruturação dos modelos de gestão empresarial preconizando a descentralização do processo produtivo (terceirização) e novos modos de prestação de trabalho (teletrabalho e *home office*), que pareciam não ser alcançados pelo Direito do Trabalho. Por esse motivo, chegou-se até a cogitar a formação iminente de sociedade sem trabalho (DELGADO, 2012). O modelo baseado na valorização do trabalho e do emprego, na criação de amplas políticas sociais e assistenciais, através de forte intervenção estatal, parecia ter se tornado inviável naquela fase vivenciada pelo capitalismo.

Em 1971, o governo norte-americano rompeu o tratado de Bretton Woods, que estabelecia a paridade entre o dólar e o ouro. A partir daí, uma forte desregulamentação financeira foi desencadeada, resultando profundas instabilidades e transformações na organização do capitalismo mundial.[4]

Nesse cenário de desprestígio às matrizes justrabalhistas, a chegada ao poder de Margaret Thatcher em 1979; Ronald Reagan em 1980 e Helmut Kohl em 1982 exerceu notórias influências na promoção da desregulação do Estado de Bem-Estar, sustentando estratégias de governo individualistas e avessas à intervenção social. A afirmação até então alcançada pelo Direito do Trabalho como o mais eficaz instrumento de efetivação de políticas sociais surgido no capitalismo passou a ser firmemente atacada a partir do final do século XX, em prol da desregulamentação de suas regras, num processo de crescente flexibilização. Essa nova estratégia de gestão político-social ganhou força, mormente em razão de não existir um consistente contraponto apto para redirecionar o crescimento econômico e a justiça social. Assim, passou a não ser mais vantajoso para a sustentação do modelo capitalista o investimento em políticas públicas e forte intervenção na economia, estabelecendo-se a crise do Estado de Bem-Estar Social.

Buscando a necessidade de redução da intervenção estatal, as empresas passaram a adotar uma gestão focada na redução de custos e aumento dos lucros, estruturando o padrão toyotista de produção, na disputa por um mercado cada vez mais competitivo.

A forte desregulação e a informalização do mercado de trabalho, especialmente nos países semiperiféricos ao capitalismo central, foram inegáveis. Ainda assim:

> [...] parece clara ainda a necessidade histórica de um segmento jurídico com as características essenciais do Direito do Trabalho. Parece inquestionável, em suma, que a existência de um sistema desigual de criação, circulação e apropriação de bens e riquezas, com um meio social fundado na diferenciação econômica entre seus componentes (como o capitalismo), mas que convive com a liberdade formal dos indivíduos e com o reconhecimento jurídico-cultural de um patamar mínimo para a convivência na realidade social (aspectos acentuados com a Democracia), não pode desprezar ramo jurídico tão incrustado no âmago das relações sociais, como o justrabalhista. (DELGADO, 2012, p. 98;100).

---

(4) Para maiores informações, consultar: Merrien (2007, p. 119-159).

A convergência de diversos fatores que estimulavam a precarização do Direito do Trabalho gerou aumento do índice de exclusão social, que causa consequências graves sobre a dignidade humana. A concentração de renda e o desprestígio à tutela imperativa do Direito do Trabalho são algumas das formas mais eficazes de promover uma perversa crise social, impondo, assim, obstáculos cada vez maiores ao desenvolvimento econômico, social, político e cultural, assim como à efetivação dos direitos humanos.

Rifkin afirma que a crise aqui descrita

> [...] mostrou o lado cruel, a substituição dos empregados pelo *software*, por meio de dados que demonstram a desnecessidade cada vez maior de um quadro numeroso de empregados e o inversamente proporcional crescimento da produtividade das empresas com o emprego da alta tecnologia no lugar dos trabalhadores desvinculados, a ponto de dizer que, no período atual, pela primeira vez, o trabalho humano está sendo sistematicamente eliminado do processo de produção para ceder lugar a máquinas inteligentes em incontáveis tarefas e nos mais diferentes setores, inclusive agricultura, indústria e comércio. (RIFKIN apud NASCIMENTO, 2008, p. 40).

Contudo, o que, a princípio, direcionava para a ruptura e o declínio do ramo justrabalhista, revelou-se numa fase de transição para um Direito do Trabalho renovado. (DELGADO, 2012).

Valioso também especificar as fases que marcam a evolução do ramo jurídico-trabalhista no nosso País, a fim de demonstrar suas repercussões no processo de inclusão econômico-social. Assim, especificamente no Brasil, conforme ensinamento de Delgado (2012), apenas a partir da extinção da relação escravocrata em 1888 é que se torna possível a existência do trabalho livre e subordinado, pressupostos da relação de emprego.

3.4. Evolução do Direito do Trabalho no Brasil e a promoção da inclusão social

Destaca Barros (2006) que, mesmo antes de 1888, o Brasil apresentava algumas leis trabalhistas esparsas, a saber, a regulamentação em 1830 do contrato sobre a prestação de serviços dirigida a brasileiros e estrangeiros; as regras sobre justas causas entre colonos, de 1837 e, ainda, o Código Comercial de 1850, que continha regras referentes ao aviso-prévio. Delgado (2012) afirma que antes desse momento histórico existiam poucas regras que pudessem ser apontadas como objeto do Direito do Trabalho, já que se tratava de um País essencialmente rural e dominado por relações de produção escravistas. Dentre tais normas, podemos citar o art. 179, XXV da Constituição do Império de 1824, o qual assegurou ampla liberdade para o trabalho e extinguiu as Corporações de Ofício. Também, o Código Comercial editado em 1850; o primeiro código nacional que trouxe regras de Processo, Direito Civil e Direito do Trabalho. Esse diploma regulava as relações comerciais, tratando das possibilidades do aviso-prévio, indenização pela rescisão injusta do contrato a prazo, da justa causa e da garantia de salário na hipótese de acidente de trabalho.

A formação e a consolidação do ramo jurídico trabalhista no Brasil possuem características distintas em relação ao desenvolvimento histórico desse ramo nos países de capitalismo central, como descrevem Orlando Gomes e Élson Gottschalk:

> País de imensa área territorial e em grande parte situado entre as áreas subdesenvolvidas do mundo, e em parte, de médio desenvolvimento, não teve tempo histórico ainda para se preparar e enfrentar os grandes problemas que alhures surgiram com a 1ª e 2ª Revoluções Industriais. A rarefação de sua população relativa, a explosão de seus centros habitacionais, os resíduos do tradicional sistema colonial, a lenta formação de um mercado interno autossuficiente, a persistente dependência de um comércio exterior de base colonial, uma infraestrutura industrial e profissional rarefeita e ganglionar, uma legislação trabalhista antiliberal não têm permitido ao nosso país criar um Direito do Trabalho com as mesmas características dos povos europeus e outros americanos. Já se disse, não sem certa razão, que o nosso Direito do Trabalho tem sido uma dádiva da lei, uma criação de cima para baixo, em sentido vertical. (GOMES; GOTTSCHALK, 2007, p. 6).

Conforme Delgado (2012), nessa primeira fase de evolução do Direito do Trabalho, que se estende até 1930, identifica-se um movimento operário com baixa capacidade de atuação e mobilização. A elaboração de regramentos autônomos no incipiente cenário mercantil não tinha ainda consistência normativa. Relevante destacar que a Carta Constitucional brasileira de 1891, em seu art. 72 §24, apenas garantiu o livre exercício de qualquer profissão, a partir do momento em que o STF passou a considerar lícita a organização de sindicatos.[5]

Nessa época, preponderava no Brasil uma concepção liberal do Estado, com intervenção mínima, que inibia a produção normativa heterônoma. Delgado (2012) ressalta que apenas com a reforma Constitucional de 1926 é que a competência privativa para legislar sobre Direito do Trabalho foi devida à União, através da Emenda Constitucional n. 22, que alterou o art. 34, n. 29 da Constituição de 1891. Até então, um pacto de descentralização política regional, característico da República Velha, obstava a elaboração de uma legislação trabalhista específica. Por isso, a criação de regras que mencionam a questão social era bastante dispersa. Viana elenca o Decreto n. 1.162 de 1890, que derrogou a greve como ilícito penal, permanecendo

---

(5) "Ementa do Acórdão: – A CF, equiparando os estrangeiros aos nacionais, quanto à inviolabilidade dos direitos concernentes à liberdade, à segurança individual e à propriedade, criou para o Brasil, uma situação excepcional, privando o seu governo de expulsá-lo discricionariamente. O exercício de greve, corolário do direito de constituir sindicatos, é garantido pela legislação dos povos cultos, não podendo ser arvorado em 'manobra fraudulenta', prevista pelo nosso Código Penal, o ato perfeitamente lícito de quem convida os seus companheiros de classe a exercerem o referido direito. Aplicação do art. 72, §12, CF." (RSTF, v. 28, p. 35 – Habeas-corpus n. 6.616 – 22.12.1920.)

como crime apenas a prática de atos violentos em tais manifestações grevistas (VIANA *apud* DELGADO, 2012, p. 107). Também, a concessão de férias de 15 dias e aposentadoria para os ferroviários da Estrada de Ferro Central do Brasil pelo Decreto n. 221, em 1890. Pelo Decreto n. 565 daquele ano, tais direitos foram estendidos a todos os ferroviários.

Fausto indica o Decreto Legislativo n. 1637 de 1907, que facultava a criação de sindicatos profissionais e sociedades cooperativas. Em 15.1º.1919, foi editada a Lei n. 3.724, que disciplinou os acidentes de trabalho, acolhendo, com diversas limitações, o princípio do risco profissional. A Lei n. 4.682 de 24.1º.1923, denominada lei Elói Chaves, instituiu as Caixas de Aposentadorias e Pensões para os ferroviários, estendidas às empresas portuárias e marítimas pela Lei n. 5.109 de 20.12.1926. Pela Lei n. 4.982 de 24.12.1925, empregados de estabelecimentos comerciais, industriais e bancários receberam o direito a férias anuais de 15 dias. O Código de Menores foi promulgado pelo Decreto n. 17.934-A, determinando, além de outras regras, idade mínima de 12 anos; vedação ao trabalho noturno e em minas para os menores. (FAUSTO *apud* DELGADO, 2012). Magano indica ainda o Decreto n. 5.746 de 9.12.1929, que alterou a Lei de Falências, conferindo privilégios aos créditos de prepostos, empregados e operários. (MAGNO *apud* DELGADO, 2012, p. 108).

Apesar de não ter sido convertido em lei, importante ressaltar o Projeto de Lei de Nicamor Nascimento, que trouxe pela primeira vez no ordenamento jurídico brasileiro a ideia de hipossuficiência do empregado, ao dispor que "todos os empregados do comércio entendem-se pobres no sentido da lei". (GONÇALVES, 2004, p. 146).

A fase de institucionalização do Direito do Trabalho brasileiro inicia-se em 1930, perdurando até o final da ditadura de Getúlio Vargas, tendo, porém, mantido seus efeitos até pelo menos a Constituição de 1988. (DELGADO, 2012). Com a queda da hegemonia da atividade cafeicultora, instaurou-se um novo modelo de gestão política no estado brasileiro, marcado por forte intervenção e intensa produção legislativa, estendida também às questões sociais. Ressalvado o breve recuo entre os anos de 1934 e 1935 pela Constituição de 1934, que previu liberdade e autonomia sindicais, o controle das regras trabalhistas foi retomado pelo governo através do estado de sítio de 1935, perpetuado pela ditadura de 1937.

Ainda assim, a Carta Constitucional de 1934, segundo Nascimento, elevou o Direito do Trabalho à condição de Direito Constitucional, conferindo ao trabalhador diversos direitos trabalhistas como:

> o direito de prover a própria subsistência e a de sua família mediante trabalho honesto determinava que a lei promovesse o amparo à produção e estabelecesse as condições do trabalho tendo em vista a proteção social do trabalhador e os interesses econômicos do país; estatuía a proibição de diferença de salário para o mesmo trabalho por motivo de idade, sexo, nacionalidade ou estado civil; determinava a fixação de salário mínimo; proibia o trabalho dos menores de 14 anos, o trabalho noturno dos

menores de 16 e, nas indústrias insalubres, às mulheres e menores de 18 anos; assegurava a indenização ao trabalhador injustamente dispensado, a assistência médica e sanitária ao trabalhador e à gestante, e também, para esta, o descanso antes e depois do parto, sem prejuízo do salário. (NASCIMENTO apud GONÇALVES, 2004, p. 147).

O Ministério do Trabalho, Indústria e Comércio foi criado pelo Decreto 19443 de 26.11.1930. O Decreto 19770 de 19.3.1931 criou um sindicato único, de filiação facultativa, submetido ao reconhecimento pelo Estado, por ser um órgão colaborador deste. Com a Constituição de 1937 e o Decreto 1.402 de 5.7.1939 houve expansão do modelo sindical oficial corporativista.

Delgado (2012) continua descrevendo o desenvolvimento da política trabalhista oficial, indicando a criação das Comissões Mistas de Conciliação e Julgamento (Decreto n. 21.396 de 21.3.1932), destinadas à solução judicial de conflitos trabalhistas de empregados integrantes do sindicalismo oficial. A Justiça do Trabalho foi regulamentada em 1939 pelo Decreto n. 1.237, mas somente incorporada ao Poder Judiciário brasileiro na Constituição de 1946.

A estruturação do sistema previdenciário, iniciada logo após 1930, ocorreu a partir da ampliação e da reforma das antigas caixas de aposentadorias e pensões, organizada por empresas, instituída pela Lei Elói Chaves. Em 1931, houve a primeira ampliação do sistema previdenciário com o Decreto n. 20.465, estabelecendo a categoria profissional como parâmetro. Assim, foram criados vários institutos de Aposentadorias e Pensões de categorias específicas e em âmbito nacional. A evolução específica do Direito Previdenciário e sua relação com a inclusão social serão estudadas em capítulo próprio, no decorrer deste trabalho.

Delgado indica o avanço da legislação profissional e protetiva, citando ilustrativamente alguns diplomas:

> [...] Decreto n. 21.471, de 17.5.1932, regulamentando o trabalho feminino; Decreto n. 21.186, de 22.3.1932, fixando a jornada de oito horas para os comerciários, preceito que seria, em seguida, estendido aos industriários (Decreto n. 21.364, de 4.5.1932); Decreto n. 21.175, de 21.3.1932, criando as carteiras profissionais; Decreto n. 23.103, de 19.8.1933, estabelecendo férias para os bancários, e diversos outros diplomas que se sucederam ao longo da década de 30 até 1943. (DELGADO, 2012, p. 111).

Conforme o referido autor, nesse período são também notórios os incentivos ao sindicalismo oficial, que detinham a exclusividade de atuação nas comissões mistas de conciliação e, também, na participação nos Institutos de Aposentadorias e Pensões.

A estruturação do modelo justrabalhista ocorreu com a edição da Consolidação das Leis Trabalhistas, pelo Decreto Lei n. 5.452, de 1º.5.1943, que alterou alguns diplomas e ampliou as regras trabalhistas vigentes à época.

Em uma análise comparativa com a evolução do Direito do Trabalho no mundo, Delgado destaca que não houve no Brasil um período de sistematização desse ramo, em que deveria ocorrer a maturação de seus institutos, consolidação de sua estrutura. Em razão da forte ação autoritária, instalou-se no nosso País "um modelo fechado, centralizado e compacto, caracterizado ainda por incomparável capacidade de resistência e duração ao longo do tempo." (DELGADO, 2012, p. 112).

Ressalvado o Direito Previdenciário, que se segregou da estrutura corporativa sindical na década de 1960 (com a extinção dos Institutos de Aposentadorias e Pensões das categorias profissionais e criação de um instituto previdenciário único, na época o INPS), afirma Delgado que não houve modificações substantivas no modelo justrabalhista brasileiro nem na fase democrática (1945-1964), tampouco no regime militar de 1964. Nesse período, foram promulgados relevantes diplomas trabalhistas, como a Lei n. 605/49 (BRASIL, 1949), que estabelece as regras para a concessão do repouso semanal remunerado e feriados; a Lei n. 4.090/62 (BRASIL, 1962), dispondo sobre o 13º salário; e Lei n. 4.266/63, que criou o salário-família[6]. (BRASIL, 1963).

Também, a partir de 1964, com o regime militar, na busca pelo estrito desenvolvimento econômico do País desvinculado de destinação social, foram implantadas as ideias de flexibilização e de terceirização, já em franca expansão na Europa e nos Estados Unidos da América. Nesse sentido, vários diplomas foram editados nesse cenário, como a Lei n. 5.107/1966 (BRASIL, 1966), que criou o sistema do FGTS, extinguindo a estabilidade decenal; a Lei n. 6.019/1974 (BRASIL, 1974), que criou a figura do trabalhador temporário, restringindo direitos trabalhistas; e Lei n. 6.708/1979 (BRASIL, 1979), que versava sobre o reajuste salarial semestral.

A fase de superação do modelo corporativista e a instituição democrática no País, com a Constituição de 1988, associadas a consistentes tentativas de desarticulação radical de todo o ramo jurídico especializado por ideologias liberalistas influentes no mundo desde 1970, marcam a crise e transição do Direito do Trabalho no Brasil.

Imperioso, porém, ressaltar aqui os avanços democráticos implementados pela Carta de 1988. Nesse sentido, podemos citar a extinção da intervenção do Estado sobre as entidades sindicais e o reconhecimento e incentivo ao fundamental processo coletivo de criação de regras autônomas. Assim, a participação da sociedade na elaboração das regras trabalhistas é incentivada pelo controle estatal, de forma a gerar regras que transmitam com a máxima fidelidade os anseios dos cidadãos. Contudo, ao negociar coletivamente, é imprescindível que os ajustes respeitem o vigoroso limite que imanta os direitos de indisponibilidade absoluta, que integram o Patamar Civilizatório Mínimo (DELGADO, 2012), eis que constituem direitos

---

(6) A caracterização do salário-família e demonstração de sua origem serão feitas no capítulo 5.3 deste trabalho.

essenciais para efetivação da dignidade da pessoa humana e valorização do trabalho. Diante de sua importância, cabe aos seres coletivos buscar sempre uma dimensão ampliativa de tais direitos, seja elevando o patamar já criado legalmente, ou, ainda, criando mecanismos práticos para sua ampla efetivação.

Ainda que o Direito do Trabalho tenha experimentado uma fase de intensos questionamentos, verifica-se que não passam de repetidas tentativas de "desconstrução meramente discursivas da relação de emprego". É que o trabalho autônomo, embora preserve a liberdade pessoal do trabalhador, "geralmente não tem permitido a criação, na História, de um amplo, organizado e coeso sistema de produção econômica e social" (DELGADO, 2010, p. 21), além também de não permitir:

> seja ele veículo de estruturação de um núcleo lógico, sistematizado e firmemente objetivado de criação de bens e serviços. O trabalho autônomo é, por definição, obviamente livre, independente, autodirigido, mas, por isso, é, ao mesmo tempo, disperso e pulverizado. (DELGADO, 2010, p. 21).

Tudo isso significa que a valorização do Direito do Trabalho e de suas instituições próprias (Justiça do Trabalho, Ministério Público do Trabalho, Ministério do Trabalho e Emprego) juntamente com políticas estatais de crescimento econômico consistem em eficientes estratégias de inclusão trabalhista e previdenciária na economia e sociedades brasileiras, como afirma Delgado (2010). E continua:

> Não por coincidência a década de 1990 caracterizou-se por estagnação ou até mesmo regressão nos índices de emprego no Brasil, ao passo que a década de 2000 caracterizou-se pelo inverso, por forte inclusão social pelo caminho clássico do capitalismo, ou seja, o emprego formal e regulado. (DELGADO, 2010, p. 26).

4. CLÁSSICOS E NOVOS DESAFIOS À GENERALIZAÇÃO DA INCLUSÃO SOCIAL NA ORDEM CAPITALISTA, RELATIVAMENTE AO DIREITO DO TRABALHO

4.1. Desafios à generalização do Direito do Trabalho no Brasil e os impasses à inclusão social

Destoando-se do padrão europeu de desenvolvimento e generalização do ramo jurídico trabalhista, no Brasil é possível constatar um cenário de exclusão social causado, em grande medida, por forte resistência à generalização do Direito do Trabalho, em reiterados momentos, ao longo da história. Nas palavras de Delgado:

> Na verdade, parece claro que o decisivo segredo acerca da impressionante exclusão social neste país reside no fato de o desenvolvimento capitalista aqui, ao longo do século XX, ter-se realizado sem a compatível generalização do Direito do Trabalho na economia e sociedades brasileiras – o que não permitiu a sedimentação de um eficaz, amplo e ágil mecanismo de distribuição de renda e poder no contexto socioeconômico. (DELGADO, 2005, p. 129).

Conforme valioso entendimento do autor, a justificativa para esse cenário de desprestígio é certamente encontrada nos resultados necessariamente promovidos pela generalização do Direito do Trabalho, pautados em elevados níveis de cidadania e justiça social. Ocorre que, no Brasil, a tradição autoritária de suas políticas públicas sempre demonstrou clara resistência à promoção da distribuição de renda e poder a todos os cidadãos.

Iniciando-se pela Carta Constitucional de 1824, que, apesar de ter sido inspirada no liberalismo francês[1], não se mostrou eficaz instrumento de legitimação das lutas sociais. A industrialização ainda não se havia expandido no País, fazendo com que as regras contidas em seu texto estivessem distanciadas da realidade social, incapazes de efetivação. Assim, a sociedade continuou vinculada à hegemonia agroexportadora, amplamente dominada pelos proprietários de terra e discriminando o trabalho manual.

Conforme doutrina de Delgado, desde a República Velha, após a promulgação da Lei Áurea (1888), nosso País não soube engendrar um sistema

---

(1) Como ressaltou Celso Bastos, "o liberalismo tem por ponto central colocar o homem individualmente considerado, como alicerce de todo o sistema social". (BASTOS, p. 98).

capitalista estruturado essencialmente na relação de emprego, o que certamente lhe proporcionaria uma conexão digna do cidadão ao sistema econômico social. Tampouco buscou efetivar plenamente seus dispositivos normativos heterônomos ou incentivar a produção normativa autônoma, através da negociação coletiva, até o início da década de 1930. (DELGADO, 2005, p. 129).

De 1930 até 1945, na busca pelo desenvolvimento industrial e pela absorção de novos trabalhadores no setor urbano, as políticas públicas deixaram transparecer acatamento das diretrizes do Direito do Trabalho em sua atuação. Por tal razão, esse período pode ser caracterizado como de considerável inclusão social, se comparado ao anterior, tendo como base as características econômicas e sociais vigentes nas décadas anteriores a 1930.

A sistematização do Direito do Trabalho representou um fundamental contraponto à tradicional tendência de total exclusão social precedente. Contudo, não se pode afirmar que houve generalização plena desse ramo jurídico, já que se tratou de um avanço bastante limitado.[2] Isso porque, a grande número de trabalhadores brasileiros, tal proteção justrabalhista não conseguiu atingir, eis que, conforme indica Delgado, "cerca de 70% da população brasileira ficaria excluída dos efeitos modernizantes e progressistas do Direito do Trabalho, uma vez que a taxa de urbanização do País situava-se, durante os anos de 1930 e 1940, apenas em torno de 30%."(DELGADO, 2005, p. 130).[3] O esperado Estatuto do Trabalhador Rural, aprovado no governo de João Goulart pela Lei n. 4.214/1963, buscava fortalecer a ação sindical nas empresas e, consequentemente, melhorar as condições de vida e de trabalho dos operários. Contudo, tal diploma não logrou efeitos concretos, em razão da queda do regime democrático em 1964. Em 1973, a Lei n. 5.889 passou a disciplinar as relações empregatícias do trabalhador rural, conferindo-lhe direitos com grande proximidade em relação ao trabalhador urbano.[4]

Assim:

> o Estado demonstraria não mais possuir interesse político na busca da generalização do Direito do Trabalho para toda a economia e sociedade. Em consequência, sequer equipou-se com os instrumentos institucionais necessários para realizar, eficazmente, semelhante processo de generalização. (DELGADO, 2005, p. 132).

---

(2) Como destaca Delgado em sua obra, "o art. 7º da CLT, como se sabe, cuidadosamente dispunha que seus preceitos, de maneira geral, não se aplicavam aos empregados rurais. A propósito, a exclusão também se estendia aos trabalhadores domésticos." (DELGADO, 2005, p. 130.)

(3) Delgado indica também, em tal passagem, que o Censo de 1940, "o primeiro a dividir a população brasileira em rural e urbana, registra que 31,1% dos habitantes estavam nas cidades". (ALMANAQUE apud: DELGADO, 2005, p. 130).

(4) A Lei n. 5.889/1973 conferiu proximidade de direitos entre urbanos e rurais. Porém, no art. 7º caput da Constituição Federal de 1988 foi prevista a igualdade de direitos entre tais trabalhadores. Contudo, ainda hoje, permanecem em vigor algumas regras especiais previstas na Lei n. 5.889/1973, como, por exemplo, a previsão do adicional noturno (art. 7º, Lei n. 5.889/73) e a duração do intervalo intrajornada, atendendo os usos e costumes da região (art. 5º, Lei n. 5.889/73).

Em referência à Constituição de 1937, a necessária inclusão trabalhista pôde ser verificada com a outorga de diversos direitos e vantagens aos trabalhadores, apesar do forte caráter paternalista do governo e da intervenção estatal nos sindicatos. A industrialização brasileira foi fomentada com a criação de estatais como a Companhia Vale do Rio Doce (1942), a Companhia Nacional de Álcalis (1943), a Fábrica Nacional de Motores (1943) e a Companhia Hidroelétrica de São Francisco (1945), consolidando o primeiro estágio da "nacionalização formal da economia" (BARROSO, 2006, p. 23). Entretanto, tal diploma desarticulou a construção coletiva desses direitos sociais e:

> não desempenhou papel algum, substituída pelo mando personalista, intuitivo, autoritário. Governo de fato de suporte policial e militar, sem submissão sequer formal à lei maior, que não teve vigência efetiva, salvo quanto aos dispositivos que outorgavam ao chefe do Executivo poderes excepcionais. (BARROSO, 2006, p. 24).

A Constituição de 1946 estabeleceu a redemocratização do País, repudiando o estado totalitário no poder desde 1930. Procurou harmonizar o princípio da livre iniciativa (ideias liberais de 1891) com o da justiça social (já expressos na Carta de 1937 e nela reiterados). Assim, garantiu a democracia política e as liberdades civis, indicando que deixaria de ser apenas um estatuto político para ser também um instrumento de participação popular. Ressalta-se que tal abertura, em um País com tradição política autoritária e que enfrentava sérias questões sociais, agravadas pela falta de apoio das camadas populares no sentido de efetivar a democracia, deixou a desejar. Por tudo isso:

> foi exaltada pela doutrina como a melhor de nossas Cartas. [...] Como instrumento de governo, ela foi deficiente e desatualizada desde a primeira hora. Como declaração de direitos e de diretrizes econômicas e sociais, foi ágil e avançada. (BARROSO, 2006, p. 26).

O vasto regramento acerca dos direitos e garantias individuais, assim como a previsão de princípios que regiam a ordem econômica e social, representaram os principais pontos de inserção social promovidos pela Carta de 1946. Por outro lado, a produção legislativa brasileira foi restrita à época, mostrando-se:

> morosa e insatisfatória. [...] Ao ângulo da realização da justiça social acenada pelo Texto (art. 145), faltou substancial efetividade à Carta de 1946, notadamente pela não edição da maior parte das leis complementares por ela previstas ou impostas por seu espírito. (BARROSO, 2006, p. 26).

Tal omissão obstou a plena efetivação de seu sistema de direitos e garantias, bem como o cumprimento de diversas normas programáticas contidas em seu texto, num momento em que, contrário ao Brasil, a maioria dos países ocidentais intensificava a produção legislativa de cunho social. O texto de 1946 passou por

21 emendas, 4 atos institucionais e 37 atos complementares, o que demonstra a instabilidade do cenário político da época.

Fundamental aqui expor o ensinamento de Bonavides sobre as constituições em vigor no nosso País entre 1824 e 1969:

> A crise não é, por conseguinte, a crise de uma Constituição, senão a crise do próprio poder constituinte; um poder que, quando reforma ou elabora a Constituição, se mostra nesse ato de todo impotente para extirpar a raiz dos males políticos e sociais que afligem o Estado, o regime, as instituições e a sociedade mesma no seu conjunto. A crise constituinte tem sido, aliás, desde as origens do Estado brasileiro, a crise que ainda não se resolveu. (BONAVIDES, 2000, p. 347).

Inegável concluir que, mesmo marcadas por textos fortemente autoritários até o fim do regime militar, as constituições brasileiras foram também fundamentais na criação de uma consciência coletiva sobre a falta de implementação de suas regras diante da dura realidade nacional, o que repercutiu na eclosão de movimentos sociais, na década de 80 (século XX).

Com o regime militar no poder entre os anos de 1964 e 1985, retomou-se no País o período de desprestígio do Direito do Trabalho e, por conseguinte, da exclusão social. O autoritarismo das políticas de governo dessa época freou a generalização do ramo justrabalhista e a efetividade das normas tuitivas, o que foi agravado pela estrutura ainda tímida da Justiça do Trabalho e do Ministério Público do Trabalho. A todo esse cenário, acresça-se a forte repressão sofrida pelos sindicatos, cuja atuação defensiva em prol dos trabalhadores foi silenciada. Por tudo isso, "o processo de amadurecimento democrático, de consciência política e de prática da cidadania ficou truncado." (BARROSO, 2006, p. 35).

Entre 1964 e fins dos anos 70 houve considerável avanço da industrialização e urbanização do País, que contribuiu para reduzir o desastre da exclusão social brasileira. Nesse sentido, Delgado expõe:

> O fato é que, em 1960, ainda tínhamos mais de 50% da população situada no campo, ao passo que nos anos seguintes a urbanização generalizou-se, atingindo cerca de 55% em 1970, em torno de 67% em 1980, para alcançar mais de 80% no Censo do ano de 2000. (ALMANAQUE apud DELGADO, 2005, p. 133).

E continua o doutrinador:

> Não se desconhece a existência de questionamentos aos critérios de enquadramento estatísticos seguidos pelo IBGE [...]. Não obstante tais críticas, ponderando que seja atenuada a força dos dados oficiais, não pode haver mais dúvidas, hoje, de que, pelo menos, um percentual superior a 70/75% da população brasileira enquadra-se, inegavelmente, no segmento urbano. (DELGADO, 2005, p. 134).

Os dados do crescimento econômico aqui apontados levam Delgado a concluir que, apesar da tradição política autoritária, o Brasil teve uma real oportunidade de inclusão social dos cidadãos despossuídos de riqueza acumulada através do Direito do Trabalho, com o processo de urbanização:

> É que a nova força de trabalho, por meio das levas de migrações ocorridas, chegaria às cidades e se incorporaria ao mercado laborativo, em um contexto de regência jurídica pelo Direito do Trabalho, uma vez que, no meio urbano, as estruturas institucionais e operativas desse ramo jurídico já se encontravam razoavelmente montadas e em funcionamento. Se incorporados os novos trabalhadores, em sua grande maioria, ao sistema socioeconômico pelo caminho jurídico trabalhista clássico, parte significativa da resistente chaga de exclusão social característica do Brasil teria sido forçosamente mitigada. (ALMANAQUE *apud* DELGADO, 2005, p. 134).

A rápida expansão da indústria brasileira, em especial da automobilística, podia ser verificada em meados da década de 1970. Três grandes fábricas foram instaladas em São Bernardo do Campo: Volkswagen, Mercedes e Ford. Esse cenário já era suficiente para indicar a elevação do poder de negociação dos operários, criando uma classe operária renovada suficiente para fazer ressurgir a atuação sindical. Assim, a década de 1980 foi o cenário dessa nova luta de trabalhadores no nosso País.

A conjuntura política, social e econômica do século XX, favorável aos integrantes do Estado de Bem-Estar Social, reunia, pois, todos os elementos que indicavam um período de prosperidade para a máxima inclusão trabalhista e consequente ampliação da justiça social. Contudo, tais expectativas foram interrompidas, ocorrendo uma forte crise dos pilares que sustentavam esse período.

O neoliberalismo surgiu e se propagou como uma fórmula rápida para a superação da crise e para atuação estatal em busca da satisfação dos interesses sociais. Delgado afirma que a hegemonia do pensamento neoliberal se desenvolveu pela:

> [...] formatação e a generalização de um pensamento de natureza ultraliberal, com pretensões de se tornar único pensamento econômico válido, supostamente sem competidores consistentes no que tange à explicação e ao gerenciamento da economia e da sociedade contemporâneas. (DELGADO, 2005, p. 95).

Ademais, o processo de construção da hegemonia liberal contou com a fragmentação de parte do pensamento crítico ao capitalismo ou, pelo menos, ao capitalismo descontrolado, que o autor qualifica como "sem reciprocidade". Formulações de origem inclusive marxistas que exerciam importante papel crítico do capitalismo sem peias passaram a incorporar propostas explicativas do neoliberalismo, revelando a ideia de um novo paradigma na vida socioeconômica, cujas bases não se fundavam no emprego e no trabalho. Esse recuo do pensamento crítico, conforme o autor, entregou-se à ideia do fim do primado do trabalho e do emprego, alegando ter perdido sua importância na dinâmica do capitalismo e acolhendo os argumentos das inovações tecnológicas da Terceira Revolução Industrial, da reorganização produtiva pós-fordista e da globalização dos mercados. (DELGADO, 2005, p. 95).

A corrente *neoliberal* de um Estado Mínimo nos moldes tradicionais do *laissez-faire* foi a estratégia encontrada para eliminação das barreiras às limitações ao lucro, impostas pelo intervencionismo característico do Estado de Bem-Estar Social. O novo pensamento liberal sustentou a importância do mercado econômico privado na estruturação e funcionamento da economia e da sociedade, com a submissão do Estado e das políticas públicas a tal prevalência. Assim, o norte da atuação estatal estaria voltado para a gestão monetária da economia, assim como para a elaboração de condições cada vez mais favoráveis aos investimentos privados. (DELGADO, 2005, p. 21).

A redução da intervenção do Estado passou a ser implementada através da criação de políticas de máxima desregulamentação de diversas atividades econômicas na busca por investimentos mais favoráveis e, também, por programas de privatização de empresas estatais. Delgado destaca que tal processo buscava ainda incessantemente por "[...] novos caminhos para a desregulamentação normativa, de modo a reduzir o antigo império da norma jurídica – enquanto síntese de certa vontade geral – sobre os movimentos dos agentes econômicos privados." (DELGADO, 2005, p. 22).

Além da hegemonia crescente do "neoliberalismo" e do controle exercido por estados-chaves que lideram as políticas neoliberais, Delgado também destaca outro requisito que viabilizou a realização da globalização na forma como esta se apresentou:

> O terceiro requisito, eminentemente político-cultural, desdobra-se em duas dimensões, externa e interna. No plano externo, trata-se da ausência, no quadro comparativo internacional, de qualquer experiência sociopolítica consistente que traduzisse antítese ou, pelo menos, eficaz contraponto ao formulário ideológico ultraliberal – aquilo que Hobsbawm chama de ameaça política digna de crédito ao sistema. Com a derrocada da URSS, desaparece o mais forte contraponto capitalista do século XX. No plano interno (embora Hobsbawm centre-se, essencialmente, no aspecto internacional do problema), a ausência desse contraponto eficaz configura-se pelo enfraquecimento dos distintos projetos de hegemonia popular no Ocidente (socialistas, social-democratas, trabalhistas, etc.) com a perda de consistência político-programática de certos partidos de algum modo vinculados a esses projetos. A esse quadro agrega-se o enfraquecimento do sindicalismo nas últimas décadas (embora se trate de fenômeno resultante de fatores nem sempre comuns, segundo as distintas experiências históricas nacionais). (DELGADO, 2005, p. 17).

O quarto requisito, esclarece o autor, trata-se do resultado dos requisitos anteriores. Seria, em breves linhas:

> [...] a oficialização de um pensamento único nos distintos países integrantes do sistema global, com a uniformização de práticas políticas e econômicas que favoreçam o próprio processo globalizante, com a supressão ou atenuação de barreiras ou restrições nacionais à ideia de uma economia mundial. (DELGADO, 2005, p. 18).

A chamada "internalização dependente do ultraliberalismo" (DELGADO, 2005, p. 26) ocorreu com a oficialização de um mesmo pensamento econômico padrão em diversos países do mundo, inclusive no Brasil, universalizando políticas e práticas econômicas em prol do sucesso globalizante do mercado. Para isso, foi necessário suprimir os obstáculos nacionais à ideia de uma política mundial, além de outros ajustes necessários, como a própria desregulamentação do mercado de trabalho. Tudo isso, sem uma real análise das efetivas perdas para os cidadãos envolvidos.

A absorvição do pensamento ultraliberal foi selada pelo Brasil em 1982, na última gestão do regime militar. Nessa época foi firmado o primeiro de vários compromissos de políticas públicas com o FMI, indicando o caminho descompromissado com os direitos sociais a ser traçado pelo Estado brasileiro nos anos seguintes. A partir do governo de Fernando Collor (1990-1992) e mormente com Fernando Henrique Cardoso (1994-2002), a fórmula neoliberalista radical passou a ser "entusiasticamente seguida pelo Estado brasileiro." (DELGADO, 2005, p. 24).

Agressões à primazia do trabalho e do emprego foram evidentes a partir da virada do século XX para o XXI. As inovações tecnológicas observadas com a Terceira Revolução Industrial responderam por grandes alterações no modo de realizar o trabalho e na estruturação das fábricas. O desemprego desencadeado nos anos de 1970 foi consideravelmente potencializado, agravado ainda pela multiplicação das formas de prestação laboral, estranhas aos moldes da relação de emprego. A reunião de grandes massas de trabalhadores em estabelecimentos empresariais de maior porte foi sendo atacada pela introdução de máquinas cada vez mais produtivas. (DELGADO, 2005, p. 25).

A estrutura de produção passou a ser fundada na empresa enxuta e a reunir fórmulas adotadas pela montadora de veículos japonesa Toyota. O *Toyotismo* preconizava técnicas modernas de funcionamento da planta empresarial fundadas na nova lógica do capital, buscando o controle interno e externo da produção. Nesse modelo:

> [...] o controle interno decorre dos mecanismos de "produção enxuta" (*lean production*) ou da "queima de gorduras" (*downsizing*) e do "pronto atendimento" (*Just in time*), tendo por fim inserir a qualidade total em todo o processo produtivo. (D'INTIGNANO apud DELGADO, 2004).

Na fábrica "enxuta", a mercadoria é produzida com elevado grau de especialidade, mas não é estocada. Tal estratégia de produção é conduzida pelas necessidades do mercado, que definem o que deverá ser fabricado, a cada instante.

Pochmann, ao expor sobre a exploração mundial da mão de obra nos países periféricos ao capitalismo central, assevera que:

> [...] o avanço tecnológico combinado à difusão de múltiplas cadeias de produção em rede planetária possibilitou a distinção entre o trabalho de concepção e o trabalho de execução em um cenário de desgovernança global. Geograficamente, então, assistiu-se à conformação de uma nova Divisão Internacional do Trabalho que concentrou, sobretudo nos países ricos, o trabalho de concepção, exigente de educação continuada e de qualidade compatível com remuneração e condições de trabalho menos incivilizadas. Nos países periféricos, com as reformas neoliberais, em maior escala, avançou o curso da especialização econômica dependente do trabalho de execução, geralmente pouco qualificado, sub-remunerado e em condições de exploração comparáveis (muitas vezes às da flexibilidade laboral) do século XIX. (POCHMANN, 2009, p. 157).

Os constantes conflitos entre capital e trabalho alcançaram a sociedade contemporânea. Contudo, coube ao Direito do Trabalho, ao longo de todo esse período, garantir condições de trabalho dignas ao cidadão, através da Relação de Emprego. Por isso, o cenário que poderia indicar uma crise fatal do ramo justrabalhista não suportou a incomparável força construtiva desse ramo jurídico. Ainda que tenha experimentado certos períodos de recuo, o Direito do Trabalho demonstrou sua importância na sociedade contemporânea e perpetuou-se, atuando como um dos principais instrumentos de preservação e reprodução dos institutos democráticos.

4.2. Os impactos das inovações tecnológicas

Os avanços tecnológicos ocasionaram grande redução dos postos de trabalho, especialmente na indústria. O modo de desenvolvimento do trabalho humano repetitivo e uniforme, que reunia diversos trabalhadores, perdeu importância. Surgiram novas formas de estruturar os empreendimentos empresariais, tais como o *home-office* e pequenos estabelecimentos. Contudo, apesar das catastróficas consequências para o mundo do trabalho, a terceira revolução tecnológica pode ser, também, analisada sob outro prisma. Assim, conforme nos ensina Delgado, o avanço da tecnologia trouxe resultados interessantes para a sociedade contemporânea. Com a sedimentação de modos de produção mais modernos, os aperfeiçoamentos e inovações tecnológicas deles resultantes foram responsáveis por um considerável aumento da produtividade, da produção e trouxeram melhorias para o mercado em geral. Essa relação é explicada por Delgado, *in verbis*:

> É que há, na verdade, também uma relação positiva criada pelos mesmos avanços tecnológicos (e não somente a relação negativa usualmente

mencionada). Ora, tais avanços, ao mesmo tempo em que potenciam a produtividade do trabalho, potenciam também a própria produção e, com isso, provocam importante diminuição no preço das mercadorias; por reflexo lógico, imediatamente tendem a incrementar, de modo exponencial, o mercado de consumo dos mesmos bens. (DELGADO, 2005, p. 38).

Também pondera o autor que as inovações tecnológicas, ao mesmo tempo em que eliminavam certos tipos de labor da sociedade, criavam novos postos de trabalho em substituição, vinculados à nova forma de produção, inimagináveis no período anterior. Também, novas necessidades para os indivíduos foram desenvolvidas ampliando o mercado laborativo.[5] A tudo isso, acresçam-se, segundo Delgado, os avanços que a tecnologia e ciência tiveram sobre a elevação da expectativa de vida dos cidadãos.[6] Isso significou, segundo o citado autor, um aumento considerável do mercado consumidor, composto por pessoas adultas e experientes, em geral, dotadas de poder aquisitivo razoável. Demandam, inclusive, novos serviços e postos de trabalho para sua tutela (setores de saúde, educação e previdência da terceira idade) (DELGADO, 2005, p. 39). Pondera-se que o aumento da expectativa de vida alerta para a necessidade de preservação do poder aquisitivo desses cidadãos em períodos de idade mais avançada, o que é alcançado através da adesão a um fundo de pensão.

Tais colocações positivas sobre os avanços tecnológicos são valiosas para afirmar que:

> na economia capitalista, sempre existirão setores notoriamente estimuladores do emprego, ao lado de outros que não têm semelhante característica; no próprio universo tecnológico, há mecanismos fortemente poupadores de força de trabalho, ao lado de outros que não têm esse caráter. As políticas públicas podem e devem ponderar essas considerações ao longo de sua formulação e prática social, sem perda do direcionamento geral incentivador do aperfeiçoamento e da inovação da tecnologia na dinâmica econômica do país. (DELGADO, 2005, p. 40).

4.3. Alterações na estrutura das empresas

A reestruturação das empresas também consistiu num desafio para o Direito do Trabalho. O modo de produção vertical e a concentração do sistema produtivo em grandes polos deixaram de prevalecer na organização das empresas. As modernas técnicas de automação, as melhorias no campo da informática, a modernização da telefonia facilitaram a circulação de pessoas e informações, inclusive, barateando serviços como o de transporte. Com o objetivo de reduzir o tempo de produção, assim

---

(5) A exploração do turismo de lazer e de negócios é exemplo disso, já que estimulada pelos avanços da comunicação e transporte. (DELGADO, 2005, p. 39).
(6) A expectativa de vida do brasileiro em 2010 alcançou 73,4 anos de vida, segundo a pesquisa de Tábuas de Mortalidade divulgada em 1º dez. 2011 pelo Instituto Brasileiro de Geografia e Estatística (IBGE). No ano anterior, era de 73,2 anos. Ao longo de três décadas, o aumento foi de 10 anos e 11 meses na expectativa de vida. (INSTITUTO BRASILEIRO DE GEOGRAFIA E ESTATÍSTICA, 2010).

como sua dimensão estrutural e os próprios estoques, ganhou prestígio a organização em rede das empresas. Dessa forma, várias plantas industriais de grandes dimensões foram desfeitas, fortalecendo a *descentralização* ou *subcontratação empresarial*. A descentralização contribuiu para reduzir a força coletiva e, por consequência, o movimento sindical. Contudo, ressalta-se que as empresas em rede desenvolveram forte e inovadora conexão interempresarial, o que resultou na difusão do regime de franquias. (DELGADO, 2005, p. 42).

No processo de organização do trabalho também houve mudanças dentro das empresas com o objetivo de acelerar a produtividade e diminuir os custos empregados. Segundo o autor, três fórmulas ganharam destaque, a saber: "a redução de cargos e funções (e, consequentemente, de postos de trabalho), com maior agregação funcional nos próprios indivíduos; a terceirização trabalhista; o sistema toyotista ou ohnista de gestão do trabalho." (DELGADO, 2005, p. 42).

No que se refere à redução de cargos e funções, o autor explica que esta resulta dos avanços trazidos pela terceira revolução tecnológica, como exposto anteriormente. Apesar de implicar uma inicial redução de postos de trabalho, afirma que a atribuição de tarefas a um mesmo empregado, criando a ideia de multifuncionalidade do trabalhador, torna-o flexível na empresa e, paralelamente, propicia elevação da produtividade. (DELGADO, 2005, p. 43).

Ainda nos valendo dos ensinamentos de Delgado, a terceirização trabalhista é fórmula de gestão social, de gerenciamento da força de trabalho, que vem causando imensa redução dos benefícios do trabalho no mundo trabalhista. Apesar de não resultar na diminuição de postos de trabalho, e sim dos seus custos, ela gera efetiva desordem do sistema de direitos e garantias caros ao Direito do Trabalho, além de enfraquecimento da atuação sindical. Assim, explica o autor:

> de um lado ela diminui artificialmente o número de trabalhadores estatisticamente alocados em certos importantes segmentos empresariais (como indústria e setor financeiro, por exemplo). É que os trabalhadores terceirizados enquadram-se, do ponto de vista técnico-jurídico, como integrantes do setor terciário da economia, por serem vinculados a empresas de prestação de serviços. De outro lado, a fórmula terceirizante pulveriza a classe trabalhadora, criando dificuldades práticas quase intransponíveis para a efetiva aplicação do Direito do Trabalho, em face das inúmeras peculiaridades que passa a criar, em função dos tipos de segmento econômico, de empresa e de trabalhadores envolvidos. Tais peculiaridades provocam dispersões na própria compreensão e regulação do fenômeno pela ordem jurídica, assim como pelos operadores dessa ordem, como o sistema judicial e o sistema de fiscalização trabalhista. (DELGADO, 2005, p. 45).

A perversa prática de exploração do trabalho através da terceirização faz lançar o obreiro em um ambiente laboratório "imune" às regras protetivas de segurança do trabalho. Isso porque os terceirizados não integram as CIPA's e carecem de representação sindical, sendo-lhes, pois, consideravelmente reduzidas as possibilidades de questionamento das condições de trabalho a que são submetidos. "A exploração se desloca do capital para os descapitalizados." (SOUTO MAIOR, 2010, p. 48).

Os ensinamentos de Souto Maior explicitam a exclusão social promovida pela terceirização trabalhista, *in verbis*:

> [...] a terceirização impõe uma lógica de atentados aos direitos sociais, valendo-se da perversidade de se apresentar, meramente, como técnica moderna, inevitável e irreversível de produção. Na verdade o único aspecto irreversível da terceirização é o rebaixamento da condição humana. Não há, concretamente, como criar um modelo jurídico que ao mesmo tempo preserve a terceirização e a eficácia dos direitos sociais, uma vez que sua lógica é a do mascaramento da relação entre capital e o trabalho, e somente se pode falar em eficácia do modelo de Estado de Direito social a partir da responsabilização social do capital em sua relação com o trabalho. (SOUTO MAIOR, 2010, p. 54).

Verifica-se que inexiste qualquer compatibilidade entre a efetivação dos direitos sociais e a terceirização, visto que nessa forma de exploração do trabalho a perspectiva de efetivação dos Direitos Humanos é flagrantemente ceifada. E "embora não seja a única, ela é uma espécie de bomba que ajuda a implodir o Direito do Trabalho" (VIANA, 2004, p. 329), sendo um eficaz instrumento de exclusão social.[7]

O conhecimento de todas as fases do processo produtivo concedia maior poder de negociação ao trabalhador perante seu empregador. Em fins do século XIX, os métodos de produção instituídos por Frederick Winslow Taylor potencializaram a produção com a introdução de métodos simplificados e ágeis de trabalho. A divisão do trabalho, aliada à baixa necessidade de qualificação do obreiro, instituiu tarefas rotineiras simples no sistema produtivo.

Empresário do setor automobilístico, Henry Ford, a partir de 1913, aperfeiçoou os métodos de Taylor na realização de seu veículo *modelo T*. A grande contribuição de Ford, portanto, no que diz respeito à organização produtiva, foi acrescer ao modelo Taylorista uma sistemática de transferência automática, engajando a produção de forma a lhe atribuir um ritmo regular ao longo do tempo.

A sistemática resultante de Ford influenciou a gerência de empresas em diversos países. A produção em massa foi desencadeada, contando com trabalhadores pouco especializados e ainda mais subordinados. Também instituiu uma nova forma de organização das fábricas, altamente concentrada e verticalmente hierarquizada,

---

(7) Segundo Márcio Túlio Viana: "Esse movimento nega o Estado do Bem-Estar Social e a necessidade de proteção ao trabalhador, ao mesmo tempo em que produz desemprego, subemprego e até escravidão; um dos sinais mais evidentes e curiosos de sua lógica está no fato de que os índices da Bolsa de Nova Iorque costumam aumentar sempre que as empresas se enxugam, praticando o chamado *down-sizing*." (VIANA, 2004, p. 322).

capaz de controlar todas as etapas do processo produtivo. Os trabalhadores eram distribuídos lado a lado, uniformemente, na linha de produção, tendo ao seu alcance todas as ferramentas de trabalho.

Nesse modelo a classe operária assumiu também o papel de consumidora dos produtos fabricados em massa. Viana comenta:

> Mas para que o consumo e a produção continuassem crescendo, era preciso garantir, de um lado, o poder de compra; de outro, a infraestrutura. Essas exigências foram atendidas pela própria indústria – com aumentos reais de salários – e também pelo Estado, que ao lado de pontes e rodovias, passou a praticar políticas de bem-estar, nos moldes propostos pelo economista inglês John Maynard Keynes. (VIANA, 1998, p. 21).

A partir de 1970, os desenvolvimentos tecnológicos e as constantes agressões ao Estado de bem-estar social foram favoráveis ao surgimento de vários novos métodos de gestão da empresa e da força de trabalho. Na busca por alternativas mais rentáveis, capazes de superar a crise de capital no ocidente, o modo de produção *Toyotista* foi impulsionado. Objetivava elaborar fórmulas para alcançar o crescimento da produção em um mercado cada vez mais competitivo, inclusive internacionalmente, apesar de contar com um mercado consumidor incapaz de absorver toda a produção.

O Toyotismo buscou, assim, criar modelos de sucesso de gerência empresarial, ainda que o cenário indicasse crises ou recessões. Isso significou o abandono de várias premissas Tayloristas/Fordistas, cedendo lugar a grandes plantas empresariais, compostas também por empresas subcontratadas, a quem são delegadas tarefas de menor importância. Harvey assevera que:

> a nova tendência da estrutura de contratação da força de trabalho implantada é de se diminuir o número de trabalhadores e incrementar o número de contratações temporárias, com vistas a gerar mão de obra precária e pouco onerosa do ponto de vista empresarial. (HARVEY apud DELGADO, 2004, p. 136-137).

Ao invés de funções específicas e rigorosamente definidas a cada trabalhador, este precisou se tornar polivalente, lidando simultaneamente com várias máquinas, regras e distintos objetivos. A fábrica enxuta, que buscava a redução drástica de estoques, almejava também a todo instante satisfazer as dinâmicas necessidades do mercado, isto é, o *Just in time,* gerando produtos cada vez mais específicos. Nos ensinamentos de Viana:

> Isso não significa que a empresa tenda a ficar menor, em termos econômicos. Ao contrário: ainda uma vez, quer crescer, dominar, envolver. A redução é só física, e, mesmo assim, relativa, pois as empresas menores, que lhe prestam serviços, de certo modo lhe pertencem, submetendo-se aos seus desígnios. (VIANA, 2004, p. 159).

Apesar de não haver necessariamente redução do número de postos de trabalho, o "valor econômico" desse trabalho tende a diminuir, pois as empresas subcontratadas admitem empregados em níveis de pactuação cada vez mais recuados. Assim, esse processo gera ao mesmo tempo redução dos custos da empresa-polo, aumento da produtividade do trabalho e precarização do patamar de direitos auferidos pelos trabalhadores. (DELGADO, 2005, p. 48).

A busca pela qualidade máxima proliferou-se, assim, no ambiente fabril. Contudo, o empregado passou a ser o responsável pelo êxito da produção, apesar de estar menos valorizado e mais subordinado. Não por acaso, o século XX registrou elevados índices de agressões à saúde causadas pelo exercício do labor fabril. Dejours destaca que a redução da autonomia privada do trabalhador, causada pelo controle máximo, reduz até mesmo o resgate de sua identidade e a aspiração coletiva, porque se torna extremamente dependente da empresa. Atado à necessidade imperiosa de manter seu vínculo laborativo, o empregado não mais se identifica com os propósitos sindicais, o que gera flagrante enfraquecimento dos sindicatos, mormente do seu poder de reivindicar melhorias para os trabalhadores. Ademais, afirma que a "vida extraprofissional" do empregado torna-se:

> [...] estritamente controlada pela utilização do tempo a serviço da empresa: férias mais raras, mobilidade dos trabalhadores pelo país, longa jornada de trabalho (uma vez que se contabiliza o tempo consagrado aos círculos de controle de qualidade), e assim por diante [...] (DEJOURS apud DELGADO, Gabriela, 2004, p. 139).

Como se pode inferir, a absorção do modo de produção Toyotista pelas empresas é um forte instrumento de precarização do Direito do Trabalho e, portanto, indutor de exclusão social (DELGADO, 2005). Da mesma forma, a concentração de cargos e funções em um indivíduo e a terceirização. Por tal razão, não obstante os reiterados casos de terceirização e trabalho informal admitidos em todo o mundo, acredita-se que a difusão das ideias preconizadas por tal sistema é sempre extremada na tentativa de atacar a solidez do ramo juslaborativo, assim como a imperatividade de suas normas. Ademais, como pondera Delgado, há limites físicos no acúmulo de funções em um mesmo trabalhador, principalmente no que se refere a prejuízos na produção e no devido cumprimento de tarefas. Também afirma que a terceirização, embora bastante difundida em nosso País, tem forte relação com a política trabalhista nacional. Assim, como é a mesma repudiada pelo Direito do Trabalho e avessa à dignidade humana, não pode ser considerada uma consequência implacável da reorganização das empresas. Por isso ratifica que os argumentos em torno das alterações na gestão laborativa das empresas têm sido "artificialmente extremados nessa conjuntura, como relevante meio político-cultural de combate ao primado do trabalho e do emprego na sociedade capitalista." (DELGADO, 2005, p. 53).

4.4. Aumento da concorrência no sistema capitalista

O aumento da concorrência interempresarial faz lançar as economias nacionais no cenário globalizante mundial do capitalismo. Contudo, a intensidade e generalização desse processo dependem da política interna de cada nação. A concorrência acirrada pode causar prejuízos no desempenho da empresa, atingindo diretamente sua força de trabalho. Porém, como pondera Delgado, também é plenamente possível que uma eficiente inserção no mercado capitalista mundial traga mais dinamismo para a empresa, aumentando seu potencial e gerando novos postos de trabalho. (DELGADO, 2005).

A integração das empresas no cenário mundial não deve ocorrer de forma predatória e desmedida, o que pode até mesmo afetar suas próprias condições de competição. Nesse sentido intervém:

> [...] a acentuação da concorrência capitalista, caso não seja manejada com sabedoria e sensatez pela estratégia integrativa ao mercado mundial trilhada pelo respectivo Estado Nacional, pode afetar, sem dúvida, o mundo do trabalho, provocando-lhe repercussões de grande importância. (DELGADO, 2005, p. 55).

Doutra forma, a integração eficiente no competitivo mercado capitalista, resultando em dinamismo empresarial e aumentando os postos de trabalho, é resultado do respeito a eficientes e imperativas políticas públicas internas. Por isso se acredita que o excessivo realce ao argumento da acentuação da concorrência mundial consiste em "mais uma tentativa de combater a primazia do trabalho e emprego." (DELGADO, 2005, p. 57).

4.5. Concepções intelectuais de ataque ao trabalho e emprego

As concepções que objetivam ruir a importância do trabalho e do emprego ou mesmo reduzir sua relevância causam nefastos efeitos pois agridem:

> frontalmente a raiz cultural da democracia social contemporânea (consistente no primado do trabalho e do emprego), a concepção filosófica democrática subordinada da economia à política, além de todo o sistema jurídico de valorização material e moral do indivíduo que trabalha. (DELGADO, 2005, p. 57).

Assim, consoante afirma o autor, por diferentes diretrizes o primado do trabalho é atacado. A primeira delas, de caráter tecnológico, prega os efeitos letais da terceira revolução tecnológica sobre a necessidade do trabalho e emprego no sistema capitalista. Em segundo lugar, pela diretriz organizacional, afirmam que o novo paradigma de organização empresarial – toyotista – tenha tornado obsoleta a clássica relação de emprego, "estando o mundo capitalista em busca de novas modalidades de conexão do ser humano à economia." (DELGADO, 2005, p. 58). E, por fim, o parâmetro mercadológico propaga que a globalização dos mercados, com o fim das fronteiras entre os países, não é condizente com qualquer "empecilho" referente ao livre uso da força de trabalho.

Evidentemente que todas essas diretrizes de afronta à importância do trabalho e do emprego estão eivadas de forte equívoco, em flagrante intento de acumulação de riquezas e desconstrução da justiça social. Como já analisado, não passam de argumentos constantemente veiculados e demasiadamente exacerbados. (DELGADO, 2005).

4.6. Alterações normativas trabalhistas

As alterações normativas trabalhistas variam conforme a experiência política de cada Estado, segundo nos ensina Delgado. Assim, afirma que muitas dessas alterações, realizadas nas últimas décadas em alguns países capitalistas ocidentais, contribuíram para aumentar a crise e desvalorização de emprego e do trabalho, ao invés de reafirmarem seu primado na sociedade capitalista contemporânea. (DELGADO, 2005).

Nesse processo de "*normatização perversa*", Delgado elenca a Espanha, a Argentina e o Brasil.

Quanto à Espanha, foi um dos primeiros países a implantar a modernização das relações de trabalho via desregulação e flexibilização do emprego. Como resultado, esse país alcançou liderança nos índices negativos de desemprego. Na Argentina, as políticas radicais pregadas pelo governo Menem (1989-1999) também resultaram em ampla desregulação e flexibilização da ordem jurídica trabalhista. Esse país incorporou a experiência espanhola de favorecimento ao contrato a termo, elogiando tal forma de contratação precária de empregados. Como resultado, Delgado relata:

> em torno do ano 2000, mais de 50% dos argentinos viviam abaixo da linha de pobreza. Some-se a esse quadro o fato de atingir o desemprego em 2002 em torno de 25% da força de trabalho do país, após uma década de índices também sempre significativamente elevados. A par disso, a criminalidade elevou-se cerca de 290% em torno de 10 anos. (ALMANAQUE *apud* DELGADO, 2005, p. 61).

Quanto ao Brasil, o caminho da desregulação do mercado de trabalho iniciou-se no regime militar, em meados de 1960. A criação do Fundo de Garantia por Tempo de Serviço pela Lei n. 5.107/1966 tornou a dispensa do empregado um "inquestionável direito potestativo do empregador, sem amarras legais e institucionais relevantes." (DELGADO, 2005, p. 63). Ademais, foi criado também, durante o regime militar, o contrato de trabalho temporário (Lei n. 6.019/1974), propiciando a terceirização trabalhista. Porém, na década de 1990, as estratégias de desregulamentação e flexibilização foram extremadas. Felizmente sem sucesso, o governo Fernando Collor (1990-1992) instituiu comissão para estudar a substituição da CLT por diploma legal de poucos artigos. No governo de Itamar

Franco (1992-1994), foi aprovada a Lei n. 8.949/1994 (que incluiu o parágrafo único do art. 442 CLT), introduzindo uma avalanche de cooperativas de mão de obra, desprovidas de direitos trabalhistas. No governo seguinte, de Fernando Henrique Cardoso (1995-2002), as medidas de desregulamentações trabalhistas receberam notório incremento. Ilustrativamente, cite-se a tentativa de estender o contrato de estágio ao estudante de ensino médio, minando a essência desse valioso contrato. A aprovação da Lei do Contrato Provisório de Trabalho (Lei n. 9.601/1998) criou fórmula precária de contratação da força de trabalho. O fracassado projeto de lei n. 5.483/2001, que permitia o afastamento da lei em face da negociação coletiva, também merece ser lembrado como diploma desregulatório do primado do trabalho e do emprego. Também, forte flexibilização interpretativa da Constituição de 1988 foi adotada pela jurisprudência trabalhista brasileira na década de 1990. Outro fator decisivo para a desregulação e flexibilização do mercado de trabalho é a resistência à generalização do Direito do Trabalho como padrão de contratação da força de trabalho. (DELGADO, 2005, p. 66).

4.7. As artificiais previsões do fim do emprego na sociedade capitalista

Como verificado neste capítulo, citando doutrina de Mauricio Godinho Delgado (2005), as previsões do fim do emprego na sociedade capitalista comprovam-se falaciosas, atuando, em boa medida, como próprios instrumentos na tentativa de fragilizar o império do ramo justrabalhista. Imaginar uma sociedade desprovida da proteção justrabalhista é considerá-la de forma desumana e destoada dos níveis mínimos de dignidade devidos aos seus cidadãos. Nas palavras de Souto Maior, "o emprego não acabou e não vai acabar, pelo menos enquanto se mantiver em vigor o sistema de produção capitalista." (SOUTO MAIOR, 2007, p. 22).

4.8. Políticas públicas e o salário mínimo

A criação do salário mínimo ocorreu com a Lei n. 185/1936 e o com Decreto 399/1938, sendo seu valor fixado pelo Decreto-Lei n. 2.162/1940. Em maio de 1984, o valor do salário mínimo foi unificado em todo o País, tendo por base as necessidades básicas do trabalhador verificadas através de levantamento dos salários vigentes no País. Desde então, várias foram as políticas públicas econômicas e salariais que disciplinaram essa matéria, tendo sofrido valorizações (ilustrativamente na década de 1950 mediante forte movimentação coletiva), mas sobretudo consideráveis reduções em vários momentos, mormente no período militar, como forma de alcançar determinados objetivos político-econômicos. (MELO, 2010, p. 101).

Dentro da direção de valorização máxima do cidadão no Estado Democrático de Direito, o art. 7º, IV, da Constituição Federal prevê o direito a um salário mínimo para trabalhadores urbanos e rurais, fixado em lei, nacionalmente unificado, capaz de atender às suas necessidades vitais básicas e às de sua família com moradia, alimentação, educação, saúde, lazer, vestuário, higiene, transporte e previdência social, com reajustes periódicos que lhe preservem o poder aquisitivo, sendo vedada sua vinculação para qualquer fim. Também foram criadas regras de proteção ao salário do trabalhador, tais como reajustes periódicos que lhe preservem o poder aquisitivo, sendo vedada sua vinculação para qualquer fim; irredutibilidade do salário, salvo o disposto em acordo ou convenção coletiva; garantia de salário nunca inferior ao mínimo para os que percebem remuneração variável, dentre outras.

O objetivo estampado no inciso IV do art. 7º da Constituição Federal é de conferir ao trabalhador uma tutela mínima imperativa para sua sobrevivência e de sua família. Com esse nobre objetivo, é imprescindível que políticas públicas que promovam a valorização do salário mínimo sejam sempre fomentadas, o que atende, inclusive, ao disposto no art. 170 da própria Constituição Federal. Esse artigo dispõe que a ordem econômica é fundada na valorização do trabalho humano e na livre iniciativa, tem por fim assegurar a todos existência digna, conforme os ditames da justiça social, observados, dentre outros, os princípios da redução das desigualdades regionais e sociais e da busca do pleno emprego.

Desde 2004, as Centrais Sindicais vêm promovendo campanhas envolvendo temas relevantes, dentre eles, a campanha de valorização do salário mínimo, a fim de combater o enorme processo de esvaziamento relativo à renda do trabalho. (POCHMANN, 2005). Em dezembro de 2007 foi acordada, com o governo do presidente Lula, uma política explícita e mais permanente de valorização do salário mínimo. Os reajustes e aumentos deixaram de ser negociados anualmente, estabelecendo uma regra de maior prazo para sua valorização. Por tal política, para o período de 2008 e 2011, foram previstos reajustes pela inflação ocorrida desde o reajuste anterior e aumentos pela variação do PIB do ano anterior último. Ademais, o mês do reajuste do salário mínimo passou a ser antecipado a cada ano, até ser fixado no mês de janeiro de cada ano a partir de 2010. (MELO, 2010). Em 25.2.2011 foi, então, criada a Lei n. 12.382/2011 (BRASIL, 2011a), dispondo sobre o valor do salário mínimo e sua política de valorização de longo prazo. Ainda assim, mesmo antes do sancionamento desse diploma legal, o governo veio, a partir de 2004, cumprindo os compromissos estabelecidos.

Pochmann aduz que o salário mínimo deve se descolar:

> [...] da simples concepção de piso monetário essencial à sobrevivência do trabalhador, para incorporar o objetivo de integração dos frutos do desenvolvimento econômico aos trabalhadores de menor remuneração e baixo grau de organização sindical. (POCHMANN, 2005, p. 137).

Não adentrando especificamente as discussões acerca de sua insuficiência de valores, certo é que a política de valorização do salário mínimo possui grande impacto na redução das desigualdades. Considerando o valor do salário mínimo com seu primeiro reajuste posterior ao plano real (R$ 70,00, em setembro de 1994) e o valor de janeiro de 2010 (R$ 510,00) verifica-se que houve uma elevação de 628%. Tal valor supera o apontado pelos indicadores de inflação ao consumidor entre 1º.12.1994 e

31.12.2009, de aproximadamente 230%, conforme tanto o INPC – IBGE quanto o ICV – DIEESE para o terço de famílias de menor renda. A diferença entre a variação nominal do salário mínimo e a inflação gerou um aumento significativo do seu poder aquisitivo. (MELO, 2010, p. 105). Especificamente no governo Lula, quando a política de valorização foi criada, segundo dados do DIEESE, o reajuste aplicado ao salário mínimo no primeiro ano de sua atuação (2003) foi de 20,00%, para uma inflação acumulada de 18,54%, correspondendo a um aumento real de 1,23%. No segundo ano, a elevação foi de 8,33%, enquanto o INPC acumulou 7,06% e, em 2005, o salário mínimo foi corrigido em 15,38%, contra uma inflação de 6,61%. Em 2006, a inflação foi de 3,21%, o reajuste foi de 16,67%, o que corresponde a um aumento real de 13,04%. Em abril de 2007, para um aumento do INPC entre maio/2006 e março/2007 de 3,30% foi, aplicada uma correção de 8,57% no salário nominal, o que representou um aumento real do salário mínimo de 5,1%. Em 2008, o salário mínimo foi reajustado, em fevereiro, em 9,21%, enquanto a inflação foi de 4,98%, correspondendo a um aumento real de 4,03%. Com o valor de R$ 465,00, em 1º de fevereiro de 2009, o ganho real entre 2008 e 2009 foi de 5,79%. Considerando a variação do INPC de fevereiro a dezembro de 2009 e o valor de R$ 510,00, em 1º de janeiro de 2010, o ganho real acumulado no período será de 6,02%, resultante de uma variação nominal de 9,68%, contra uma inflação de 3,45%. (POLÍTICA, 2010).

De forma complexa e combinada com outros relevantes fatores, como a elevação do número de empregos formais e a criação de programas de transferência de renda, a valorização do salário mínimo foi crucial para afastar da pobreza cerca de 21 milhões de pessoas entre 2003 e 2009. (INSTITUTO DE PESQUISA ECONÔMICA APLICADA, 2012). Destaca-se, pois, a importância de políticas sociais com esses escopos específicos, a fim de obter melhor distribuição de renda, aprimorar a estruturação do mercado de trabalho e promover um crescimento econômico sustentado no Estado Democrático de Direito. Nesse sentido, "a Constituição Federal de 1988 foi peça fundamental para a ampliação dos recursos públicos na área social, responsável pelo financiamento dos programas de garantia de renda." (POCHMANN, 2005, p. 143).

A elevação do valor do salário mínimo é um eficaz caminho para a promoção da cidadania e do desenvolvimento. Conforme Catharino:

> As vantagens da intervenção legal carecem de maiores esclarecimentos. Podem ser assim resumidas: produz a elevação do nível físico, intelectual e moral dos trabalhadores; aumenta o poder aquisitivo do operariado, melhorando seu padrão de vida; acelera o desaparecimento de toda indústria parasita; eleva o número dos consumidores, repercutindo na necessidade de maior produção, o que significa mais empregos e melhores salários; reduz os encargos do Estado, e, consequentemente, pode diminuir os tributos fiscais, pois, se os operários não ganhassem suficiente, necessitariam de maior assistência e amparo; favorece a planificação econômica; assegura a evolução mais tranquila da sociedade, etc. (CATHARINO, 1994, p. 207-208).

E tal elevação tem reflexo direto na previdência social. Conforme previsão do art. 201, § 2º da Constituição Federal, "nenhum benefício que substitua o salário de contribuição ou o rendimento do trabalho do segurado terá valor mensal inferior ao salário mínimo".

A definição de um valor mínimo para os benefícios que substituam o salário de contribuição ou o rendimento do trabalho é uma norma de elevado caráter inclusivo.[8] No que se refere à área rural, a partir de 1988, houve considerável avanço com o incremento do benefício para milhares de pessoas. A vinculação do piso da previdência social ao salário mínimo possibilitou o incremento do consumo de milhares de aposentados e pensionistas, gerando aumento de empregos, aceleração da economia, aumento de arrecadação de tributos, dentre outras consequências positivas. (IBRAHIM, 2012). Em maio de 2012, dos 19,8 milhões de segurados com benefícios de um salário mínimo, 42,5% referem-se a pagamentos do setor rural, 37,85% do setor urbano e 19,65% aos assistenciais. (PREVIDÊNCIA..., 2012).

No que se refere à assistência social, sua Lei Orgânica – LOAS – garante um salário mínimo mensal para pessoas portadoras de deficiência e/ou maiores de 65 anos de idade, desde que tenham renda mensal *per capita* familiar abaixo de um quarto do salário mínimo e comprovem não possuir meios de prover a própria manutenção e nem de tê-la provida por sua família (conforme previsão do inciso V, art. 203 da CF/88). Para trabalhadores rurais, há o direito à aposentadoria por idade ou invalidez, especialmente para aqueles que não contribuíram anteriormente, cujo valor mensal é de um salário mínimo. Também para os trabalhadores recém-desempregados, há o seguro-desemprego, que confere o menor valor equivalente ao salário mínimo nacional. Por fim, às famílias de extrema pobreza e às crianças e adolescentes submetidos ao trabalho, há os programas de bolsa-família e de erradicação do trabalho infantil (PETI), que transferem mensalmente valores abaixo do mínimo (limite máximo de 36% do valor do mínimo legal). (POCHMANN, 2005, p. 144).

Diante dessas colocações, verifica-se o alcance, com efeitos extremamente positivos, que possui a valorização real do salário mínimo. Consequentemente, demonstrado está que sua redução é eficaz fator de desigualdades e exclusão social. Seu valor não pode ser tão mínimo, mas deverá ser um mínimo que promova o máximo de dignidade. (LÚCIO, 2005, p. 177). O aumento do salário mínimo eleva o patamar de rendimentos do trabalho e a arrecadação pública, incrementa o consumo, além de reduzir os gastos sociais decorrentes do desemprego ou da informalidade. Todas essas consequências convergem para a melhoria das condições de pactuação da força de trabalho na ordem socioeconômica (DELGADO, 2012, p. 91), valorizando e potencializando o trabalho humano.

As políticas para elevação do salário mínimo e recomposição de seu valor devem, por óbvio, preservar a vinculação com os benefícios sociais, pois se trata

---

(8) Na Previdência Social, estão excluídos dessa regra o benefício do salário-família e auxílio-acidente.

de um grande avanço democrático inserido na Constituição Federal. E por destinar à proteção da dignidade humana milhares de indivíduos urbanos e rurais, afirma-se que tal vinculação consiste num direito fundamental do cidadão.

Para atender e incentivar a concretização da política de valorização do salário mínimo devem ser adotadas medidas para aumentar a arrecadação previdenciária, a fim de preservar seu equilíbrio financeiro e atuarial. Para tanto, a elevação dos postos de emprego, além de significar maior número de contribuintes para o RGPS, também é eficaz instrumento para elevar os níveis de civilização. Ademais, planos que visem ao aumento da cobertura previdenciária, como o SIMPLES Nacional, Plano Simplificado de Previdência Social e Microempreendedor Individual, são também meios de aumentar a arrecadação previdenciária com alíquotas reduzidas e procedimentos facilitados, incluindo mais cidadãos. Valioso também destacar aqui, como medida de elevação das arrecadações, o favorável impacto da Lei n. 10.666, aprovada em 2003, que obriga as empresas que utilizam serviços de terceiros (contribuintes individuais) a reter e repassar ao INSS o equivalente a 11% da remuneração para tais trabalhadores. Assim, a contribuição de prestadores de serviços a empresas se tornou compulsória, além de ter garantido o pagamento da alíquota patronal sobre os pagamentos efetuados pelas empresas a esses trabalhadores. Enfim, um conjunto de medidas necessárias para atender à política de valorização do salário mínimo.

Pochmann afirma que as políticas sociais devem ser adotadas de forma abrangente para promover uma real valorização do salário mínimo, por exemplo, disponibilizando produtos básicos a um valor reduzido, para garantir o abastecimento popular, ampliar a rede de restaurantes populares, criar isenções fiscais ou carga reduzida para produtos de primeira necessidade, dentre outras medidas. E ratifica:

> Em síntese, o salário mínimo continua a representar uma excelente política pública de combate tanto à exploração dos trabalhadores de salário de base, quanto à desigualdade de renda dos ocupados. A elevação do salário mínimo atua também favoravelmente ao enfrentamento da pobreza, especialmente no caso das famílias em que se encontram os trabalhadores de baixa remuneração. Nesse sentido, a retomada do crescimento econômico sustentado, assim como a implantação de um projeto de desenvolvimento econômico-social compatível com o avanço da renda do trabalho, abre a perspectiva de elevação consistente do salário mínimo nacional. Do contrário, crescem as chances do rebaixamento dos rendimentos dos trabalhadores de salário de base, colocando-os cada vez mais próximos da condição de nova pobreza no Brasil. (POCHMANN, 2005, p. 146).

5. O DIREITO PREVIDENCIÁRIO COMO INSTRUMENTO DE INCLUSÃO SOCIAL

5.1. Direito Previdenciário e Direito da Seguridade Social: conceituação e distinção; correlação

O direito à seguridade social consiste num direito fundamental do indivíduo. Trata-se de uma expressão adotada pela constituinte de 1988, com o objetivo de criar um sistema protetivo, até então inexistente no nosso País, tendo como pressuposto a primazia do trabalho humano. (CARDONE, 1990).

O art. 194 da Constituição Federal de 1988 reza que:

"A seguridade social compreende um conjunto integrado de ações de iniciativa dos Poderes Públicos e da sociedade, destinadas a assegurar os direitos relativos à saúde, à previdência e à assistência social." (BRASIL, 1988).

Martinez define:

Seguridade Social é técnica de proteção social, custeada solidariamente por toda a sociedade segundo o potencial de cada um, propiciando universalmente a todos o bem-estar das ações de saúde e dos serviços assistenciários em nível mutável, conforme a realidade socioeconômica e os fins das prestações previdenciárias. (MARTINEZ, 2001, p. 390).

Para Ibrahim, a seguridade social pode ser definida como:

a rede protetiva formada pelo Estado e por particulares, com contribuições de todos, incluindo parte dos beneficiários dos direitos, no sentido de estabelecer ações para o sustento de pessoas carentes, trabalhadores em geral e seus dependentes, providenciando a manutenção de um padrão mínimo de vida digna. (IBRAHIM, 2012, p. 5).

A melhor compreensão da seguridade social pode ser alcançada através da identificação da importância e alcance dos valores de bem-estar e justiça sociais, que são objetivos fundamentais da República Federativa do Brasil. A seguridade social é, pois, o meio para atingir a justiça, que é o fim da ordem social. (BALERA, 2012, p. 5).

Bem-estar é expressão utilizada no art. XXV da Declaração Universal dos Direitos Humanos, de 10 de dezembro de 1948, nos seguintes termos:

Art. XXV. 1. Todo homem tem direito a um padrão de vida capaz de assegurar a si e à sua família saúde e bem-estar, inclusive alimentação, vestuário, habitação, cuidados médicos e os serviços sociais indispensáveis e direito à segurança em caso de desemprego, doença, invalidez, viuvez, velhice ou outros casos de perda dos meios de subsistência em circunstâncias fora de seu controle.

2. A maternidade e a infância têm direito a cuidados e a assistência especiais. Todas as crianças nascidas dentro ou fora do matrimônio gozarão da mesma proteção social. (NAÇÕES UNIDAS DO BRASIL, 2012).

O conceito de bem-estar, também previsto no art. 3º da Constituição Federal de 1988, determina a erradicação da pobreza, da marginalização e das desigualdades sociais, somente alcançado através da cooperação mútua entre todos os indivíduos. (IBRAHIM, 2012, p. 6).

A justiça social consiste na diretriz de atuação do Estado e de toda sociedade, mormente através das entidades não governamentais, no sentido de efetivar os direitos sociais. Em nosso País, a *justiça social* é o fim da ordem social e expressa igualdade na distribuição dos benefícios sociais para quantos deles necessitem. (BALERA, 2004).

Em conformidade com os ensinamentos de Balera, o Direito Previdenciário, para ele sob a designação genérica de *seguridade social*, "estuda o inventário de mecanismos de proteção social com que conta o aparato normativo a fim de, intervindo modeladoramente no mundo fenomênico, superar certas questões sociais." (BALERA, 2004, p. 28).

Quando efetivado o direito à previdência, à assistência e à saúde a todos que necessitem de proteção, na medida exata de suas necessidades, proporcionando eliminação das desigualdades sociais, o bem-estar e a justiça social estarão realizados em nosso País.

Previdência social e seguridade social guardam fortes traços de união histórica e conceitual, não só pela semelhança de seus métodos de ação, mas também, pelos riscos que cobrem e pelas finalidades que buscam. Contudo, necessário distinguir os dois conceitos, eis que *seguridade social* é usada para representar uma etapa posterior à previdência social. (RUSSOMANO, 1983, p. 54-55).

Com o objetivo de demonstrar a maior abrangência da seguridade social, Russomano (1983) traça suas principais distinções em relação à previdência social. Assim, aponta o autor que, quanto aos sujeitos protegidos, a previdência social tem como referência o trabalhador e o empresário; enquanto a seguridade social visa proteger indistintamente todos os cidadãos que careçam de proteção e amparo ante suas condições físicas ou econômicas. Quanto aos requisitos para concessão dos benefícios, a previdência social pressupõe pagamento de contribuições pelos associados do sistema, eis que conserva fortes traços da teoria dos seguros em geral. Por outro lado, os benefícios e serviços na seguridade social são concedidos independentemente do pagamento de contribuições pelo segurado, desde que demonstrada a necessidade mínima do cidadão favorecido. O autor destaca que a intervenção e responsabilidade do Estado devem ser cada vez mais ostensivas nos regimes de seguridade social, tanto na criação de órgãos gestores quanto na concessão e distribuição de benefícios e serviços, assim como no custeio e financiamento do programa.

Quanto à finalidade, os sistemas de previdência social destinam-se precipuamente à reparação objetiva do risco ocorrido através do sinistro, sem prejuízo das medidas protetivas existentes. Na seguridade social, os programas de prevenção de doenças ou acidentes, assim como assistência médica preventiva, são prioritários a fim de prolongar a longevidade da população e de evitar enfermidades. (RUSSOMANO, 1983, p. 56).

Castro e Lazzari afirmam que:

> a marcha evolutiva do sistema de proteção, desde a assistência prestada por caridade até o estágio em que se mostra como um direito subjetivo, garantido pelo Estado e pela sociedade a seus membros, é o reflexo de três formas distintas de solução do problema: a da beneficência entre pessoas; a da assistência pública; e a da Previdência Social, que culminou no sistema de seguridade social. (CASTRO; LAZZARI, 2012, p. 39).

O Direito Previdenciário é o ramo jurídico destinado ao estudo dos princípios, institutos e normas de previdência social. Objetiva a criação de um sistema protetivo, através do qual, mediante contribuição, as pessoas que exercem alguma atividade laborativa e seus dependentes adquirem tutela quanto a eventuais adversidades (morte, invalidez, doença, acidente de trabalho, desemprego involuntário) ou outros que a lei considera que exijam um amparo financeiro ao indivíduo (maternidade, prole, reclusão), mediante prestações pecuniárias (benefícios previdenciários) ou serviços. (CASTRO; LAZZARI, 2012, p. 83).

Martinez conceitua a previdência social:

> como a técnica de proteção social estatal ou particular, especialmente se conjugadas, ensejadora de pecúlios ou rendas mensais, que visa propiciar os meios indispensáveis à subsistência da pessoa humana – quando esta não pode obtê-los ou não é socialmente desejável que os aufira pessoalmente através do trabalho, por motivo de maternidade, nascimento, incapacidade, invalidez, desemprego, prisão, idade avançada, tempo de serviço ou morte – mediante contribuição compulsória distinta, proveniente da sociedade e de cada um dos participantes. (MARTINEZ, 1992, p. 83).

Conforme Nascimento:

> ao sistema que visa manter os meios de subsistência do homem que trabalha durante as inatividades forçadas e dar-lhe uma certa segurança, em face dos riscos inerentes ao trabalho, dá-se o nome de Previdência Social (Brasil), ou *Securité Sociale* (França) ou *Previdenza Sociale* (Itália) (NASCIMENTO, 1979, p. 708).

Como ramo do Direito Público, o Direito Previdenciário estuda, analisa e interpreta os princípios e normas constitucionais, legais e regulamentares referentes ao custeio da previdência social. Por determinação Constitucional, apenas quanto ao custeio, guarda identidade com as demais vertentes da seguridade social, isto é, a assistência social e a saúde, pois as financia. Também, o Direito Previdenciário estuda, analisa e interpreta princípios e normas que tratam das prestações previdenciárias devidas aos seus beneficiários. Ademais, em razão das alterações introduzidas pelas Emendas Constitucionais n. 3/1993, 20/1998 e 41/2003, as aposentadorias e pensões dos ocupantes de cargos públicos efetivos e vitalícios e seus dependentes e os entes públicos mantenedores dos regimes previdenciários disciplinados no art. 40 da Constituição Federal de 1988 passaram a ter mais vinculação com os benefícios do regime geral, assumindo, pois, natureza eminentemente *previdenciária*. (CASTRO; LAZZARI, 2012).

Os *riscos sociais* abrangidos pela previdência social devem ser interpretados como todo evento coberto pelo referido sistema, com o objetivo de fornecer ao segurado algum rendimento substituidor de sua remuneração, como indenização por sequelas ou em razão de encargos familiares.

A previdência social consiste, portanto, em um instrumento de inclusão social do segurado, com base no princípio da solidariedade, garantindo-lhe benefícios ou serviços quando acometido por uma contingência social. O sistema previdenciário público brasileiro é formado por contribuições no modelo de repartição simples, na qual os ativos efetuam pagamentos que se destinarão ao custeio dos benefícios dos inativos. Por isso, o sistema previdenciário caracteriza-se como solidário.

5.2. Evolução do Direito Previdenciário

A formação da sociedade industrial teve forte influência para a evolução da proteção social. A exploração excessiva do trabalho humano, inclusive de crianças, ocasionando opressão e constantes acidentes de trabalho, além da eclosão de problemas sociais como o alcoolismo, determinara a importância da atuação estatal, com o objetivo de reduzir ao máximo as desigualdades sociais.

Por meio de atuações cada vez mais intervencionistas, o estado mínimo foi sendo substituído pelo estado no tamanho certo, buscando suprir maior número de demandas sociais e alcançar igualdade de oportunidade para todos os cidadãos. Assim, foi instituído o Estado de Bem-Estar Social, preocupado com a satisfação de interesses sociais, incluindo a previdência social. (PEREIRA; MARAVALL; PRZEWORSKI, 2012).

Ibrahim elenca a discussão acerca da exata dimensão da intervenção do Estado Moderno, gerando o que o referido autor chamou de Estado Pós-Social. A necessidade de recursos cada vez maiores, agravada pelo envelhecimento mundial e pelo recuo das taxas de natalidade, é um dos fatores que influenciam na definição da atual extensão das políticas públicas estatais, assim como da adequação destas ao bem comum. (IBRAHIM, 2012, p. 4).

Analisando traços históricos da previdência social, é possível verificar ao longo do tempo a crescente atuação estatal no sentido de proporcionar uma rede de proteção social mais efetiva e completa a todos os cidadãos.

Inicialmente, era apenas das famílias o dever de proteger os idosos e incapacitados para o trabalho. Em épocas remotas havia também um sistema privado, no qual as pessoas se reuniam para estabelecer uma proteção mútua contra os infortúnios da vida. Também, relevante foi o papel assistencial prestado por entidades que tinham raízes religiosas e que visavam a fins caritativos. (RUSSOMANO, 1983, p. 5).

No final da Idade Média, houve significativo aumento no nível de insalubridade e periculosidade das atividades laborativas. Assim, tornou-se difícil recrutar trabalhadores competentes para exercer labor, em razão dos riscos a que se submeteriam caso contratados. Foi o que ocorreu com os marinheiros, no Período das Grandes Navegações e dos Descobrimentos, e com os mineiros, à medida que a tecnologia da época permitia aumentar a exploração das minas. Diante disso, para tentar atrair trabalhadores, os empresários tiveram que conceder melhores condições de garantia e tranquilidade, o que foi feito através da criação de um *regime de seguro* para os obreiros. (RUSSOMANO, 1983, p. 5).

Em 1601, na Inglaterra, foi editado o *Poor Relief Act*, que representou um marco inicial para avanço da seguridade social. Isso, pois, estabeleceu uma contribuição compulsória para toda a sociedade, arrecadada pelo Estado, com finalidade social.

Para Russomano:

> Essa "oficialização da caridade" – como foi dito, certa vez – tem importância excepcional: colocou o Estado na posição de órgão prestador de assistência àqueles que – por idade, saúde e deficiência congênita ou adquirida – não tenham meios de garantir a própria subsistência. A assistência oficial e pública, prestada através de órgãos especiais do Estado, é o marco da institucionalização do sistema de seguros privados e do mutualismo em entidades administrativas. [...] (RUSSOMANO, 1983, p. 6).

A Encíclica Rerum Novarum, criada pelo Papa Leão XIII em 1891, expressou em seu texto a preocupação da Igreja Católica com a proteção social, cobrando maior participação do estado e da população como um todo na área social.

Jaccoud expõe citação de Ewald, que exalta o marco do seguro social:

> O que caracteriza o seguro não é o fato de ele repartir em um grupo a carga de prejuízos individuais, mas de permitir realizar essa repartição não mais segundo a forma de uma ajuda ou de uma caridade, mas segundo uma regra que é uma regra de justiça, uma regra de direito. (EWALD *apud* JACCOUD, 2010, p. 101).

Em 1883, na Alemanha, Otto Von Bismarck teve aprovada a lei que instituía seu projeto de seguro-doença, seguida pela aprovação do seguro de acidentes de trabalho em 1884 e pelo seguro de invalidez e velhice em 1889. Até então, as organizações securitárias tinham natureza privada, destituídas de garantias estatais. Contudo, a partir da Lei de Bismarck, o Estado se encarregou de recolher contribuições obrigatórias dos integrantes do referido sistema securitário. (IBRAHIM, 2012, p. 46).

Póvoas destaca:

> a criação do sistema bismarkiano enfrentou poucas críticas, não só pelo seu potencial pacificador, administrando as massas revoltosas com a precária condição de vida dos trabalhadores de indústria, mas especialmente pelo fato de não existir compromisso financeiro para o Estado, pois o encargo, nesse momento, era restrito a empregadores e trabalhadores, os quais, conjuntamente, financiariam o novo sistema. (POVOAS apud IBRAHIM, 2012, p. 47).

A partir do programa de seguro social criado por Bismarck, dotado de regras gerais e genéricas, outros países europeus passaram a elaborar leis sobre o tema, na tentativa de obter um sistema de maior eficiência.

O modelo de seguro social instituído por Bismarck foi importante para controlar as pressões sociais existentes na época, na busca por melhores condições de trabalho e proteção social. Suas regras políticas eram seletivas e buscavam acalmar as reivindicações dos operários, reduzindo a organização coletiva e promovendo a paz social. Ademais, inegável que tal seguro também foi valioso para destacar a importância do Direito do Trabalho (ramo jurídico ainda em fase inicial de desenvolvimento naquela época) através da tutela à relação de emprego formal. Quanto à seletividade ou ao corporativismo, destacam Olsson e Faria:

> Em comparação com as antigas leis de assistência pública, que exigiam comprovação de carência, o princípio da seguridade significou que os requerentes/beneficiários passaram a ter o direito de serem reembolsados por fundos para os quais eles mesmos – junto com seus empregadores ou por intermédio destes – haviam contribuído durante toda sua vida profissional, como respeitáveis trabalhadores ou assalariados. Com isso, concedeu-se à classe operária industrial um *status* social melhor e mais digno, sob a tutela do Estado imperial. O acréscimo da palavra *social* à palavra *seguro* implicava transcender o puro princípio do mercado, em direção a um sistema qualitativamente novo de assistência pública, sobretudo porque o Estado não só criou uma nova burocracia e subsidiou o novo sistema, mas porque funcionou como o agente financiador em última instância. (OLSSON; FARIA apud DELGADO, 2007, p. 56).

O termo alemão *Sozialpolitik* foi criado para fazer referência à junção da atuação política com os objetivos de garantir à sociedade coesão e bem-estar. Essa concepção foi traduzida na Lei Básica Alemã no conceito de "Estado Social". (DELGADO; PORTO, 2007, p. 56). Contudo, ressalta-se que a obrigação estatal com as políticas sociais era complementada pelas obrigações das associações ou grupos de empregadores e sindicatos; das famílias e dos próprios indivíduos em prover seus sustentos. Assim, não objetivava a criação de uma rede de seguridade mínima e universal, tampouco o nivelamento das condições de vida dos indivíduos.

Um sistema alternativo de proteção foi criado na Dinamarca em 1891. Por ele, os idosos que auferiam valores inferiores a um patamar estabelecido *(means tested)* recebiam uma renda vitalícia. Tratava-se de um sistema sem caráter contributivo, financiado por impostos gerais, mas que significou um marco incipiente do benefício que proveria a sobrevivência de cidadãos com idade mais avançada, isto é, a aposentadoria. Posteriormente, esse modelo protetivo foi adotado na Nova Zelândia em 1898 e, em 1908, na Austrália e na Inglaterra. (IBRAHIM, 2012, p. 48).

O seguro social foi incorporado inicialmente pela Constituição Mexicana, em 1917. A Constituição alemã de Weimar, publicada em 1919, também expôs normas relativas à previdência. Contudo, em ambos os textos, os direitos sociais eram tratados como *normas programáticas,* dependentes de lei regulamentadora. Ainda assim, é inegável que o alcance do *status* de norma constitucional representou enorme avanço por atribuir evidência aos direitos sociais. (IBRAHIM, 2012, p. 49).

Nos Estados Unidos foram instituídas, a partir de 1920, pensões previdenciárias *means tested* para os idosos. O devastador empobrecimento da sociedade em geral, causado pela grande crise de 1929, impulsionou o presidente Franklin Roosevelt a criar o Comitê de Segurança Econômica, que editou recomendações na lei de seguridade social – *Social Security Act,* criada em 1935. Editada como uma das medidas do *New Deal,* tal lei entrou em vigor em 1940, num cenário de recessão profunda experimentado em 1937, incluindo em sua rede de proteção securitária mais da metade dos trabalhadores. (BISSIO, 2012, p. 47). Pela primeira vez foi utilizada a expressão s*eguridade social.* O *Social Security Act* significou a criação de uma forma evoluída de seguro social, na tentativa de satisfazer com maior abrangência a demanda dos trabalhadores. Assim, instituiu auxílio aos idosos e criou o auxílio-desemprego para os trabalhadores que, temporariamente, ficassem desempregados.

Verifica-se que o *Social Security Act* trouxe uma nova direção para a proteção social. Isso porque determinava que a seguridade social deveria atender às necessidades não só dos trabalhadores, mas de toda a população, através da adoção de medidas que deveriam ao menos prever seguros e assistência sociais, organizadas pelo poder público. Por tal razão, evidencia-se a importância desse diploma legal para marcar o compromisso estatal com níveis mínimos de dignidade a todos os cidadãos, reforçando o caráter democrático. (IBRAHIM, 2012, p. 48).

Entretanto, a autonomia dos estados que integravam a confederação dos Estados Unidos foi apontada como um óbice à uniformização e afirmação das máximas previstas na *Social Security Act*. Essa autonomia de cada estado-membro se estendia à permissão da elaboração de leis locais, que podiam, inclusive, não consagrar as regras adotadas pela lei norte-americana de 1935. Como reforça Mozart Victor Russomano, até 1950 as normas do *Social Security Act* "eram de aplicação *restrita*, excluindo de sua área de proteção, por exemplo, os camponeses, empregados domésticos e trabalhadores autônomos". (RUSSOMANO, 1978, p. 23).

Em 1941, o governo inglês convocou o economista William Beveridge para presidir uma comissão formada pelo governo britânico, que deveria elaborar um relatório que contivesse um plano para a seguridade social da Inglaterra. Assim, foram criados dois relatórios do *Plano Beveridge*, a saber: em 1942, o seguro social e serviços conexos; e, em 1944, o pleno emprego em uma sociedade livre. Seu conteúdo continha ideias fortemente influenciadas pelo *Social Security Act*, de Roosevelt, em razão de sua pretensão universal, objetivando abarcar todos os cidadãos e, também, ideias keynesianas, que buscavam a mais justa distribuição de renda. O plano Beveridge teve grande importância para evolução dos sistemas de proteção social em todo o mundo. (IBRAHIM, 2012, p. 48).

A principal função do plano Beveridge era compensar os indivíduos pela perda de salários, tendo como pilares o pleno emprego, o Serviço Nacional de Saúde e o abono de família. Beveridge explicita que o plano era "um modelo de seguro social contra a interrupção e a destruição da capacidade de auferir renda e de cobrir despesas extraordinárias com o nascimento, casamento ou morte." (BEVERIDGE *apud* FARIA, 2007, p. 58).

Por objetivar a universalização dos benefícios e serviços, criando inclusive um "mínimo nacional" para superar a carência absoluta dos sistemas tradicionais de assistência pública, o plano inglês avançou na promoção da justiça social. Possuía forte caráter inclusivo, o que pode ser verificado nos ensinamentos de Faria:

> Beveridge propôs a inclusão de todos os cidadãos, classificados por grupos, segundo as causas da instabilidade econômica a que estavam sujeitos, em um sistema uniforme e universal de seguro social, cujos benefícios não seriam condicionados pela necessidade. As pensões teriam valor fixo e uniforme, e a exigência de comprovação de carência deveria ser abolida. O valor dos benefícios deveria ser suficiente para a subsistência. O sistema seria financiado pelas contribuições de seus membros e respectivos empregadores, mas o Estado deveria cobrir um sexto da maioria dos benefícios de seguridade, a totalidade dos abonos de família e a maior parte dos custos do Serviço Nacional de Saúde. (FARIA, 2007, p. 59).

O modelo de Beveridge criou as bases para a formalização da legislação social da Grã-Bretanha. Através de citação de Ginsburg, o autor acima referido afirma:

> a virada ideológica decisiva para o moderno Estado de Bem-Estar Social ocorreu na Grã-Bretanha nas proximidades do término da Segunda Guerra Mundial, com a adoção da política econômica Keynesiana e da política social de Beveridge. Desde então, o Estado de Bem-Estar social britânico tem ocupado uma posição intermediária entre os estados capitalistas. Nele não predomina nem a ideologia social-democrata, como na Suécia, nem um voluntarismo e coletivismo renitentes, como nos Estados Unidos. (GINSBURG apud FARIA, 2007, p. 59).

Comungamos com a colocação de Faria no sentido de destacar a importância do plano Beveridge na evolução da proteção social dos indivíduos, assim como na formação teórica do *Welfare State*.

Após o final da Segunda Guerra Mundial, as políticas sociais tiveram cenário para grande expansão, em razão dos estragos sociais, políticos e econômicos causados pelos massacrantes conflitos. A ascensão dos direitos sociais através de uma política intervencionista ocorreu até mesmo em países essencialmente liberais. Estes, principalmente, por temerem o avanço do fascismo e do socialismo. Contudo, é no século XX que tais direitos avançam de forma consistente e se concretizam no Estado de Bem-Estar Social, efetivando direitos de cidadania e distribuição de renda, consolidando-se em cada país, conforme seus objetivos e mobilização das classes populares. As normas constitucionais de caráter social passaram a ser efetivadas, abandonando o caráter meramente programático que lhes era atribuído, contando, inclusive, com várias políticas públicas de incentivo à Dignidade Humana, gerando louvável inclusão social.

O envelhecimento da população mundial, mormente a europeia, e as elevadas taxas de desemprego, resultaram em fortes pressões ao modelo de estado social. Especificamente quanto aos países da União Europeia que eram adeptos ao modelo de Bismarck, houve considerável elevação do número de aposentados em relação ao de trabalhadores que custeavam o sistema. Na Dinamarca, Finlândia, Islândia, Noruega e Suécia, os chamados países Nórdicos, o envelhecimento da população trouxe menor impacto, já que, em geral, toda a sociedade é responsável pelo financiamento do sistema securitário através da cobrança de impostos. Contudo, necessário destacar que, com o livre trânsito de cidadãos dentro da União Europeia, os países adeptos ao modelo Bismarckiano passaram a atrair um contingente crescente de indivíduos interessados em se aposentar, o que trouxe reflexos negativos e aumento de custo para previdência dessas localidades. Essa realidade foi determinante a forçar os países europeus a adotarem sistemas que vinculassem a contribuição ao benefício fornecido. A transição para modelos de pensão privados foi uma tendência que adquiriu força, mas certamente não chegou a prevalecer em todos os países europeus, ante a forte tradição das pensões públicas. Estratégias de incentivo ao prolongamento dos vínculos laborativos e de harmonização das políticas sociais foram importantes para reduzir os impactos negativos sobre a previdência.

Então, a partir das décadas de 1970 e de 1980, a noção de crise do Estado de Bem-Estar Social começou a se difundir em todo o mundo. Conforme expõe François Xavier Merrien (2007), constatou-se, então, a crise financeira dos Estados de Bem-Estar Social e, também, a crise de legitimidade, sendo esta de maior impacto. O autor afirma que as críticas ao Estado de Bem-Estar Social foram feitas por especialistas conservadores muito conceituados, como a Fundação *Heritage, o Freser Institute, o Political Economics Affairs e o Adam Smith Institute*, dentre outros. Para a maioria dos economistas, os Estados de Bem-Estar Social deveriam ser condenados, já que produziam efeitos perversos, "minando o senso das responsabilidades, da família e do esforço." (MERRIEN, 2007, p. 133). E continua o autor, expondo a lamentável orientação dada pelos especialistas:

> "[...] é necessário diminuir os encargos do Estado, desregulamentar a economia, suprimir os obstáculos às trocas internacionais, reforçar o sentido das responsabilidades sociais, reduzir o espaço da proteção social." (MERRIEN, 2007, p. 134).

Nesse cenário, as grandes organizações internacionais realizam uma revolução liberal na seara da proteção social. O Banco Mundial, a partir de 1994, aproveitando de seu papel de credor internacional, tornou-se a organização principal de tutela das políticas sociais. Assim, pregou a ineficácia e os efeitos antieconômicos das políticas de proteção aos trabalhadores defendida pela Organização Internacional do Trabalho (OIT), que, por sua vez, sofreu forte campanha de deslegitimação. O Banco Mundial difundiu sua política social, que incluía a privatização de regimes de aposentadoria (o Chile passou a ser o modelo seguido), menor segurança social para a classe média e limitação da proteção social fornecida aos despossuídos. Conforme o autor, "os países em via de desenvolvimento e os países ex-comunistas tornam-se um laboratório de experimentações das reformas da proteção social." (MERRIEN, 2007, p. 134).

A política de distribuição de riquezas tradicionalmente defendida pela Organização Internacional do Trabalho (OIT) foi abandonada pelas grandes organizações. Na seara previdenciária, propagaram a supressão dos regimes de aposentadorias públicas e enalteceram o regime de três pilares. "Um primeiro pilar mínimo, obrigatório e financiado pelos impostos; um segundo pilar, privatizado e capitalista; e, por fim, um terceiro pilar, apoiado na economia voluntária." (MERRIEN, 2007, p. 137).

Conforme relata o autor, a mudança de orientação foi radical, resultando na perda da influência da OIT e na ascensão do Banco Mundial, defendendo um programa inovado social-liberal. (MERRIEN, 2007, p. 137).

A forte crise econômica, no início da década de 1970, atingiu a permanência e solidez do modelo de Bem-Estar Social com reflexos em todo o mundo, acompanhada de altos índices inflacionários. Nesse contexto, ganhou força a demanda por um novo modelo econômico para superar a crise, sendo os gastos com as políticas públicas sociais um dos maiores alvos da crítica ao *Welfare State*. Felizmente, o Brasil recusou a adoção do modelo de três pilares defendido pelo Banco mundial.

Em razão da crise, as políticas neoliberais ganharam força, em flagrante afronta à efetivação da justiça social e em descompasso com a inclusão social. Nessa mesma época, o Brasil ainda vivia uma fase de movimentações populares para efetivação da democracia no país, através da implementação das eleições diretas.

A partir da década de 1990, diante, principalmente, das crises asiáticas e latino-americanas, as políticas sociais preconizadas pelo Banco Mundial tornaram-se menos liberais. Assim, a privatização do setor de aposentadorias tornou-se desnecessária, assumindo prioridade o reforço das estruturas institucionais e estatais. Assim, destaca o autor:

> os responsáveis das grandes organizações são obrigados a reconhecer a importância do quadro institucional, sem o qual não há mercado possível. O império do mercado não é mais a doutrina dominante. As organizações internacionais passam a reconhecer a necessidade de reforçar as políticas sociais e de lutar mais eficazmente contra a pobreza. A nova doutrina não defende mais um modelo residual de política social, cujos criticáveis efeitos são conhecidos. (MERRIEN, 2007, p. 138).

5.3. Evolução da proteção social no Brasil

Um sistema privado de proteção social existe em nosso país há vários anos. A previdência pública estatal, porém, foi criada posteriormente, tendo atribuído ao tradicional sistema privado a característica de complementaridade. Os modelos mais primitivos de proteção social brasileira podem ser identificados com os "montepios", criados em 1808 para prover assistência de seus associados em caso de doença e pensão para os dependentes, em caso de morte. Também, uma forma embrionária do seguro social pode ser encontrada nas sociedades beneficentes, a exemplo da Santa Casa fundada por Bráz Cubas, em 1543. Ainda, anteriormente à criação do modelo internacional de Bismarck, foi criado, em 1795, o Plano de Benefícios dos Órfãos e Viúvas dos Oficiais da Marinha e, em 1835, o MONGERAL – Montepio Geral dos Servidores do Estado. (IBRAHIM, 2012, p. 54).

Ibrahim pondera que a criação de montepios abertos, com adesão franqueada a todos os cidadãos e sem fins lucrativos, é completamente distinta das companhias de seguro, que passaram posteriormente a atuar no ramo previdenciário, porém, visando ao lucro. Com a vinda da família real para o Brasil em 1808, foi possível a instalação de uma companhia de seguros no território nacional. Póvoas (2000) destaca a companhia de seguros Boa Fé; a primeira companhia de seguros a se instalar no Brasil, regulada pela casa de seguros de Lisboa. Até 1850, a legislação pátria sobre seguros permaneceu escassa, sendo essencialmente baseada na legislação portuguesa. A promulgação do Código Comercial nesse ano de 1850, embora disciplinasse apenas o seguro marítimo, impulsionou o mercado de seguros, havendo a criação de diversas companhias que operavam não só como seguro marítimo previsto na legislação em vigor, mas também com o seguro terrestre. (IBRAHIM, 2012, p. 53). Quanto ao seguro de vida, Ferreira (1985) expõe que sua instituição sofreu resistências em nosso país, por ser tratado durante muito tempo como uma especulação imoral.

O Código Comercial brasileiro de 1850 vedava tal modalidade em seu art. 686, *in verbis*: "É proibido o seguro: [...] 2) – Sobre a vida de alguma pessoa livre". Porém, permitia a realização de seguros sobre a vida de escravos por considerá-los como "coisas". Somente em 1855 surgiu a Companhia de Seguros *Tranquilidade*, primeira sociedade fundada no Brasil para realizar seguros sobre a vida de pessoas livres. Em 1916, com a promulgação do Código Civil Brasileiro, foram previstos e regulamentados todos os ramos de seguros, inclusive o de vida. Ainda conforme ensinamentos de Ferreira (1985), a primeira companhia de seguros no Brasil a emitir uma apólice de seguro de vida em grupo foi a Sul América – Companhia Nacional de Seguros de Vida, no ano de 1929. Tratava-se de uma nova modalidade de seguro que se instalava no país, diferente, em vários aspectos, do seguro de vida individual clássico. (IBRAHIM, 2012, p. 53).

As primeiras formas de proteção social dos indivíduos no Brasil tiveram caráter beneficente e assistencial, em semelhança do que se constata no cenário mundial. Balera descreve que, inicialmente, a assistência social nasceu da ajuda mútua entre os indivíduos, sendo, posteriormente, assumida pelo Estado. Assim, reunia inicialmente integrantes com alguma identidade de interesses, sejam profissionais, religiosos ou mesmo geográficos. (BALERA *apud* IBRAHIM, 2012).

Castro e Lazzari relatam pesquisa feita por Antônio Carlos de Oliveira, na qual constata que:

> o primeiro texto em matéria de previdência social no Brasil foi expedido em 1821, pelo ainda Príncipe Regente, Dom Pedro de Alcântara. Trata-se de um Decreto de 1º de outubro daquele ano, concedendo aposentadoria aos mestres e professores, após 30 anos de serviço, e assegurando um abono de ¼ (um quarto) dos ganhos aos que continuassem em atividade. (CASTRO; LAZZARI, 2012, p. 66).

A partir da atuação estatal, passaram a ser elencados, na Constituição do Império de 1824, como *Socorros Mútuos*, conforme expressão tradicional da Revolução Francesa.

Sobre a proteção social inserida na Constituição de 1824, Alvim comenta: "não teve maiores consequências práticas, sendo apenas um reflexo do preceito semelhante contido na Declaração dos Direitos do Homem e do Cidadão, de 1793, a qual, no art. 23, qualificava esses "socorros públicos" como "dívida sagrada". (ALVIM, p. 12).

Os *Socorros Mútuos* proliferaram-se no Brasil, e Ibrahim (2012) cita ilustrativamente o Socorro Mútuo do Marquês de Pombal, instituído pelo Decreto n. 8.504, de 29 de abril de 1882, em que seus sócios pagavam uma mensalidade fixa e recebiam benefícios quando enfermos ou necessitados, na forma do seu art. 1º, § 2º. Também, o Socorro Mútuo denominado Previdência, criado pelo Decreto n. 5.853, de 16 de janeiro de 1875, e o Socorro Mútuo Vasco da Gama, criado no Rio de Janeiro pelo Decreto n. 8.361, de 31 de dezembro de 1881.

O Decreto n. 9.912, de 26 de março de 1888, após a criação do MONGERAL, definiu o direito à aposentadoria dos empregados dos Correios, por idade, quando alcançassem 30 anos de serviço efetivo e idade mínima de 60 anos, ou por invalidez.

Pouco antes da Constituição Republicana de 1891, a Lei n. 3.397, de 24 de novembro de 1888, previu a formação da caixa de socorros para os trabalhadores das estradas de ferro estatais. No ano seguinte, surgiram normas que criaram seguros sociais obrigatórios para os empregados dos correios, das oficinas da Imprensa Régia e o montepio dos empregados do Ministério da Fazenda.

Influenciado pelos militares, foi instituído, em 29 de novembro de 1892, o Decreto n. 127, que gerou a aposentadoria por idade ou invalidez, além da pensão por morte para os operários do arsenal da marinha. Esse dispositivo legal foi importante para a criação do seguro de acidentes do trabalho em 1919. (IBRAHIM, 2012, p. 55).

A Constituição de 1891 foi a primeira a prever o termo "aposentadoria", concedida apenas aos funcionários públicos, em caso de invalidez. Quanto aos demais trabalhadores, eram destituídos de qualquer proteção. Tal fato é valioso para compreensão do histórico tratamento diferenciado conferido aos servidores e militares, que, em regra, sempre tiveram benefícios custeados integralmente pelo Estado, enquanto a previdência social dos trabalhadores, posteriormente criada, já era contributiva desde sua origem. (IBRAHIM, 2012, p. 55).

O Seguro de Acidentes do Trabalho foi criado pelo Decreto-legislativo n. 3.724/19. Através desse dispositivo, o empregador era obrigado a indenizar seus empregados ou familiares em caso de acidentes. Assim, deveria ser paga uma quantia única a título de indenização, variável em razão da gravidade do resultado: desde a incapacidade temporária até a morte. Estavam excetuadas as hipóteses de força maior ou dolo da própria vítima ou de estranhos, a teor do art. 2º do citado diploma legal. (IBRAHIM, 2012, p. 55).

A Lei Eloy Chaves foi criada pelo Decreto-legislativo n. 4.682, de 24 de janeiro de 1923, instituindo as Caixas de Aposentadorias e Pensões (CAP's) por empresa, para os ferroviários, protegendo os empregados e diaristas que executavam serviços permanentes nas empresas de estradas de ferro brasileiras. Por tal lei, eram assegurados os benefícios da aposentadoria por invalidez, aposentadoria ordinária (equivalente à aposentadoria por tempo de serviço), pensão por morte e assistência médica. (MARTINS, 2009). Tal como no seguro de Acidentes de

Trabalho, as CAP's eram mantidas e administradas pelos empregadores. Cabia ao Estado apenas a edição de leis, determinando sua criação e estabelecendo regras para seu funcionamento.

Na década de 1920, foram criadas várias CAP's, vinculadas às empresas e de natureza privada, organizando o sistema previdenciário em torno de categorias. Conforme destacam Castro e Lazzari (2012), a Lei Eloy Chaves marca o início da previdência social no Brasil, pois os benefícios anteriormente a ela concedidos não exigiam contribuições do beneficiário durante seu período de atividade, tampouco concediam benefícios em conjunto para todos os empregados das empresas envolvidas. Eram considerados empregados ou operários permanentes aqueles que possuíam seis meses de serviços contínuos em uma mesma empresa. (IBRAHIM, 2012, p. 55).

A Lei Eloy Chaves criou entidades que guardam semelhanças com as entidades fechadas de previdência complementar hoje existentes, também chamadas de fundos de pensão, eis que eram constituídas por empresas. Esse é também o entendimento de Stephanes, que destaca:

> muitas vezes não se atingia o número mínimo de segurados para o estabelecimento de bases securitárias – ou seja, um número mínimo de filiados com capacidade contributiva para garantir o pagamento dos benefícios a longo prazo. Mesmo assim, Eloy Chaves acolheu em sua proposta dois princípios universais dos sistemas previdenciários: o caráter contributivo e o limite de idade, embora vinculado a um tempo de serviço. (STEPHANES apud CASTRO; LAZZARI, 2012, p. 67).

É possível também afirmar que o modelo instituído na Lei Eloy Chaves se assemelha ao modelo alemão de 1883, em que ocorrem três características fundamentais, a saber:

a) a obrigatoriedade da participação dos trabalhadores no sistema;

b) a necessária contribuição do trabalhador, com supervisão e regulamentação do Estado;

c) existência de um rol de prestações previstas em lei, destinadas a proteger o trabalhador em situações de incapacidade temporária ou em caso de morte, assegurando-lhe a subsistência. (PEREIRA NETTO, 2012, p. 68).

Diversas outras categorias de trabalhadores reivindicaram o sistema instituído pelo Decreto-legislativo n. 4.682/23, buscando serem abrangidos pela mesma proteção. Assim, as CAP's foram estendidas para empregados portuários e marítimos pelo Decreto Legislativo n. 5.109, de 20.12.1926, e para os empregados das empresas de serviços telegráficos e radiotelegráficos pelo Decreto n. 5.485, de 30.6.1928. Seguindo essa direção normativa, o Decreto n. 19.497, de 1930, instituiu as CAP's para os empregados nos serviços de força, luz e bondes. (GOES,

2006). Contudo, ainda assim, apenas várias empresas tinham acesso ao regime previdenciário em vigor à época, sendo excluídos outros diversos cidadãos por não ocuparem postos de trabalho nas referidas empresas. Ademais, era inegável que, em razão das várias Caixas criadas, muitas delas apresentaram frágil estrutura, diante do número reduzido de segurados, necessários para sustentar o bom desenvolvimento do sistema securitário.

No início do governo de Getúlio Vargas, após a Revolução de 1930, o sistema trabalhista e previdenciário brasileiro sofreu uma reformulação. A primeira crise do sistema previdenciário ocorreu em 1930, em razão das várias fraudes e denúncias de corrupção, que fizeram o governo suspender por seis meses a concessão de qualquer aposentadoria. (CASTRO; LAZZARI, 2012, p. 68). Ainda neste ano, foi criado o Ministério do Trabalho, Indústria e Comércio, com a tarefa precípua de administrar a previdência social.

Como fruto desse processo de reformulação, ocorreu a criação dos Institutos de Aposentadorias e Pensões (IAP's), especializados em função da atividade profissional de seus segurados e não mais divididos por certas empresas. Eram obrigatoriamente custeados por três fontes: Estado, empregador e empregado, formando o sistema de contribuição tripartite. A Constituição Brasileira de 1934, em seu art. 121, § 1º, "h", foi a primeira a prever esse princípio da Contributividade, que permanece, ainda hoje, de acordo com o art. 195, *caput*, da Constituição de 1988. (GOES, 2006). Determinava também a competência do Poder Legislativo para instituir normas sobre aposentadoria (art. 39, VIII, item d) e proteção social ao trabalhador e à gestante (art. 121), e disciplinava a aposentadoria compulsória (art. 170, § 3º) e por invalidez (art. 170, § 6º) dos funcionários públicos.

Os institutos de aposentadorias e pensões ofereciam um sistema mais organizado e abrangente que aquele instituído pela lei Eloy Chaves, solucionando questões corriqueiras vividas pelos trabalhadores, como a troca de empresas, além de reunir maior número de segurados. Assim, foram paulatinamente substituindo as caixas de pensões. Ibrahim (2012) destaca o primeiro de tais institutos pelo Decreto n. 22.872, de 29/6/1933, que fundou o instituto de aposentadorias e pensões dos Marítimos, com personalidade jurídica própria, sede na capital da República, subordinado ao Ministério do Trabalho, Indústria e Comércio. Através deste, os trabalhadores da marinha mercante nacional e classes anexas adquiriram os benefícios de aposentadorias e pensões.

Vários outros Institutos foram posteriormente gerados, a saber: o Decreto n. 24.273, de 1934, criou o Instituto de Aposentadorias e Pensões dos Comerciários (IAPC); o Decreto n. 24.615/34 instituiu o Instituto de Aposentadoria e Pensões para os Bancários (IAPB); a Lei n. 367/36 criou o Instituto de Aposentadoria e Pensões dos Industriários (IAPI) e o Decreto n. 775/38 criou o Instituto de Aposentadorias e Pensões dos Empregados do Transporte de Cargas (IAPTC). (GOES, 2006).

Os IAP's foram muito criticados pela heterogeneidade dos planos de custeio e de benefícios oferecidos aos trabalhadores. Como a contribuição era feita com base no salário dos empregados, os institutos que representavam categorias que auferiam valores maiores obtinham maiores recursos, em detrimento de muitas outras, desprovidas de tal diferencial. Domeneghetti (2009) registra a falta de simetria desses institutos, em razão de terem vários níveis de contribuições e benefícios, gerando um sistema de proteção social desproporcional entre os trabalhadores, inclusive, com dispositivos conflitantes. Era então necessário avançar na proteção previdenciária, mormente no sentido de uniformizar seu arcabouço legislativo e criar bases mais sólidas para atribuir coesão ao sistema.

A Carta Constitucional de 1937 não trouxe maiores inovações em relação à Constituição de 1934. Domeneghetti registra importante política de inclusão previdenciária ocorrida nos anos 1930. Assim, aponta que, em razão da industrialização brasileira, os empregados das fábricas acabaram alcançando certo nível de organização, potencializando suas negociações para com o Estado. Foi adotada uma política previdenciária em conjunto com os sindicatos. Tal medida resultou num aumento significativo da base previdenciária de segurados, que, conforme o autor, "em fins da década de 40, possuía dez vezes mais empregados com direitos previdenciários que em 1934." (DOMENEGHETTI, 2009, p. 20).

A aposentadoria dos funcionários públicos foi regulamentada em 1939. Russomano observa que há uma tendência que predomina desde o Brasil Imperial, na qual os benefícios sempre partem de uma categoria e se expandem posteriormente para a coletividade e, também, começam no serviço público para depois alcançarem os trabalhadores da iniciativa privada. (RUSSOMANO, 1981, p. 7).

A Constituição de 1946 foi a primeira a utilizar a expressão "previdência social", em substituição ao "seguro social". (IBRAHIM, 2012, p. 58). Tal Carta previa normas sobre previdência dentro do capítulo que versava sobre direitos sociais, determinando a obrigatoriedade do empregador em manter o seguro de acidentes de trabalho. Nos anos 50, no Brasil, surgiu o conceito de geração interna de poupança previdenciária. Isso porque, nessa época, os institutos de previdência social foram convocados a participar da construção da nova capital federal a ser sediada em Brasília, através da aplicação de suas reservas. A medida foi tomada para imprimir celeridade nas obras, já que os referidos recursos estavam disponíveis, além de resultar na preservação do tesouro nacional. Conforme descreve Domeneghetti, "tais investimentos foram os mais significativos desses institutos ao longo de suas histórias" (DOMENEGHETTI, 2009, p. 20).

O Decreto n. 26.778, de 14.6.1949, editou o Regulamento Geral das Caixas de Aposentadorias e Pensões, padronizando as regras para concessão de benefícios pelas Caixas. A fusão de todas as Caixas de Aposentadorias e Pensões ocorreu através do Decreto n. 34.586, de 12.11.1953, que criou a Caixa Nacional, transformada em Instituto pela Lei Orgânica da Previdência Social em 1960. (CASTRO; LAZZARI, 2012, p. 69).

Pelo Decreto n. 32.667, de 1953, o profissional liberal de qualquer espécie foi incluído no sistema previdenciário existente, podendo se inscrever na condição de segurado, na categoria de trabalhador autônomo. Entretanto, continuavam excluídos da previdência os rurais e os domésticos.

Pelo Decreto n. 35.448, de 1954, foi aprovado o Regulamento Geral dos Institutos de Aposentadorias e Pensões, que uniformizou todos os princípios gerais aplicáveis à totalidade dos Institutos de Aposentadorias e Pensões.

Ainda durante a vigência da Carta de 1946, foi criada a Lei n. 3.807, de 26/8/1960, a chamada Lei Orgânica da Previdência Social – LOPS, que objetivava a unificação da legislação securitária. Essa lei não unificou os organismos existentes, mas criou normas uniformes para o amparo a segurados e dependentes dos vários institutos existentes. Oliveira afirma que a LOPS estabeleceu um único plano de benefícios "amplo e avançado, e findou-se a desigualdade de tratamento entre os segurados das entidades previdenciárias e seus dependentes." (OLIVEIRA apud CASTRO; LAZZARI, 2012, p. 69).

Contudo, a real fusão administrativa, que era fundamental, foi implementada apenas seis anos mais tarde, com a criação do Instituto Nacional de Previdência Social (INPS) através do Decreto-lei n. 72, de 21.11.66. O INPS era uma autarquia, integrante da administração indireta, a quem eram atribuídos privilégios e imunidades da União, conforme previa o art. 2º de seu texto. Os institutos envolvidos resistiam à unificação administrativa, por temerem a perda de direitos e o enfraquecimento da tutela. Tal preocupação era ainda maior se considerados institutos mais organizados como o IAPI, que, inclusive, já adotava o concurso público para ingresso de novos funcionários. (IBRAHIM, 2012, p. 59).

Ibrahim afirma que a unificação pode ter prejudicado o equilíbrio, mas acredita que a falha teria sido na estratégia da consolidação das entidades, formando um instituto muito grande em relação aos instrumentos de controle na época. Contudo, prossegue o autor:

> a unificação fez-se necessária, pois não era razoável a manutenção de variadas instituições estatais, exercendo exatamente a mesma função, diferenciando-se somente pela clientela protegida. Era algo por demais custoso para um país tão carente de recursos. (IBRAHIM, 2012, p. 59).

A Lei n. 4.266, de 3.10.1963, criou o salário-família, destinado aos segurados que tivessem filhos menores, auxiliando na manutenção destes. Conforme previsão dos arts. 1º e 2º de seu texto, o salário-família era devido a todo trabalhador com carteira de trabalho assinada, qualquer que fosse o valor e a forma de sua remuneração, e conforme o número de filhos, pago sob a forma de uma quota percentual, calculada sobre o valor do salário mínimo local, arredondado para o múltiplo de mil seguinte, por filho menor de qualquer condição, até 14 anos de idade. A Lei n. 5.559, de 11 de dezembro de 1968, estendeu o benefício aos filhos inválidos.

O salário-família coexistiu no Brasil com o abono pago para as famílias numerosas, instituído anteriormente pelo Decreto-Lei n. 3.200, de 19 de abril de 1941. Este visava atender apenas às famílias numerosas e de baixa renda, concedendo-lhes o abono familiar, destinado a satisfazer as necessidades essenciais mínimas da subsistência de sua prole. No texto do referido Decreto, família numerosa era conceituada como aquela que possuía 8 ou mais filhos. O Decreto n. 12.299, de 22 de abril de 1943, excluiu os servidores públicos civis e militares de tal benefício. As famílias cujo chefe tinha salário inferior ao dobro do salário mínimo em vigor na localidade onde vivia ou que estivesse em situação de desemprego, ou que tivesse falecido eram beneficiárias do abono familiar. A Lei n. 4.242, de 17 de julho de 1963, em função da queda na taxa de natalidade, reduziu para seis o limite mínimo de filhos para acesso ao referido abono. Assim, a partir de 1963, passaram a coexistir no Brasil três abonos familiares: o abono às famílias numerosas; o salário-família destinado às famílias dos funcionários públicos; e salário-família devido aos trabalhadores vinculados à previdência social. (CASTRO; LAZZARI, 2012, p. 69).

O abono às famílias numerosas foi extinto pela Lei Complementar n. 11 em 1971. Com o fim desse benefício, os trabalhadores rurais, os informais e os desempregados deixaram de ter o direito a um abono familiar nacional até a criação do bolsa-escola, pela Lei n. 10.219, de 11 de abril de 2001.

Ressalta-se que, durante o período em que esteve em vigor o abono familiar para famílias numerosas pobres, não era possível cumular tal benefício com o salário-família que, naquela época, não objetivava a redução da pobreza. A partir da Portaria do INPS n. 223, de 1973, passou a ser obrigatória a comprovação de vacinação dos filhos para receber o salário-família. Ainda quanto ao salário-família, pela Lei n. 9.876, de 26 de novembro de 1999, que alterou o art. 67 da Lei n. 8.213, de 24.7.1991, tornou-se também obrigatória a comprovação de frequência à escola para recebimento do referido benefício[1]. (CASTRO; LAZZARI, 2012, p. 70).

No ano de 1963 foi criado o abono especial anual permanente para aposentados, pensionistas e seus dependentes pela Lei n. 4281, de 8.11.1963. Assim, destaca-se a importância da gratificação natalina criada um ano antes na esfera trabalhista pela Lei n. 4.090 e regulamentada pelo Decreto n. 57.155, de

---

(1) O Decreto n. 3.048, de 6 de maio de 1999, em seu art. 84, § 2º, prevê que se o segurado não apresentar o atestado de vacinação obrigatória e a comprovação de frequência escolar do filho ou equiparado, nas datas definidas pelo Instituto Nacional do Seguro Social, o benefício do salário-família será suspenso, até que a documentação seja apresentada. Conforme prevê a Instrução Normativa INSS/DC n. 4, de 30 nov. 1999: 8.1 O pagamento de salário-família é condicionado à apresentação de: a) Certidão de Nascimento do filho ou da documentação relativa ao equiparado ou ao inválido; b) quando menor de 7 anos de idade é obrigatória a apresentação do atestado de vacinação ou documento equivalente, no mês de maio, a partir do ano 2000; c) a partir de 7 anos de idade é obrigatória a apresentação de comprovante de frequência à escola, nos meses de maio e novembro, a partir do ano 2000. (...) 8.3. Caso o segurado não apresente os documentos constantes das alíneas "b" e "c" do subitem 8.1, nos prazos determinados, o INSS encaminhará, via sistema de processamento da DATAPREV, comunicado ao segurado informando que o pagamento do salário-família será suspenso, até que a documentação seja apresentada.

3.11.1965, que se expandiu e alcançou o campo previdenciário, culminando na instituição do abono anual até hoje existente.

A Emenda Constitucional de n. 11, de 1965, instituiu a regra da contrapartida entre as contribuições e as prestações previdenciárias. Assim, estabeleceu que a criação ou majoração de qualquer prestação deveria ter prevista a respectiva fonte de custeio e vice-versa. Trata-se, pois, de uma primeira referência ao equilíbrio financeiro do sistema.

Na Constituição brasileira de 1967, esteve previsto pela primeira vez o seguro-desemprego, denominado "auxílio desemprego". Também, a reforma de 1969 não repercutiu em mudanças em matéria previdenciária.

Em 14.9.1967, pela Lei n. 5.316, o Seguro de Acidentes do Trabalho (SAT) se integrou à previdência social, deixando de compor um segmento apartado. Assim, o SAT deixou de ser realizado por instituições privadas para ser realizado exclusivamente através de contribuições destinadas ao caixa único do regime geral previdenciário. (CASTRO; LAZZARI, 2012, p. 70). Trata-se de uma medida que se incorporou às determinações de *Beveridge*, que já preconizava a estatização desse seguro, além de sua unificação ao sistema previdenciário existente. Conforme apontado por Beveridge, o controle estatal é fundamental para a efetividade do sistema, pois a organização privada, além de não atender obrigatoriamente à demanda social, também pode se esquivar da responsabilidade pelo pagamento de qualquer benefício, tentando atribuí-la ao empregador. Imperioso ressaltar, neste ponto, o retrocesso gerado pela EC n. 20/98, que permitiu a participação do setor privado nesse seguro (art. 201, § 10), certamente, não trazendo vantagens para os segurados. (IBRAHIM, 2012, p. 60).

A Inclusão Previdenciária no setor rural iniciou-se com a criação do Fundo de Assistência e Previdência do Trabalhador Rural – FUNRURAL, pela Lei n. 4.214, de 2/3/1963. Era constituído por 1% do valor dos produtos comercializados recolhido pelo produtor quando da primeira operação no Instituto de Aposentadoria e Pensões. O Decreto-Lei n. 564, de 1º.5.1969, instituiu o plano básico da área rural, ampliando a proteção para os trabalhadores do setor agrário da agroindústria canavieira e das empresas de outras atividades com nível de organização suficiente para serem também abrangidas (art. 2º). (IBRAHIM, 2012, p. 60).

O plano básico de previdência social rural foi também ampliado pelo Decreto-lei n. 704, de 24.7.1969, prevendo a inclusão de trabalhadores das empresas produtoras e fornecedoras de produtos agrários *in natura* e empregados dos empreiteiros ou de organização que usassem a mão de obra para a produção e fornecimento de produto agrário *in natura* (art. 3º).

Em julho de 1970, foi criado o Instituto Nacional de Colonização e Reforma Agrária (INCRA). Suas principais atribuições eram garantir amparo e assistência social ao trabalhador rural, além de ser responsável pela emissão da base legal de documentos para a concessão de auxílios previdenciários.

A Lei Complementar n. 11, de 25.5.1971, criou o programa de Assistência ao Trabalhador Rural (PRORURAL), de cunho assistencialista, cujo principal benefício era a aposentadoria aos 65 anos de idade, equivalente a 50% do salário mínimo de maior valor no país (art. 4º). Essa Lei Complementar previu a natureza autárquica do FUNRURAL, também sua competência para administrar o PRORURAL e extinguiu o Plano Básico.

Os empregados domésticos passaram a integrar a previdência social com a previsão do art. 4º da Lei n. 5.859/72. Assim, nesse momento da história, a previdência social incluiu dois imensos grupos de indivíduos que ficavam à margem do sistema, dando um grande passo rumo à igualdade e dignidade humana.

A Lei n. 6.435, de 1977, disciplinou a possibilidade de criação de instituições de Previdência Complementar, regulamentada pelos Decretos n. 81.240/78 e 81.402/78, no que se refere às entidades de caráter fechado e aberto, respectivamente. (CASTRO; LAZZARI, 2012, p. 70).

O Sistema Nacional de Previdência e Assistência Social (SINPAS) foi criado em 1º.9.1977 pela Lei n. 6.439, com o objetivo de integrar todas as atribuições que tinham referência com a previdência social rural e urbana, incluindo a dos servidores públicos federais e das empresas privadas. Apesar de seu objetivo centralizador, os servidores públicos permaneceram regulados pelo estatuto dos servidores civis da União, previsto na Lei n. 1.711/52.

Castro e Lazzari comentam a alteração realizada pela Lei n. 6.439/77:

> A Lei n. 6.439, que instituiu o SINPAS, alterou, portanto, apenas estruturalmente a previdência social brasileira, racionalizando e simplificando o funcionamento dos órgãos. Promoveu uma reorganização administrativa, sem modificar nada no que tange a direitos e obrigações, natureza e conteúdo, condições das prestações, valor das contribuições, etc., como ficara bem claro na Exposição de Motivos com que o então Ministro da Previdência, Nascimento e Silva, encaminhara o anteprojeto. (OLIVEIRA *apud* CASTRO; LAZZARI, 2012, p. 71).

O SINPAS agregava várias autarquias, a saber: o Instituto Nacional de Previdência Social (INPS), responsável pela concessão e controle dos benefícios; Instituto Nacional de Assistência Médica da Previdência Social (INAMPS), destinado à prestação de serviços médicos para segurados e dependentes; Fundação Legião Brasileira de Assistência (LBA), que prestava assistência às pessoas carentes, mormente idosos e gestantes; Fundação Nacional do Bem-Estar do Menor (FUNABEM), com atribuição de prestar assistência ao bem-estar do menor carente; Empresa de Processamento de Dados da Previdência Social (DATAPREV); Instituto de Administração Financeira da Previdência e Assistência Social (IAPAS), com competência para arrecadar, fiscalizar e cobrar contribuições previdenciárias e a Central de Medicamentos (CEME), responsável pela fabricação a baixo custo e distribuição de medicamentos às pessoas carentes. (CASTRO; LAZZARI, 2012, p. 71).

O SIMPAS objetivava a reunião da concessão e manutenção de benefícios, prestação de serviços, custeio de atividades e programas e gestão administrativa, financeira e patrimonial de seus integrantes em um sistema único, a fim de obter maior controle e sistematicidade. Como destacado por Leite, houve uma ampliação da proteção da previdência social para atingir também a assistência social, estando, pois, a previdência social composta por ações de seguro social e de iniciativas assistenciais. (LEITE apud CASTRO; LAZZARI, 2012, p. 71).

O controle e administração desse sistema eram devidos ao Ministério da Previdência e Assistência Social (MPAS). Nessa época, a legislação previdenciária em vigor ainda era a LOPS, juntamente com diversos outros dispositivos legais previdenciários apartados. Diante disso, o art. 6º da Lei n. 6.243/75 determinou ao Poder Executivo a expedição anual da Consolidação das Leis da Previdência Social (CLPS), sem alteração substancial da matéria da lei, na tentativa de gerar algo próximo de um código previdenciário. Assim, as leis previdenciárias foram reunidas em um mesmo diploma, através de um Decreto do Poder Executivo, que, obviamente, não trouxe inovações no conteúdo dos dispositivos legais já existentes. A primeira CLPS foi instituída pelo Decreto n. 77.077, de 24.1º.1976, sem, contudo, passar pelas revisões anuais previstas. O Decreto n. 89.312, de 23.1º.1984, criou nova CLPS, que deixou de ser aplicada somente com a publicação da Lei n. 8.213, no ano de 1991. (CASTRO; LAZZARI, 2012, p. 71).

Em 1984, a última Consolidação das Leis Previdenciárias reuniu toda a matéria referente ao custeio e benefícios previdenciários, além das referentes a acidentes de trabalho. (CASTRO; LAZZARI, 2012, p. 71).

A maioria dos órgãos que faziam parte da estrutura do SINPAS foram paulatinamente sendo extintos: o INAMPS em 1993; a LBA e a FUNABEM em 1995; o CEME em 1997 e o próprio SIMPAS em 1990. A Lei n. 8.029, de 12.4.1990, criou o Instituto Nacional do Seguro Social (INSS), definindo-o como uma autarquia federal, resultante da fusão entre INPS e IAPAS, vinculado ao hoje MPS. A DATAPREV permanece atuando na prestação de serviço de processamento de dados aos órgãos do MPAS, passando a chamar Empresa de Tecnologia e Informações da Previdência Social, em razão do art. 24 da Medida Provisória n. 2.216-37, de 31.8.2001.

Em 1977, foram publicadas as Emendas Constitucionais de números 7 e 8. Aquela cuidou de autorizar a criação de contencioso administrativo destinado a resolver questões previdenciárias. Esta, disciplinava o custeio do sistema previdenciário.

Ressalta-se que foram editados naquela época vários diplomas legais disciplinando a previdência social, ampliando consideravelmente o arcabouço legal. Tudo isso, com o escopo de ampliar o número de cidadãos tutelados pelo sistema previdenciário, além de aprimorar os serviços e benefícios concedidos, definindo os caminhos para a instituição de um sistema de seguridade social na Constituição de 1988.

O seguro-desemprego, previsto no art. 165, XVI da atual Constituição, foi criado pelo Decreto-Lei n. 2.284/86, protegendo as hipóteses de desemprego involuntário, garantindo um abono temporário.

A Constituição Federal de 1988 ampliou o sistema protetivo, estabelecendo o sistema de seguridade social, seguindo as determinações preconizadas pela ONU e pela OIT. Conforme previsão de seu art. 194, tratou da seguridade social como um conjunto integrado de ações de iniciativa dos Poderes Públicos e da sociedade, objetivando assegurar os direitos relativos à saúde, à previdência e à assistência social. Também, por determinação constitucional, as contribuições sociais passaram a custear as ações do estado nessas três áreas, não mais somente na previdência social. A previdência, como um direito integrante da seguridade social, garantia a todos o direito de ingressar no sistema, sem distinções de benefícios urbanos e rurais, no montante de, pelo menos, um salário mínimo. Pela primeira vez, a assistência social ingressou no rol de direitos de cidadania, concedendo a todo idoso ou deficiente sem condições de prover seu sustento ou ser mantido pela família o valor de um salário mínimo. (ESTEVES, 2008, p. 27). No que se refere à abrangência, a saúde e a assistência social se destacam, visto que objetivam fornecer um mínimo social a toda a população. Doutra forma, a previdência social abrange os cidadãos que integralizam contribuições para seu sistema, fornecendo-lhes benefícios limitados a um valor teto definido em lei, a fim de proporcionar-lhes melhores níveis de cidadania.

Os servidores públicos mantiveram seu direito de aposentadoria regulado em regra própria, na esfera federal. Nas esferas municipal and estadual, foi garantida a criação de regime próprio de previdência. A previdência social é definida como:

> direito fundamental social assegurado a todos os trabalhadores e seus dependentes, que garante recursos nas situações em que não poderão ser obtidos pelos próprios trabalhadores, em virtude de incapacidade laboral. É, no entanto, direito fundamental que depende do cumprimento de um dever fundamental correlato: necessidade de contribuição do segurado [...]. Apresenta proteção obrigatória e facultativa. Aquela abrange todos os trabalhadores que estarão vinculados ao regime geral ou aos regimes próprios. O regime geral é abrangente e residual e tem por finalidade proteger todos os trabalhadores, excetuando apenas aqueles vinculados aos regimes próprios, os quais são instituídos pelos respectivos entes federativos para dar proteção previdenciária aos seus servidores titulares de cargos efetivos. Assim, a proteção obrigatória se dá pelo regime geral e pelos regimes próprios dos entes federativos, sendo que os citados regimes excluem-se mutuamente. Por meio dos dois regimes, o Estado viabiliza a todos o acesso à previdência e, com isso, o trabalhador estará protegido das contingências geradoras de necessidades, uma vez que será garantido

recurso quando o trabalhador, em virtude de sua incapacidade laboral, não o obtém com o fruto de seu trabalho. (PIERDONÁ, 2007, p. 296-297).

Conforme previsão do art. 201 da Constituição de 1988, o regime geral da previdência social não abrange todos os indivíduos indistintamente, mas somente os que, na forma da lei, através do pagamento de contribuições, têm direito aos benefícios, sendo excluídos de outros regimes próprios do seguro social. Estão excluídos os servidores públicos civis, com previsão em sistema próprio de previdência; os militares, os membros do Poder Judiciário, do Ministério Público e do Tribunal de Contas da União, por terem regime previdenciário próprio; e aqueles que não são obrigados a contribuir para nenhum regime, pois não exercem qualquer atividade laborativa. A existência de regimes de previdência distintos está indicada no art. 201 da Carta Magna, que faz referência à existência de mais de um regime previdenciário, isto é, diferentes *planos de previdência*. (CASTRO; LAZZARI, 2012, p. 72).

O art. 201, § 2º da citada Constituição de 1988, expressa a garantia de que o benefício pago pela previdência, em substituição ao salário ou rendimento do trabalho, não será inferior ao salário mínimo. Os benefícios deverão também sofrer reajustes periódicos para preservar seu valor real, conforme critérios legais. (CASTRO; LAZZARI, 2012, p. 72).

O direito à saúde deve ser compreendido como direito à assistência e a tratamentos médicos gratuitos, independentemente de contribuição social, de responsabilidade do Sistema Único de Saúde – SUS (art. 198 CF/88), de caráter descentralizado. As ações nessa área devem se destinar a promover uma política social com a finalidade de reduzir riscos e prevenir doenças; produzir medicamentos e insumos básicos; tutelar e executar ações de saneamento básico; aprimorar o desenvolvimento científico e tecnológico; exercer vigilância sanitária e políticas de saúde pública, além de auxiliar na proteção do meio ambiente e outras atribuições, a teor do que determina o art. 200 da Constituição de 1988. A Lei n. 8.689/93 (BRASIL, 1993b) extinguiu o INAMPS, sendo suas atribuições absorvidas pelo SUS.

A Constituição da República de 1988, em seu art. 196, definiu pela primeira vez que a saúde é direito de todos e dever do Estado. Trata-se de um direito social, conforme previsão do seu art. 6º, e devido a todos, através do acesso universal e igualitário. Suas normas são imperativas, de ordem pública e disciplinam um serviço público essencial, a teor do seu art. 197. O desenvolvimento da proteção à saúde do trabalhador ocorreu em razão da dignificação do trabalho humano.

O SIMPAS foi extinto em 1990. A Lei n. 8.029, de 12.4.1990 (BRASIL, 1990a), criou o Instituto Nacional do Seguro Social. Essa autarquia (hoje vinculada ao MPS) substituiu o INPS e o IAPAS nas funções de arrecadação, pagamento de benefícios e prestação de serviços. A arrecadação, fiscalização, cobrança de contribuições, aplicação de penalidades e regulamentação da matéria de custeio da seguridade social foram transferidas em 2007 para a secretaria da Receita Federal do Brasil (Lei n. 11.457/2007). (BRASIL, 2007b).

Em 24.6.1991, foram publicadas as regras básicas da seguridade social: Lei n. 8.212 (BRASIL, 1991a), dispondo sobre plano de custeio e organização da seguridade social, e Lei n. 8.213 (BRASIL, 1991b), estabelecendo o plano de benefícios da previdência social. A partir de então, a LOPS foi revogada.

Conforme indicado por Castro e Lazzari, após a Constituição Federal de 1988, houve significativo aumento do montante anual gasto com a seguridade social. Tal fato deve-se ao considerável aumento de benefícios previdenciários e assistenciais concedidos, mas também ao *envelhecimento médio* da população, crescendo o número de beneficiários em relação ao número de contribuintes. (CASTRO; LAZZARI, 2012, p. 74).

A Lei n. 9.528/1997 (BRASIL, 1997) instituiu critérios mais rígidos para a concessão de aposentadorias especiais, além da extinção de várias delas, como por exemplo, a do juiz classista da Justiça do Trabalho e do Jornalista.

A Emenda Constitucional de n. 20, de 15/12/1998 (BRASIL, 1998), trouxe notórias mudanças para a seguridade social. Nesse sentido, ilustrativamente, normatizou as regras previdenciárias dos servidores públicos; determinou destinação específica para a previdência e assistência social do produto arrecadado pelo INSS com suas contribuições; impôs aos juízes do trabalho a execução das contribuições previdenciárias oriundas de suas sentenças; acabou com a aposentadoria por tempo de serviço; criou a aposentadoria por tempo de contribuição e tornou mais rigorosos os requisitos exigidos para a obtenção de alguns benefícios. (TAVARES, 2011, p. 61).

A citada Emenda Constitucional n. 20/1998 (BRASIL, 1998) trouxe basicamente reduções de despesas referentes ao regime geral, gerido pelo INSS. Porém, não foram tomadas medidas para aumento da arrecadação. O salário-família e o auxílio-reclusão passaram a ser pagos somente a dependentes de segurados de *baixa renda*, isto é, aqueles que percebiam mensalmente até R$ 360,00 na data da publicação. O salário-maternidade passou a ser limitado pelo *teto* do salário de contribuição, sendo, como os demais benefícios do regime geral, à época, em valor máximo de R$ 1.200,00. Contudo, o STF deferiu liminar em Ação Direta de Inconstitucionalidade mantendo o dever da previdência social de pagar o salário integral durante a licença-maternidade de 120 dias. Tal decisão fundou-se no princípio da Isonomia. (CASTRO; LAZZARI, 2012, p. 121).

A Lei n. 9.876, de 1999 (BRASIL, 1999), instituiu o fator previdenciário, conferindo nova redação ao art. 29 da Lei n. 8.213/1991 (BRASIL, 1991b). Assim, foi adotada uma fórmula para cálculo de aposentadoria por idade e por tempo de contribuição, a qual considera a idade do segurado, o seu tempo de contribuição e a expectativa de sobrevida da população brasileira, conforme dados do IBGE. Seu objetivo foi reduzir despesas com as aposentadorias por tempo de contribuição a pessoas com idade abaixo da ideal, conforme os atuários da previdência. A menor idade e o reduzido tempo de contribuição geram, pela aplicação do fator, minoração na renda mensal de aposentadoria.

A Lei n. 9.876, de 1999, também ampliou o número de salários de contribuição para cálculo dos benefícios de prestação continuada. Assim, de todos os salários de contribuição, corrigidos monetariamente até o mês da concessão do benefício, serão utilizados apenas 80% dentre aqueles que possuírem maior valor, para obter a média, que servirá de base de cálculo da renda mensal. (BRASIL, 1999)

A Emenda Constitucional n. 20/1998 também alterou a redação do art. 202 do texto Magno, que passou a constar:

> O regime de previdência privada, de caráter complementar e organizado de forma autônoma em relação ao regime geral de previdência social, será facultativo, baseado na constituição de reservas que garantam o benefício contratado, e regulado por lei complementar. (BRASIL, 1998)

Em 31.12.2003 foram promulgadas as Emendas Constitucionais de n. 41 e 42. Tais diplomas se dirigiram aos regimes próprios de agentes públicos da União, Estados, Distrito Federal e Municípios, sendo administrados pelo INSS em aspectos pontuais. Quanto ao RGPS, a Emenda Constitucional n. 41/2003 estabeleceu como limite máximo de benefícios o valor de R$ 2.400,00. Também, alterou a redação do §12 do art. 201 da Constituição Federal, dispondo sobre o sistema especial de inclusão previdenciária para trabalhadores de baixa renda, conferindo-lhes benefícios de um salário mínimo, exceto aposentadoria por tempo de contribuição. (CASTRO; LAZZARI, 2012, p. 80).

A Lei n. 12.618, de 30/4/2012 (BRASIL, 2012f), instituiu o regime de previdência complementar para os servidores públicos federais titulares de cargo efetivo, conforme regra prevista no art. 40, §14 da Constituição Federal. Também fixou o limite máximo para a concessão de aposentadorias e pensões pelo regime de previdência de que trata o art. 40 da Constituição Federal; autorizou a criação de 3 (três) entidades fechadas de previdência complementar, denominadas Fundação de Previdência Complementar do Servidor Público Federal do Poder Executivo (Funpresp-Exe), Fundação de Previdência Complementar do Servidor Público Federal do Poder Legislativo (Funpresp-Leg) e Fundação de Previdência Complementar do Servidor Público Federal do Poder Judiciário (Funpresp-Jud).

Esse regime complementar atende ao art. 202 da Constituição Federal, mas com características próprias. As Fundações de Previdência Complementar do Servidor Público Federal – FUNPRESP – têm natureza pública, com personalidade jurídica de direito privado,e gozarão de autonomia administrativa, financeira e gerencial. Foi estabelecido que os planos de benefícios da Funpresp-Exe, da Funpresp-Leg e da Funpresp-Jud serão estruturados na modalidade de contribuição definida, conforme regulamentação estabelecida pelo órgão regulador das entidades fechadas de previdência complementar, que confere ao participante maior transparência de suas reservas ao longo do tempo. De caráter facultativo, caso o servidor deseje obter proventos superiores ao teto do RGPS, poderá, se assim desejar, aderir à previdência complementar. Previu, também, obrigatoriamente a aplicação do limite máximo estabelecido para os benefícios do RGPS às aposentadorias e pensões a serem concedidas pelo regime de previdência da União, para servidores que ingressarem no serviço público a partir do início da vigência dessa Lei, independentemente de sua adesão ao plano de benefícios. Por outro lado, aos servidores já em exercício, que tenham ingressado no serviço público até a data anterior ao início da vigência dessa lei, poderão, mediante prévia e expressa opção, aderir ao regime. A alíquota da contribuição do patrocinador será igual à do participante, observado o disposto no regulamento do plano de benefícios, e não poderá exceder o percentual de 8,5%, sendo permitido ao participante custear contribuições mais elevadas.

 A estrutura organizacional das fundações é formada pelo conselho deliberativo, pelo conselho fiscal e pela diretoria executiva. Os conselhos deliberativos e fiscais terão composição paritária e serão integrados respectivamente por 6 e 4 membros, designados pelos presidentes da República e do Supremo Tribunal Federal e por ato conjunto dos presidentes da Câmara dos Deputados e do Senado Federal, respectivamente. A presidência dos conselhos deliberativos será exercida pelos membros indicados pelos patrocinadores, na forma prevista no estatuto das entidades fechadas. A presidência dos conselhos fiscais será exercida pelos membros indicados pelos participantes e assistidos, também na forma prevista no estatuto das entidades fechadas de previdência complementar. As diretorias executivas serão compostas, no máximo, por 4 (quatro) membros, nomeados pelos conselhos deliberativos das entidades fechadas.

 O que se espera é a redução das despesas públicas no médio e no longo prazo, pois, segundo dados do IPEA, o regime de aposentadoria do servidor público até então vigente era deficitário e dependia de uma relação de quatro servidores ativos para cada inativo para se manter equilibrado, alcançando, em 2011, um déficit de 60 bilhões de reais. Conforme dados oficiais, a aprovação da FUNPRESP representa a expansão da poupança interna brasileira e o aumento de investimentos no país, pois funcionarão como investidores institucionais, alocando recursos significativos em projetos de longo prazo. Assim, é possível que nas próximas décadas o fundo dos servidores federais torne-se a maior entidade fechada de previdência complementar da América Latina, tanto em número de participantes quanto em volume de recursos. Trata-se de uma medida que retrata a importância que os Fundos de Pensão assumiram em todo o mundo, em especial, no Brasil. A criação da aposentadoria complementar do servidor público auxilia na melhoria do futuro previdenciário do Brasil, além de aproximar seu regime de aposentadoria aos trabalhadores da iniciativa privada, prestigiando o princípio da igualdade. (BRASIL, 2012b).

 Cartilha publicada pelo Ministério da Previdência Social confirma as boas perspectivas para o FUNPRESP, que permitirá tratar de forma isonômica os trabalhadores brasileiros da iniciativa privada e do serviço público; aplicar princípios iguais a todos; contribuir para desonerar, no médio e no longo prazo, o caixa do Tesouro Nacional com aposentadorias acima do teto do RGPS; desatrelar os reajustes salariais dos servidores ativos em relação aos servidores que serão assistidos pelo novo regime, além de liberar mais recursos para fins sociais, como, por exemplo, saúde e educação. (BRASIL, 2012b).

No capítulo 7 deste trabalho será abordada a importância dos Fundos de Pensão como instrumentos de inclusão social de forma mais detalhada.

5.4. Instrumentos de atuação do Direito Previdenciário: caracterização

A intervenção estatal na sociedade para criação do "seguro social" visa alcançar o bem de todos. A garantia de um patamar mínimo de direitos imperativos ao trabalhador durante sua vida laborativa e, também, de um sustento temporário ou permanente, quando reduzida ou eliminada sua capacidade de despender força laborativa, constituem direitos sociais fundamentais do cidadão, assegurados pelo Estado.

Certo é que não se pode depositar na caridade alheia, o que inclui a assistência prestada por familiares, amigos e terceiros, o dever exclusivo de amparar os necessitados num momento de inatividade econômica. O princípio da solidariedade social no Direito Previdenciário caracteriza-se pela cotização coletiva em prol daqueles que, num futuro incerto, ou mesmo no presente, necessitem de prestações do fundo comum, já que a principal finalidade da previdência social é a proteção à dignidade da pessoa humana. (CASTRO; LAZZARI, 2012, p. 54). "Socialmente considerada, é ajuda marcadamente anônima, traduzindo mútuo auxílio, mesmo obrigatório, dos indivíduos." (MARTINEZ, 2011, p. 121).

A solidariedade provém da assistência social. Por isso, constitui também princípio de seguridade social, previsto nos arts. 3º, I e 195 da Constituição Federal de 1988.

Conforme entendimento de Ibrahim, trata-se do princípio securitário de maior importância, por traduzir a proteção coletiva da previdência social, na qual as pequenas contribuições individuais geram recursos que possibilitam a criação de um manto protetivo sobre todos os cidadãos, o que viabiliza a concessão de prestações previdenciárias na hipótese de ocorrência de situações pré-definidas em lei. (IBRAHIM, 2012, p. 64).

A solidariedade visa à redução das desigualdades sociais na medida em que determina que os indivíduos com melhores condições efetuem contribuições de valor mais elevado para o sistema, tendo em vista a escassez ou ausência de recursos e contribuições de outros cidadãos.

Para Martinez, a solidariedade social é princípio fundamental e a conceitua:

> Considera-se solidariedade a transferência de meios de uma fração para outra, num conjunto de integrantes situados com recursos desnivelados ou não. Há uma diminuição e um acréscimo patrimonial próprio da translação

de bens e serviços, característica da troca econômica. Solidariedade social é a expressão do reconhecimento das desigualdades existentes no extrato da sociedade e deslocamento físico, espontâneo ou forçado pela norma jurídica, de rendas ou riquezas criadas pela totalidade, de uma para outra parcela de indivíduos previdenciariamente definidos. Alguns cidadãos são identificados como aportadores e receptores, a uns, subtraindo-se o seu patrimônio, e a outros, acrescentando-se, até atingir-se a consecução do equilíbrio social. O princípio da solidariedade social significa a contribuição pecuniária de uns em favor de outros beneficiários, no espaço e no tempo, conforme a capacidade contributiva dos diferentes níveis da clientela de protegidos de oferecerem e a necessidade de receberem. (MARTINEZ, 2001, p. 90).

Fincada nesse princípio, encontra-se a justificativa para a possibilidade da concessão de benefícios independentemente de carência ou mesmo de qualquer contribuição para o sistema, tal como ocorre com a aposentadoria por invalidez, devida a qualquer momento a partir do início do contrato de trabalho. Da mesma forma, o aposentado que se mantém trabalhando permanece contribuindo a fim de sustentar toda a rede protetiva, ainda que lhe seja vedado auferir nova aposentadoria desse sistema.[2]

Ibrahim (2012) destaca que, embora as contribuições implementadas por segurados e empresas não gerem necessariamente contraprestação específica, a desvinculação não é plena, porque a contribuição previdenciária não é modalidade de imposto. Por isso, alerta que tais contribuições não podem ser usurpadas pelo Estado ou resultar da imposição de valores totalmente descompromissados com a realidade futura, o que pode ser caracterizado como expropriação indevida. Destaca-se que a "solidariedade previdenciária legitima-se na ideia de que, além dos direitos e liberdades, os indivíduos também têm deveres para com a comunidade na qual estão inseridos" (ROCHA, 2012, p. 112), como o dever de pagar impostos e contribuições sociais, mesmo que não haja qualquer possibilidade de contrapartida em prestações, como ocorre com as contribuições exigidas dos tomadores de serviços. (PEREIRA NETTO, 2012, p. 112).

A sujeição obrigatória à vontade da lei é condição para efetivar a solidariedade do sistema previdenciário. Todo o sistema de seguro social é regido por normas de ordem pública, imperativas, da qual nenhum tutelado pode se esquivar, independentemente do motivo. A compulsoriedade da filiação é uma característica fundamental dos regimes básicos em nosso sistema previdenciário. Assim, em nosso país, qualquer pessoa que exerça atividade laborativa filia-se automaticamente

---

(2) Conforme entendimento do STF, o aposentado que retorna à atividade laborativa deverá efetuar contribuição prevista no art.12, § 4º da Lei n. 8.112/91 e no art. 18, § 2º da Lei n. 8.213/91, "que está amparada no princípio da universalidade do custeio da Previdência Social (CF, art. 195), corolário do Princípio da Solidariedade, bem como no art. 201, § 11 da CF, que remete à lei os casos em que a contribuição repercute nos benefícios." (RE 437640/RS, Rel. Min. Sepúlveda Pertence, 5.9.2006). (IBRAHIM, 2012, p. 65).

ao regime geral de previdência social (RGPS), sendo-lhe obrigatório, a partir de então, efetuar contribuições para esse sistema. São excluídas dessa regra apenas as pessoas já vinculadas a regimes próprios de previdência. Contudo, militares e servidores públicos que exerçam outra atividade remunerada, não abrangida pelo seu respectivo regime próprio de previdência, também se filiam compulsoriamente ao RGPS, devendo implementar as contribuições normalmente enquanto permanecerem desempenhando tal atividade adicional. (IBRAHIM, 2012, p. 30).

Assim, "além de compulsória, a vinculação jurídica, pela filiação, é automática, e se dá de imediato, com o exercício do trabalho remunerado."(CASTRO; LAZZARI, 2012, p. 54).

A obrigatoriedade da filiação justifica-se, em especial, pela chamada "miopia social" (ASSOCIAÇÃO INTERNACIONAL DE SEGURIDADE SOCIAL apud CASTRO; LAZZARI, 2012, p. 54), que se caracteriza pela natureza imprevidente do homem não acostumado a poupar para satisfazer suas necessidades econômicas futuras e, também, pela solidariedade previdenciária, como já exposto.

Imperioso ressaltar que, como mecanismo para ampliar a inclusão social e, também, atender ao mandamento Constitucional, as leis previdenciárias admitem a filiação de segurados facultativos. Assim, por determinação legal, indivíduos maiores de 16 anos que não possuem renda própria, podem, voluntariamente, vincular-se ao regime de previdência social, conferindo-lhes maior proteção social. O citado direito de filiação ocorre com o trabalhador avulso, que consiste naquele que presta serviço a várias empresas, mas é contratado por sindicatos e órgãos gestores de mão de obra; com o contribuinte individual, que abrange trabalhadores por conta própria (autônomos), os empresários e os trabalhadores que prestam serviços de natureza eventual a empresas, sem vínculo empregatício; e com o segurado especial, que compreende os trabalhadores rurais que produzem em regime de economia familiar, sem utilização de mão de obra assalariada permanente, e cuja a área do imóvel rural explorado seja de até 4 módulos fiscais. Estão incluídos nessa categoria de segurados especiais os cônjuges, companheiros e filhos maiores de 16 anos que trabalham com a família em atividade rural, além do pescador artesanal e do índio que exerce atividade rural e seus familiares. Em todas essas hipóteses inexiste relação de emprego, mas o direito de filiação do cidadão ao regime geral de previdência social está devidamente assegurado.

Visando ampliar a essencial rede de proteção previdenciária, nos últimos anos vem sendo adotada uma série de medidas inclusivas. Dentre elas, podemos citar o Sistema Especial de Inclusão Previdenciária, instituído pela EC n. 47/2005, que introduziu os §§ 12 e 13 no art. 201 da Constituição Federal de 1988. Esse sistema destina-se aos trabalhadores de baixa renda ou mesmo àqueles sem renda própria que se dediquem exclusivamente ao trabalho doméstico no âmbito de sua residência, desde que pertencentes a famílias de baixa renda, garantindo-lhes contribuição reduzida de 5% sobre o salário mínimo, conferindo-lhes acesso a benefícios de valor igual a um salário mínimo.

Também com esse objetivo inclusivo, destaca-se o direito da pessoa física empregadora doméstica, até o exercício de 2015, ano calendário de 2014, deduzir do imposto apurado na Declaração de Ajuste Anual, a contribuição patronal de 12% por ela paga à previdência social incidente sobre o valor da remuneração do empregado (Instrução Normativa RFB n. 1.131, de 21.2.2011). Trata-se de uma norma de grande valor, visto que fomenta a formalização de vínculos laborativos, o que significa ampliação da proteção previdenciária e trabalhista aos domésticos.

Medida dotada de forte caráter inclusivo, a Lei Complementar n. 128/2008 criou a figura jurídica do Microempreendedor individual. Excetuando o direito ao benefício de aposentadoria por tempo de contribuição, as alíquotas para esse segurado também serão reduzidas.[3] Poderão ser incluídos nessa faixa os empreendedores individuais que tenham faturamento de até R$ 60 mil reais por ano e que possuam, no máximo, um empregado. Conforme estudos elaborados pela PNAD 2009, cerca de 10,8 milhões de trabalhadores por conta própria não contavam com proteção social ou proteção previdenciária. (BRASIL, 2012a)

O contribuinte individual que trabalhe por conta própria, sem relação de trabalho com empresa ou equiparado, e o segurado facultativo que optarem pela exclusão do direito ao benefício de aposentadoria por tempo de contribuição também têm direito a uma alíquota reduzida de 11% para filiação à previdência social, conforme redação do art. 80 da Lei Complementar n. 123/2006. Caso posteriormente desejem contar o tempo de contribuição para obtenção de benefícios, deverão complementar a contribuição mensal mediante o recolhimento de mais 9%, acrescido dos juros moratórios.

O Programa Educação Previdenciária, que objetiva promover a inclusão social, vem atuando em regiões mais afastadas e de acesso mais restrito, onde a população é desprovida de qualquer informação sobre a previdência social e sobre os seus direitos de cidadão. Até mesmo quanto aos regimes próprios de previdência, ressaltamos a atuação do programa de apoio à reforma dos sistemas municipais de previdência, que, através da prestação de assistência técnica aos municípios, visa unificar o cadastro dos servidores públicos brasileiros até o ano de 2014. A própria criação da Superintendência Nacional de Previdência Complementar – PREVIC, autarquia responsável pela fiscalização das entidades fechadas de previdência, teve forte relevância na promoção de uma política justa e sustentável, já que preza pela solvência e liquidez dos planos de benefícios dessas entidades. A PREVIC certamente representa um avanço na segurança e transparência dos fundos de pensão, modernizando instrumentos de fiscalização e de controle, o que contribui para a generalização desse nobre instrumento de inclusão social.

---

(3) O custo da contribuição será de R$ 31,10 (5% sobre o salário mínimo vigente) para a Previdência Social, R$ 1,00 de ICMS (Imposto sobre Circulação de Mercadoria e Serviços) para o Estado e R$ 5,00 de ISS (Imposto sobre Serviços) para o município. Para indústria e comércio, a contribuição é de R$ 31,10 mais R$ 1,00 do ICMS. O prestador de serviço pagará R$ 31,10 mais R$ 5,00 do ISS. O custo máximo de formalização para quem realiza atividade mista é de R$ 37,10 por mês. (BRASIL, 2012a).

Todas essas medidas retratam políticas de inclusão previdenciária que corroboram para elevar as condições de vida da população, aprimorando a distribuição de renda em nosso país e, também, aumentando os índices de arrecadação. Por isso, cumprem também o princípio da distributividade na prestação dos benefícios, que objetiva redução de desigualdades e aumento do bem-estar aos cidadãos (art. 193 da CF/88).

Tais medidas inclusivas possuem forte relação com a universalidade de cobertura e atendimento, prevista no art. 194, parágrafo único, inciso I da Constituição Federal. Por tal princípio, a rede de proteção criada pelo Estado deve se estender a todo o cidadão, como ocorre com a assistência social e com a saúde. Doutra forma, quanto à previdência social, tem proteção limitada aos filiados obrigatórios ou facultativos, como já exposto.

O princípio da universalidade de cobertura e atendimento possui uma dimensão objetiva e outra subjetiva. Naquela, busca cobrir todos os riscos sociais que possam causar necessidades aos indivíduos, caracterizando a universalidade de cobertura. Quanto à dimensão subjetiva, consiste na universalidade de atendimento, através do qual visa proteger todo indivíduo integrante do sistema protetivo. (IBRAHIM, 2012, p. 66).

O princípio acima descrito possui forte relação limitadora com o princípio da precedência da fonte de custeio, previsto no § 5º do art. 195 da Constituição Federal. Este se trata de um princípio de seguridade social, primeiramente inserido na Carta Constitucional de 1967, o qual determina que a criação de benefício ou serviço, assim como sua majoração ou extensão a categorias de segurados, pressupõe a existência de correspondente fonte de custeio total. Aproxima-se do princípio do equilíbrio financeiro e atuarial – que se tornou expresso apenas com o advento da Emenda Constitucional n. 20/98 (arts. 40, *caput* e 201, *caput*) –, mas com este não se confunde. O princípio do equilíbrio financeiro e atuarial, pertencente ao Direito Previdenciário, determina que o poder público deverá estar sempre atento para a relação entre custeio e pagamento de benefícios, na tentativa de manter o sistema protetivo em condições superavitárias e corrigir distorções. Ainda assim, o regime geral de previdência social (RGPS) conta com a possibilidade de usar recursos estatais em caso de insuficiência financeira, conforme previsão do parágrafo único do art. 16 da lei orgânica da seguridade social, Lei n. 8.212/91.[4] Por outro lado, a previdência complementar, com sua autonomia perante o regime geral de previdência social, deve atentar-se com grande afinco ao princípio em tela, já que não poderá contar com suporte estatal.

O princípio da uniformidade e equivalência dos benefícios e serviços às populações urbanas e às rurais guarda forte relação com o princípio da universalidade.

---

(4) "A União é responsável pela cobertura de eventuais insuficiências financeiras da Seguridade Social, quando decorrentes do pagamento de benefícios de prestação continuada da Previdência Social, na forma da Lei Orçamentária Anual." (BRASIL, 1991a).

Busca promover a igualdade entre os seres, tentando superar as desigualdades entre população urbana e rural. A título de exemplo, temos a regra do art. 195, § 8º da Constituição Federal, que disciplina os pequenos trabalhadores rurais que exercem atividade em regime de economia familiar. Tal regra elege, como hipótese de incidência da contribuição desses trabalhadores, a comercialização de seus produtos e, dessa forma, ainda que fiquem meses sem efetuar contribuição, não perdem a proteção do sistema previdenciário, já que são considerados segurados especiais. (TAVARES, 2011, p. 4).

O equilíbrio financeiro é alcançado quando as arrecadações com contribuições previdenciárias, feitas pelo empregado e pelo empregador, são suficientes para pagamento dos benefícios, honrando os compromissos presentes e futuros, implementando o pagamento de todos os benefícios previdenciários. Porém, não se faz necessário manter contínuos superávits, mas simplesmente zerar as receitas e as despesas. Até mesmo curtos períodos de saldo negativo são admitidos, desde que sejam respostas temporárias de algum fator transitório e não comprometam a saúde do plano. Certamente, caso seja possível, a manutenção constante de razoável superávit é ideal, pois permite formação de reservas que geram estabilidade em tempos de crise. (IBRAHIM, 2012, p. 775).

Para alcançar o equilíbrio atuarial, o seguro social deve se atentar à expectativa de vida, ao número de participantes, ao nível de remuneração atual, à média etária da população, dentre outras. Todas essas variáveis devem se adequar ao valor dos benefícios pagos, a fim de equilibrar o sistema protetivo, mantendo-o viável e em harmônico funcionamento. (IBRAHIM, 2012, p. 775).

Interessante passagem da obra de Stephanes é exposta por Castro e Lazzari, *in verbis*:

> No que diz respeito à Previdência Social, os impactos da dinâmica demográfica refletem-se tanto nas despesas quanto do lado das receitas. Em um sistema de repartição simples como o brasileiro, o elemento fundamental para manter seu equilíbrio, considerando-se somente as variáveis demográficas, é a estrutura etária da população em cada momento, pois é ela que define a relação entre beneficiários (população idosa) e contribuintes (população em idade ativa). (STEPHANES *apud* CASTRO; LAZZARI, 2012, p. 121).

Com base no princípio em tela, o regime geral de previdência social foi também alterado para incluir o "fator previdenciário" no cálculo do benefício de aposentadoria por tempo de contribuição e idade.

Em regra, os benefícios são calculados conforme critérios previstos no art. 201, § 3º da Constituição Federal de 1988, que consideram os salários de contribuição, corrigidos monetariamente, para apuração do "salário de benefício". Porém, tal previsão não inclui o salário-família – cujo valor é o mesmo para todos os beneficiários – e o salário-maternidade, que corresponde à remuneração integral, no caso da segurada empregada e trabalhadora avulsa em licença-gestante, e demais valores especificados no art. 73 da Lei n. 8.213/1991. Ressalta-se que a pensão por morte e o auxílio-reclusão também excepcionam a regra acima exposta. A pensão é calculada com base na aposentadoria que o segurado recebia ou naquela a que teria direito se estivesse aposentado por invalidez na data de seu falecimento, conforme previsão do art. 75 da Lei n. 8.213/1991. Já o auxílio-reclusão é calculado com base no valor da aposentadoria por invalidez a que o segurado teria direito, na data da concessão do benefício (art. 80 da Lei n. 8.213/1991). (BRASIL, 1991b).

Conforme o art. 202 da CF/88 (BRASIL, 1988), antes da Emenda Constitucional n. 20/1998 (BRASIL, 1998), os doze mais recentes salários de contribuição não sofriam correção, o que era um ditame de indubitável injustiça social, mormente considerando os benefícios de auxílio-doença e aposentadoria por invalidez, que se vinculavam exatamente a doze salários de contribuição num período de dezoito meses.

Previa o art. 202 da CF/88, antes da Emenda Constitucional n. 20/1998, que o cálculo do salário de benefício seria realizado de acordo com a média dos 36 últimos salários de contribuição, corrigidos monetariamente nos 24 primeiros meses, para preservar seu real valor. Conforme explicitam Pinheiro e Vieira, essa antiga regra era socialmente injusta, já que criava privilégios para os segmentos sociais com trajetória salarial ascendente – os trabalhadores de renda mais elevada –, em detrimento dos trabalhadores de menor escolaridade e menor renda, cujos rendimentos tendem a ser decrescentes ao final da vida laboral. (PINHEIRO; VIEIRA, 1999).

Com a Emenda Constitucional n. 20/1998 (BRASIL, 1998), o prazo de cálculo do salário de contribuição foi ampliado gradualmente, até atingir o período total das contribuições, como previsto na Lei n. 9.876, de 26.11.1999 (BRASIL, 1999), que instituiu o "fator previdenciário", alterando a redação do art. 29 da Lei n. 8.213/1991 (BRASIL, 1991b). Tal regra prevê, por exemplo, que o salário de benefício para a aposentadoria por idade e por tempo de contribuição resultará da média aritmética simples dos maiores salários de contribuição correspondentes a 80% de todo o período contributivo, multiplicada pelo fator previdenciário. Quanto à aposentadoria por invalidez, aposentadoria especial, auxílio-doença e auxílio--acidente, o salário de benefício consiste na média aritmética simples dos maiores salários de contribuição correspondentes a 80% de todo o período contributivo, sem aplicação do fator previdenciário.

A ampliação do intervalo de apuração dos salários de contribuição de 36 meses para todo o período contributivo do segurado, excluindo da média apenas a quinta parte dos menores salários de contribuição, teve efeito negativo para Castro e Lazzari (2012). Ressaltam esses autores que a regra anterior à EC 20/1998 considerava os 36 últimos meses de contribuição do trabalhador, período em que, em regra, ele está melhor remunerado e já galgou promoções em seu posto de trabalho, atendendo às finalidades tuitivas do princípio da continuidade da relação de emprego. A extensão do intervalo para 80% do tempo de contribuição gera uma média reduzida, diminuindo o valor dos benefícios pagos pela previdência social. (CASTRO; LAZZARI, 2012, p. 496).

O fator previdenciário, instituído pela Lei n. 9.876, de 26.11.1999, recai no cálculo da renda mensal inicial da aposentadoria por tempo de contribuição e por idade. Seu cálculo inclui o tempo de contribuição, a idade na data da aposentadoria e o prazo médio durante o qual o benefício deverá ser pago, isto é, possui relação direta com a sobrevida do segurado. Essa expectativa é alcançada com a tábua completa de mortalidade para o total da população brasileira, que considera a média nacional única para ambos os sexos, elaborada pelo Instituto Brasileiro de Geografia e Estatística (IBGE), conforme § 12 do art. 32 do Decreto n. 3.266, de 29.12.1999. Para Castro, Lazzari (2012) e Accadrolli (2001), o critério estabelecido com o "fator previdenciário" instituiu de forma indireta a idade mínima para aposentadoria, gerando estímulo para ampliação da vida laborativa do cidadão. Para poder receber a título de renda mensal valor idêntico ou bem próximo à remuneração que percebia quando trabalhando, o segurado terá que contribuir por muito mais tempo do que os trinta e cinco se homem ou trinta anos se mulher, conforme o art. 201, § 7º da CF/88. Apenas dessa maneira o coeficiente do fator previdenciário será mais próximo de um, conferindo-lhe o direito ao recebimento de um valor maior da renda mensal do benefício.

No que se refere ao tema de estudo deste trabalho, que aborda a "Inclusão Trabalhista e Inclusão Previdenciária", o posicionamento exposto mostra-se coerente com a afirmação social do indivíduo, pois, quanto mais tempo ele é mantido exercendo trabalho digno, aumentam-se os índices de dignidade e de distribuição de renda da sociedade, além de ele próprio manter-se custeando sua sobrevivência e de sua família, evitando os custos precoces da aposentação pelo sistema previdenciário.

A irredutibilidade do valor dos benefícios integra também o rol de princípios da seguridade social. Equivale ao princípio da intangibilidade do salário dos empregados e dos vencimentos dos servidores. (CASTRO; LAZZARI, 2012, p. 115). Há doutrinadores, dentre eles Ibrahim, Tavares (2011) e Ítalo Romano Eduardo e Jeane Eduardo (2010), que entendem que tal princípio visa preservar o valor real do benefício. Nesse sentido:

> Não se deve limitar esse comando constitucional à simples hipótese de irredutibilidade do valor nominal do benefício. Evidentemente, a proteção constitucional também impossibilita o ataque direto ao valor recebido, quando, por exemplo, ainda que por lei, estabeleça-se a redução em reais do valor pago. Não obstante, a agressão imediata, por via de desvalorização monetária, também deve obter salvaguarda constitucional nesse princípio,

pois ele seria evidentemente imperfeito se não fechasse tamanha abertura para a violação do conteúdo pecuniário da prestação previdenciária, a qual tem natureza alimentar e, destarte, responsável pelo mínimo existencial do segurado e seus dependentes. (IBRAHIM, 2012, p. 69).

Castro e Lazzari (2012), por outro lado, integram parcela da doutrina que defende a vedação à redução do valor nominal do benefício.

Concordamos com a necessária manutenção do valor real do benefício, como forma de proteger o valor da renda de milhões de brasileiros dos desgastes em razão da inflação. Se o objetivo do benefício é, em regra, manter o mínimo existencial, esse mínimo deve estar coerente com as necessidades de uma vida digna. Verifica-se que a política de valorização do salário mínimo adotada pelo governo brasileiro é coerente com tal posição. Ademais, conforme o regulamento da previdência social (art. 1º, parágrafo único, IV), esse princípio da seguridade social objetiva a preservação do poder aquisitivo do benefício, ou seja, a preservação do valor real.

Contudo, o STF vem se manifestando de forma contrária, entendendo que, em não havendo diminuição do valor nominal, não há ofensa ao princípio da irredutibilidade. Nesse sentido, o seguinte julgado da Suprema Corte:

> EMENTA: Servidor público militar: supressão de adicional de inatividade: inexistência, no caso, de violação às garantias constitucionais do direito adquirido e da irredutibilidade de vencimentos (CF, art. 37, XV). É da jurisprudência do Supremo Tribunal que não há direito adquirido a regime jurídico e que a garantia da irredutibilidade de vencimentos não impede a alteração de vantagem anteriormente percebida pelo servidor, desde que seja preservado o valor nominal dos vencimentos. (BRASIL, AI-AgR 618777/RJ, 2007c).

É verdade que a jurisprudência supra é relativa a proventos de inatividade de servidor público militar. Mas a irredutibilidade do valor dos benefícios é princípio equivalente ao da irredutibilidade dos vencimentos dos servidores públicos (CF, art, 37, XV). Confira-se, agora, um julgado do STF a respeito de benefício do RGPS:

> EMENTA: – Previdência social. Irredutibilidade do benefício. Preservação permanente de seu valor real. – No caso não houve redução do benefício, porquanto já se firmou a jurisprudência desta Corte no sentido de que o princípio da irredutibilidade é garantia contra a redução do "quantum" que se recebe, e não daquilo que se pretende receber para que não haja perda do poder aquisitivo em decorrência da inflação. – De outra parte, a preservação permanente do valor real do benefício – e, portanto, a garantia contra a perda do poder aquisitivo – se faz, como preceitua o art. 201, § 2º, da Carta Magna, conforme critérios definidos em lei, cabendo, portanto, a esta estabelecê-los. Recurso extraordinário não conhecido. (BRASIL, RE 263252/PR, 2000).

Ainda caracterizando os instrumentos de atuação do Direito Previdenciário, elenca-se o princípio da diversividade da base de financiamento. Com o objetivo de assegurar a receita da seguridade social através de várias fontes pagadoras, não se limitando aos trabalhadores, aos empregadores e ao poder público, o art. 195 da Constituição Federal prevê vários ingressos, dentre eles a arrecadação de contribuições sociais específicas e captação de recursos provenientes dos orçamentos dos entes da Federação.

A administração da seguridade social brasileira possui caráter democrático e descentralizado, através de gestão quadripartite, com participação dos trabalhadores, dos empregadores, dos aposentados e do governo nos órgãos colegiados. O estímulo à atuação efetiva da sociedade está expresso no art. 10 da Constituição Federal, o que reforça o caráter democrático dessa instituição. Para tal fim, foram criados órgãos colegiados, tais como o conselho nacional de previdência social – CNPS, previsto no art. 3º da Lei n. 8.213/1991. (BRASIL, 1991b).

Por fim, cite-se aqui o princípio da essencialidade. Por tal dispositivo, constata-se que a previdência pública brasileira não objetiva substituir a íntegra dos meios de subsistência do segurado. Dessa forma, mormente para os cidadãos que auferem renda mais elevada, acima do teto do RGPS, urge a adesão à proteção suplementar através das entidades fechadas de previdência privada, que serão analisadas mais adiante neste trabalho.

6. CLÁSSICOS E NOVOS DESAFIOS À GENERALIZAÇÃO DA INCLUSÃO SOCIAL NA ORDEM CAPITALISTA, RELATIVAMENTE AO DIREITO PREVIDENCIÁRIO

O cenário de exclusão social que assombra o nosso país é em grande parte resultado da resistência à implementação e à generalização de políticas públicas que objetivem a melhoria do padrão de vida dos trabalhadores, em especial, os de baixa renda. Assim é que, tal como vivenciado pelo Direito do Trabalho, os institutos do Direito Previdenciário também são alvo de críticas, o que contribui para obstaculizar sua afirmação como universal e eficaz instrumento de inclusão econômico-social no sistema capitalista.

A trajetória das políticas públicas brasileiras ao longo da história foi marcada por atuações autoritárias, evidenciando, um descompromisso com a promoção da distribuição de renda e justiça social para todos os cidadãos. Assim, podemos afirmar que a justificativa para os entraves à difusão do Direito Previdenciário muito se relaciona àquelas expostas no capítulo três deste estudo, guardando forte semelhança com as razões de oposição à generalização do Direito do Trabalho. Isso porque, além serem ambos ramos sociais do direito, direcionados à plena promoção da pessoa humana, proporcionam também a potencialização do indivíduo no cenário socioeconômico. Através da difusão "do mais importante veículo de afirmação socioeconômica da grande maioria dos indivíduos componentes da sociedade capitalista": (DELGADO, 2005, p. 29) a relação de emprego – o cidadão é conectado à proteção do Direito Previdenciário, visto que se trata de um regime obrigatório, a teor do que prevê o art. 201 da Constituição Federal.[1]

A imperiosidade da vinculação ao regime geral de previdência social para todos os empregados é certamente uma garantia coerente com o avanço da democracia, consolidada no Estado Democrático Brasileiro. Como demonstrado no capítulo 1, item 1.2, o intervencionismo estatal visando, essencialmente, à proteção à pessoa humana é característica fundamental do Estado Democrático de Direito. Assim, deve ser o caminho a ser percorrido pela sociedade brasileira na busca da democratização de poder. Nesse sentido, as brilhantes palavras de Delgado:

---

(1) Art. 201 CF: "A previdência social será organizada sob a forma de regime geral, de caráter contributivo e de filiação obrigatória, observados critérios que preservem o equilíbrio financeiro e atuarial, e atenderá, nos termos da lei, a: I – cobertura dos eventos de doença, invalidez, morte e idade avançada; II – proteção à maternidade, especialmente à gestante; III – proteção ao trabalhador em situação de desemprego involuntário; V – salário-família e auxílio-reclusão para os dependentes dos segurados de baixa renda; V – pensão por morte do segurado, homem ou mulher, ao cônjuge ou companheiro e dependentes, observado o disposto no § 2º" (BRASIL, 1988).

[...] grande parte das noções normativas de democratização da sociedade civil (e, em certa medida, também o Estado), garantia da dignidade da pessoa humana na vida social, garantia da prevalência dos direitos fundamentais da pessoa humana no plano da sociedade, subordinação da propriedade à sua função social, garantia da valorização do trabalho na atividade econômica e do primado do trabalho e especialmente do emprego na ordem social, desmercantilização de bens e valores cardeais na vida socioeconômica e justiça social, em suma, grande parte das noções essenciais da matriz do Estado Democrático de Direito estão asseguradas, na essência, por um amplo, eficiente e incisivo Direito do Trabalho disseminado na economia e sociedade correspondentes. (DELGADO, 2011, p. 1.167)

A relevância do Direito do Trabalho no Estado Democrático de Direito, já exposta neste trabalho, revela, na mesma medida, a magnitude do Direito Previdenciário. Como direitos sociais, ambos se complementam na promoção da pessoa humana, obviamente, por meio de suas respectivas funções próprias e distintas.

No Brasil, o Estado Democrático de Direito vivenciou consideráveis avanços protagonizados pelas políticas sociais. Porém, certo é que muitos desafios à efetivação do verdadeiro papel inclusivo inerente ao Direito Previdenciário ainda precisam ser superados ou mesmo desmistificados.

6.1. A hegemonia do pensamento econômico liberal

A generalização do neoliberalismo como pensamento econômico fomenta a supremacia da economia privada prevalecendo sobre a normatividade pública e a autoridade estatal. Também incentiva o sucesso do capital financeiro especulativo, devendo as regras estatais se adequarem ao êxito dessas práticas comerciais. Propõe a redução de gastos do Estado, o recuo das políticas sociais, inclusive previdenciárias, em favor da livre atuação do mercado de bens e serviços. (DELGADO, 2005, p. 19).

A generalização desse pensamento foi alcançada em razão de uma convergência de fatores e agentes, em especial, graças aos esforços de organismos internacionais de grande influência no cenário político e econômico, como o Banco Mundial (BIRD), o Fundo Monetário Internacional (FMI), o Banco Interamericano de Desenvolvimento (BID), a Organização Mundial do Comércio (OMC), dentre outros. (DELGADO, 2005, p. 19).

A difusão dos ideais neoliberais também recebeu notória contribuição de palestras, cursos, debates que sempre se incumbiam de prescrever receituários de políticas a serem adotadas pelos países dependentes, a exemplo do *Consenso de Washington*. A generalização do pensamento econômico não encontrava fronteiras, atingindo grandes complexos universitários que passaram a reproduzir esse pensamento econômico. Atingem também as finanças públicas nacionais e, de forma impressionante, até mesmo os meios de comunicação de massa. (DELGADO, 2005, p. 19).

Todo esse conjunto de ideias foi dominante a partir dos anos de 1970 nos países desenvolvidos, em contraposição ao Estado de Bem-Estar Social. (DELGADO, 2005, p. 21). Essa readequação do liberalismo é descrita por Delgado:

> O pensamento liberal renovado sustenta, em síntese, na linha da velha matriz oitocentista, o primado do mercado econômico privado na estruturação e funcionamento da economia e da sociedade, com a submissão do Estado e das políticas públicas a tal prevalência. Em consequência, a atuação econômica estatal deve ser restringida de modo muito substantivo, em contraponto ao modelo multifacetado, normatizante e intervencionista do *Welfare State*. (DELGADO, 2005, p. 21).

Continua o autor afirmando que a facilitação para o êxito dos investimentos privados significava a redução da atuação estatal na economia, na busca pelo *estado mínimo*, seja através de privatizações de empresas estatais ou pela máxima desregulamentação de atividades econômicas privadas. Para vencer todas as resistências, era necessário, inclusive, efetuar a desregulamentação normativa e garantir o livre acesso do capital a diferentes nações do mundo. (DELGADO, 2005, p. 22).

A assunção ao poder de importantes lideranças políticas ultraliberais também contribuiu para a afirmação da influência neoliberal nas searas econômica, política e cultural. Da década de 1970 até 1990, tais ideologias alcançaram controle político de importantes países do capitalismo, espraiando essa forte influência para todas as nações do mundo. (DELGADO, 2005, p. 22). Nesse sentido:

> Esse simultâneo controle político de Estados-chave do capitalismo ocidental, por substantivo período de tempo, permitiu a sedimentação e generalização da influência de tal pensamento econômico, com seus reflexos políticos e culturais. A articulação concertada desses Estados líderes do sistema capitalista mundial, viabilizando a atuação também concertada das mais importantes agências oficiais nacionais e internacionais de índole econômica, gerando um caldo cultural uniforme para os meios de comunicação de massa em todo o Ocidente, tudo conduziu à construção de sólida hegemonia da matriz teórica contraposta ao *Welfare State*. (DELGADO, 2005, p. 23-23).

Durante as décadas de 1980 e 1990, a hegemonia neoliberal encontrou solo fértil para sua generalização, também, por inexistir um eficaz contraponto político consistente e eficaz ao capitalismo completamente desprovido de controles civilizatórios. A adoção de políticas públicas descomprometidas com o aspecto social foi impulsionada com o desaparecimento da União Soviética, que representava a ameaça política socialista, além de contar com a redução das forças populares nos países ocidentais. (DELGADO, 2005, p. 24).

No plano interno, o enfraquecimento do contraponto democrático-popular resultou, conforme nos ensina Delgado, da combinação de três fatores. O primeiro deles consiste na redução da força coletiva, causando o enfraquecimento dos sindicatos a partir de meados dos anos de 1970. Também, a perda de consistência dos projetos político-democráticos populares e, finalmente, um recuo do pensamento crítico clássico, que passa a absorver, ainda que indiretamente, pressupostos neoliberais sobre a sociedade capitalista. (DELGADO, 2005, p. 24).

O recuo do movimento sindical é desencadeado em boa medida a partir da crise econômica da década de 1970 e da majorada elevação das taxas de desemprego nos anos seguintes. Certamente que a postura inflexível das lideranças políticas diante de reivindicações coletivas também contribuiu para o decréscimo da força dos sindicatos. Contudo, afirma Delgado:

> É bem verdade que este incremento do desemprego já seria resultante da nova orientação econômica imposta aos países capitalistas desenvolvidos pelo receituário ultraliberal em expansão – responsável no Ocidente, nos últimos 20/25 anos, por taxas de desocupação inusitadas se comparadas aos índices tradicionais do período *Welfare State*. (DELGADO, 2005, p. 24).

A perda de consistência de projetos político-democráticos pode ser exemplificada com o governo político de Felipe González (1982-1996), na Espanha. Na década de 1980, houve uma forte alteração dos rumos governamentais nesse país, adotando o receituário desregulador e flexibilizatório do Direito do Trabalho e Previdenciário.

Sobre o enfraquecimento das forças políticas democráticas, assevera Delgado:

> Nas duas últimas décadas do século XX, portanto, o contraponto político ao liberalismo, situado internamente nas sociedades europeias e vinculado aos tradicionais partidos trabalhistas e socialistas característicos de sua história, enfraqueceu-se em significativa extensão. É que essas próprias forças políticas muitas vezes adotaram, quando no poder, nesse período, medidas muito próximas àquelas recomendadas pelo pensamento econômico ultraliberal – a este conferindo, ironicamente, a real aparência de pensamento único. (DELGADO, 2005, p. 25).

Países periféricos ao capitalismo central, em especial, na América Latina, foram contaminados pelos ideais liberais, a ponto de acatar tais diretrizes de forma irracional e desmesurada. Por isso:

> Trata-se, de toda sorte, da oficialização de um mesmo pensamento econômico-padrão nos países integrantes do sistema global, com a uniformização de práticas políticas e econômicas favorecedoras do próprio processo globalizante, por meio da supressão ou atenuação de barreiras ou restrições nacionais à ideia de uma economia mundial, a par de outros ajustes internos inerentes ao receituário ultraliberal (com a desregulamentação do mercado de trabalho em destaque). Em síntese, independentemente do exame acerca dos efetivos ganhos para as populações e para os

países envolvidos, os dirigentes políticos de parte significativa dos países periféricos – na América Latina, especialmente – têm traçado estratégias de adequações radicais das respectivas economias, sociedades, políticas e instituições públicas ao receituário ultraliberal construído nos países centrais do capitalismo (no caso latino-americano, principalmente nos EUA). (DELGADO, 2005, p. 26).

Nesse cenário, o Estado de Bem-Estar Social tornou-se ultrapassado, não mais correspondendo às novas "necessidades" da economia capitalista mundial. Por isso, regras estatais intervencionistas que promoviam a valorização do cidadão e de seu trabalho, inclusive, com um amplo sistema de proteção previdenciário, ter-se-iam tornado desnecessárias ou até mesmo verdadeiros empecilhos para a hegemonia da matriz neoliberal. Curiosamente, os países que mais incorporaram críticas e propostas ultraliberais foram aqueles que sequer haviam efetivado o Estado de Bem- Estar Social, como é o caso da Argentina, do Brasil e do México, nos anos de 1980 e 1990. (DELGADO; PORTO, 2007, p. 27).

A internalização das estratégias ultraliberais causou fortes alterações no sistema previdenciário público de vários países, provocando sua privatização ou mesmo associando-lhe a um segmento privado. Incentivado pelo Banco Mundial, o fundamental direito do cidadão a um mínimo existencial fornecido pelo estado também foi considerado obsoleto. A readequação imposta pelo neoliberalismo fazia com que a proteção securitária estatal em prol dos cidadãos fosse considerada uma barreira à formação da economia mundial. Por isso, independentemente da análise dos reais resultados que a privatização dos sistemas previdenciários fosse causar, medidas políticas foram radicalmente adotadas nesse sentido, justificadas por alegações de redução de gastos e aumento da expectativa de vida.

A readequação difundida pelo Banco Mundial:

> [...] se baseia na sustentabilidade e viabilidade fiscal do sistema previdencial, na poupança e no crescimento econômico. Concentra-se na defesa da capitalização dos fundos individuais como mecanismos que asseguram prestações congruentes com as contribuições anteriormente efetuadas. O Banco aconselha os governos sobre a melhor forma de enfrentar os desafios do sistema previsional e as crises fiscais, oriundas das questões demográficas, do envelhecimento, adotando reformas estruturais rumo à privatização e à capitalização. (COSTA, 2007, p. 409).

As concessões de crédito pelo Banco Mundial estavam sujeitas à adoção de um novo programa de política social, que preconizava privatizações dos regimes de aposentadoria, menor seguridade para a classe média e limitação da proteção social que beneficiava os despossuídos. (MERRIEN, 2007, p. 136).

A passagem de um sistema de aposentadoria por repartição (*pay-as-you-go*) para um sistema por capitalização gera reais problemas técnicos. Por um lado, os contribuintes ativos continuam obrigados a financiar o benefício dos inativos ao mesmo tempo em que constituem seu próprio capital para a aposentadoria futura. Tudo isso, sem qualquer contribuição patronal. Também, as perspectivas de rendimentos futuros podem ser consideradas muito aleatórias, recaindo todos os riscos sobre os próprios indivíduos. (MERRIEN, 2007, p. 136).

Isso significa tornar o essencial sistema securitário em prováveis benefícios exclusivamente custeados pelos próprios obreiros, relativizando a própria dignidade humana.

Nesse sentido, Claramunt expõe:

> as novas reformas aumentam o risco e a incerteza sobre a quantia futura das pensões [...] a pensão passa a depender de fatores macroeconômicos (crescimento econômico, inflação, etc...) e do comportamento do mercado financeiro e de capitais... Tudo isso explica que não se possam garantir a longo prazo as prestações, já que a rentabilidade está sujeita à boa gestão dos investimentos, ao ciclo econômico e à inflação futura. (CLARAMUNT *apud* COSTA, 2007, p. 414).

O documento "*Envejecimiento sin crisis: politicas para la protección de los ancianos y la promoción del crecimiento*", divulgado pelo Banco Mundial em 1994, direcionava a adoção de um sistema que ficou conhecido como o modelo dos três pilares. As diretrizes desse modelo deveriam ser adotadas pelos países para evitar uma suposta crise que resultaria no colapso do sistema previdenciário mundial. No primeiro pilar, está a previdência básica garantida a todos os cidadãos de baixa renda, administrada pelo Estado e financiada por impostos constituídos para esse fim. No segundo, um regime obrigatório de natureza privada para todos os trabalhadores, financiado por recursos próprios. O terceiro pilar consiste na previdência complementar facultativa para aqueles cidadãos que desejam complementar a renda da poupança obrigatória, também totalmente financiada pelos próprios participantes. (COSTA, 2007, p. 410).

O Chile foi o primeiro país a privatizar seu sistema previdenciário. Em 1981, um novo plano previdenciário foi proposto pelo governo do general Pinochet, dentro da filosofia do liberalismo econômico. Também na Argentina, na gestão de Carlos Menem (1989-1999), houve alteração radical no sistema previdenciário. Apesar de iniciar sua atuação com rigorosa política monetária, o governo mudou drasticamente de rumo e passou a realizar privatizações, impôs reformas trabalhistas e previdenciárias agressivas, com profundo grau de desregulamentação normativa. Como resultado, no início dos anos 2000, a Argentina contava com mais de 50% da população vivendo abaixo da linha de pobreza, conforme Índice de Desenvolvimento Humano (IDH), apesar de vinte anos antes tal situação de penúria atingir apenas 5% da população. "O desemprego, em 2002, atingia cerca de 25% da força de trabalho do país; a criminalidade elevou-se cerca de 290% em torno de 10 anos." (DELGADO, 2005, p. 27).

No Brasil, a partir do governo de Fernando Collor (1990-1992) e de Fernando Henrique Cardoso (1994-2002), o ideal neoliberal foi copiosamente seguido e exacerbado. Através de medidas de acentuada abertura de mercados, privatizações, desregulamentação e flexibilização do Direito do Trabalho, nosso país assumiu uma postura de total descompromisso social.

Os efeitos deletérios do pensamento ultraliberal buscavam redução drástica no valor da força de trabalho (abordado no capítulo 3 deste trabalho), através da flexibilização e desregulamentação do ramo justrabalhista ou mesmo através do aumento do número de desempregados. (DELGADO, 2005, p. 137). O desprestígio ao Direito do Trabalho tem consequências diretas na seara previdenciária. Certo é que a elevação do número de desempregados constatada na gestão de governos liberais reflete-se no número de cidadãos desprotegidos pela obrigatoriedade do regime contributivo da previdência social.[2] Por essa razão, o caminho da justiça distributiva é indiscutivelmente o incentivo à criação de novos postos de emprego.

Afora as mazelas do desemprego, as demais regras neoliberais que preconizavam a revisão de toda noção de seguridade social, a redução da presença do Estado, as privatizações da previdência, a limitação do sistema protetivo a patamares ínfimos, o fim da contribuição patronal, a mudança para o regime de capitalização individual, o sistema de pilares, a desconstitucionalização dos direitos sociais, a redução ou eliminação de alguns dispositivos como o auxílio-maternidade, o salário mínimo como piso dos benefícios e a renda vitalícia de um salário mínimo para os idosos, assim como medidas para garantia do equilíbrio atuarial do sistema, tiveram pequeno impacto no cenário previdenciário brasileiro. O Brasil, portanto, mostrou resistência à adesão irracional dos ideais neoliberais de readequação do sistema previdenciário.

Citando passagem de Delgado, Lobo explicita:

> Apesar da redução do poder dos trabalhadores industriais na década de 1990, resultado da redução do ritmo de expansão da economia e da indústria, que diminuiu seu peso na população economicamente ativa, a imposição completa da agenda da contrarreforma encontrou resistências significativas entre os sindicatos, mas principalmente dos grupos burocráticos ligados à previdência e às clientelas organizadas. Dispôs, além disso, de pequena receptividade no Congresso e não chegou a ser plenamente incorporada à proposta de emenda constitucional apresentada pelo governo Fernando Henrique Cardoso. A maior parte das medidas aprovadas no corpo da Emenda Constitucional n. 20 correspondem a alterações destinadas a estabelecer condições para o equilíbrio atuarial do sistema e para sua uniformização, bem como orientadas para a redefinição

---

(2) Dados do IBGE, pela Pesquisa Nacional de Amostra de Domicílios, evidenciam que apenas pouco mais de 23 milhões de pessoas estavam explicitamente regidas pelo Direito do Trabalho no país, apesar de mais de 75 milhões de pessoas ocupadas. Constata também a existência de 18 milhões de empregados sem carteira de trabalho.

do estatuto da previdência dos servidores públicos. Diversos aspectos da agenda da contrarreforma da previdência – dentre aqueles em condições de alterar sua natureza pública e eliminar a participação das empresas em seu custeio – não foram efetivados. São mantidas as contribuições patronais incidentes sobre a folha de pagamentos, as contribuições sobre o lucro e o faturamento, e não é instituído o regime de capitalização. (DELGADO *apud* LOBO, 2010, p. 204).

Porém, indica um ponto de sucesso na contrarreforma:

> Não obstante, em pelo menos um aspecto fundamental – dentre eles aqueles que podem afetar o caráter público da previdência social brasileira – o movimento de contrarreforma logrou sucesso com a abolição do disposto no § 7º do art. 201 da Carta de 1988, que previa a instalação, pela previdência social, "de seguro coletivo, de caráter complementar e facultativo, custeado por contribuições adicionais." A Emenda de Número 20 elimina a referência a tal seguro complementar público, estabelecendo que "o regime de previdência privada, de caráter complementar e organizado de forma autônoma em relação ao regime geral de previdência social, será facultativo, baseado na constituição de reservas que garantam o benefício contratado, e regulado por lei complementar". (DELGADO *apud* LOBO, 2010, p. 205).

Com a Emenda Constitucional de n. 20, a matéria referente à previdência complementar passou a ser prevista no art. 202 da Constituição Federal de 1988, determinando, ao contrário do texto então vigente, a autonomia do regime previdenciário complementar diante dos regimes públicos de previdência. Determinou, também, seu caráter privado e facultativo.

Portanto, no que se refere à previdência, apesar das árduas tentativas governamentais para reduzir seu caráter público e o custeio da participação patronal, as ideias liberais não chegaram a se efetivar de forma plena. Acredita-se que o movimento sindical tenha sido o responsável por essa fabulosa resistência. Assim, no Brasil, "não foram as medidas adotadas nesse campo que determinaram a remercantilização da força de trabalho nos anos 1990. Já as ações no campo estritamente trabalhista produziram maior impacto." (LOBO, 2010, p. 205).

Insta ressaltar que os ideais liberais ainda persistem na tentativa de desconstrução do primado do trabalho e do emprego no Brasil. Tanto que, não raro, deparamo-nos com discursos completamente desvinculados da questão social, com falaciosas previsões que tentam incutir a ideia de que a informalidade do mercado de trabalho alterou a relação de emprego de forma irreversível e que, por isso, o custeio do sistema previdenciário não pode mais ser dependente da "folha de salários", já que "salário" é a forma de pagamento de apenas metade da população trabalhadora. (CASTRO; LAZZARI, 2012, p. 904). Assim, afirma Pastore:

O montante de custos fixos relativos aos encargos sociais compulsórios, evidentemente, afeta o nível de salário dos trabalhadores e o nível de emprego legal, pois as empresas só se dispõem a contratar legalmente quando têm muita certeza de poder produzir e vender seus bens e serviços por preços compensadores. (PASTORE apud CASTRO; LAZZARI, 2012, p. 904).

Combatendo tais falácias acerca do elevado custo, Castro e Lazzari afirmam, de forma brilhante, que o problema não consiste nos encargos, mas, sim, na relação do preço com a ambição de lucro dos empresários. Asseveram que entendimentos como esse, que acusam altos custos da mão de obra, consistem em verdadeiro obstáculo para alcançar "um sistema de seguridade economicamente viável e socialmente justo." (CASTRO; LAZZARI, 2012, p. 905). Isso porque uma noção ampla de solidariedade somente pode existir se houver uma coerente distribuição de renda, de forma que os indivíduos de melhor poder aquisitivo transfiram valores para os menos favorecidos de forma menos desigual.[3]

Conforme doutrina de Nascimento, nos encargos sociais, o fundamento:

> é o atendimento de programas previdenciários, assistenciais ou educacionais do Estado ou de formação profissional prestada por órgãos do Estado ou das categorias econômicas e profissionais; nos salários, a causa principal é a contraprestação do trabalho na relação de emprego, a disponibilidade do trabalhador para ter a sua força de trabalho utilizada pelo credor dos seus serviços quando necessário, os períodos de afastamento remunerados por força de norma jurídica ou outras causas que o ordenamento jurídico apontar. (NASCIMENTO, 1998, p. 231).

O tema "custo Brasil" também é explorado por Delgado. De forma notável, expõe o autor que é função primordial do Direito do Trabalho permitir que a inserção de pessoas no sistema socioeconômico não seja feita de forma irracional, mas, pelo contrário, de forma plenamente compatível e favorável ao próprio capitalismo. Assim, explana:

> Não é por outra razão, a propósito, que os países mais desenvolvidos, dos pontos de vista econômico, social e cultural, são os que apresentam o nível mais elevado de retribuição ao trabalho. Ilustrativamente, considerada a moeda euro, eis os dados de salários, encargos sociais e custos totais por hora de trabalho em alguns países desenvolvidos, no ano de 2004, segundo o órgão alemão de pesquisas econômicas, Instituto Wirtschaft Koln – IW, em quadro divulgado pelo jornal *Valor Econômico*. (DELGADO, 2005, p. 124).

---

(3) "Com efeito, em 1996, os Bancos tiveram lucros exorbitantes, e mesmo assim mantiveram política de corte de pessoal. O Bradesco, por exemplo, no ano de 1996, obteve um lucro de R$ 824,4 milhões e mesmo assim seu número de empregados foi reduzido de 52.886 para 45.871 (*Folha de São Paulo*, ed. de 9 mar. 97, p. 2-14). Assim, parece correta a observação de que não é privilegiando o desenvolvimento econômico que se trilha o caminho da justiça social." (SOUTO MAIOR, 2002, p. 7).

Tabela 1: Retribuição ao trabalho

País	Salários (hora)	Encargos sociais (hora)	Custos totais (hora)
Dinamarca	21,06	7,08	28,14
Alemanha	15,45	12,15	27,60
Noruega	18,46	8,86	27,31
Suíça	16,66	8,65	25,31
Bélgica	13,16	11,85	25,01
Finlândia	14,06	10,82	24,88
Holanda	13,15	10,60	23,74
Reino Unido	13,61	6,27	19,89
Irlanda	13,45	5,34	18,79
EUA	12,98	5,78	18,76
Japão	10,62	7,33	17,95
Itália	8,84	8,40	17,24
Espanha	8,98	7,61	16,59
Grécia	6,21	4,21	10,42
Portugal	4,10	3,11	7,21

Fonte: VALOR ECONÔMICO *apud* DELGADO, 2005, p. 124.

Acresçam-se a tais dados:

Em 1994, o custo total da mão de obra industrial no Brasil, com todos os encargos tributários e trabalhistas, era de US$ 2,7 por hora. Na Alemanha, este custo é nove vezes maior, ou seja, de US$ 24,8; nos Estados Unidos, US$ 16,4; em Taiwan, US$ 5,1 e na Coreia do Sul US$ 4,9. (CASTRO; LAZZARI, 2012, p. 945).

Diante de todas essas colocações, defendemos que o custo total do trabalho não consiste em obstáculo ao desenvolvimento ou mesmo à abertura de novos postos de trabalho. Pelo contrário, "a densidade e o vigor dessas economias e sociedades muito devem à consistente retribuição que tendem a deferir ao valor-trabalho dentro de suas fronteiras." (DELGADO, 2005, p. 125).

6.2. Transição demográfica da sociedade

Uma das maiores conquistas das inovações tecnológicas alcançadas nos últimos anos consiste no aumento da expectativa de vida dos indivíduos em diversas nações mundiais, em especial dos brasileiros.

Conforme tabela abaixo, verifica-se que a expectativa de vida aos 60 anos de idade para ambos os sexos é de mais 21 anos. Isso significa um aumento concreto no mercado consumidor, que originará novas demandas na sociedade para atender à população que integra essa faixa etária, o que compreende, inclusive, novos postos de trabalho nos setores de saúde, serviços e educação, por exemplo. (DELGADO,

2005, p. 40). Por outro lado, há sérios reflexos previdenciários a serem analisados. Tal elevação de custos, atendendo ao Princípio do Equilíbrio Financeiro e Atuarial, precisa ser sopesado na fórmula de cálculo do tempo da aposentadoria, de modo a compatibilizar os avanços etários com os custos da preservação do vigor da previdência, pois, caso contrário, não há sistema previdenciário que sobreviva.

Tabela 2: Expectativa de vida dos brasileiros por sexo: 2000, 2009 e 2010.

Idade X	Vida Média = E(X) + X								
	Ambos os sexos			Homens			Mulheres		
	2000	2009	2010	2000	2009	2010	2000	2009	2010
0	70,46	73,17	73,48	66,73	69,42	69,73	74,36	77,01	77,32
5	73,11	75,18	75,42	69,57	71,64	71,88	76,79	78,77	79,01
10	73,25	75,29	75,53	69,74	71,76	72,00	76,91	78,86	79,09
15	73,39	75,40	75,63	69,91	71,89	72,12	77,01	78,94	79,16
20	73,76	75,69	75,92	70,43	72,33	72,55	77,19	79,07	79,29
25	74,27	76,12	76,34	71,20	72,98	73,19	77,42	79,24	79,46
30	74,82	76,56	76,76	72,00	73,62	73,81	77,69	79,45	79,66
35	75,41	77,03	77,22	72,82	74,27	74,45	78,02	79,71	79,90
40	76,07	77,56	77,74	73,70	74,99	75,15	78,44	80,03	80,22
45	76,86	78,22	78,38	74,70	75,83	75,97	78,99	80,49	80,66
50	77,81	79,04	79,18	75,87	76,85	76,97	79,70	81,08	81,25
55	78,94	80,03	80,16	77,22	78,06	78,16	80,59	81,85	82,00
60	80,32	81,27	81,39	78,84	79,55	79,63	81,70	82,83	82,97
65	81,97	82,77	82,87	80,73	81,30	81,37	83,09	84,07	84,19
70	83,92	84,58	84,66	82,93	83,37	83,43	84,78	85,61	85,71
75	86,29	86,82	86,89	85,58	85,92	85,96	86,88	87,55	87,63
80	89,13	89,55	89,60	88,69	88,97	89,01	89,46	90,00	90,06

Fonte: INSTITUTO BRASILEIRO DE GEOGRAFIA E ESTATÍSTICA, 2012.

Um dos grandes desafios enfrentados pelos Estados de Bem-Estar Social europeus refere-se às questões demográficas. Diante de tais desafios, Ferrera propõe o conceito de *recalibragem* funcional, redistributiva e normativa. Para o autor, a reforma do Estado de Bem-Estar Social significa de fato "deslocar os pesos – a atenção institucional, os recursos financeiros, o acento ideal – de algumas funções a outras, de algumas categorias a outras, de alguns valores a outros." (FERRERA, 2007, p. 106).

Segundo o autor, a recalibragem *funcional* refere-se aos riscos que são objeto de pressão. Assim, afirma que o Estado Social:

> sem reduzir em nada as tutelas para os idosos em dificuldade, as principais figuras sócias de referência do novo Estado de Bem-Estar Social devem vir a ser as mães que trabalham, por um lado, e os menores em condições de pobreza, por outro. Esse tipo de recalibragem teria, ainda, consequências positivas, em longo prazo, sobre os próprios sistemas previdenciários. (FERRERA, 2007, p. 107).

Acredita que pequenas alterações na idade da aposentadoria, na taxa de natalidade e nas dinâmicas migratórias podem auxiliar a reduzir o desafio do envelhecimento demográfico, já que "há uma urgente necessidade de reescrever o contrato entre as gerações." (FERRERA, 2007, p. 107).

Para dar sustentabilidade financeira ao Estado de Bem-Estar Social do século XXI, principalmente para os sistemas previdenciários, incentivar elevação das taxas de natalidade e, também, de participação no mercado de trabalho, o autor sugere uma série de medidas políticas a serem adotadas:

- serviços para a infância e para os idosos com o fim de aliviar o trabalho não remunerado de "cuidado", que ainda recai principalmente sobre os ombros das mulheres;

- políticas do "tempo" e dos horários (escolas, escritórios, comércio), de modo que ambos os pais possam colaborar na gestão das tarefas domésticas;

- salário-família e deduções fiscais de valor consistente, para compensar, ao menos em parte, os custos relativos aos filhos;

- incentivos à redistribuição das funções familiares das mães para os pais, na tentativa de romper hábitos e mentalidades consolidadas;

- incentivos às mulheres (e, desse modo, à igualdade de gênero) no mercado de trabalho: não apenas na fase de ingresso, mas também naquela de retorno após maternidade e nos avanços da carreira. (FERRERA, 2007, p. 107-108).

Certo é que cada país deve adotar seu próprio conjunto de instrumentos. Observa-se que todos esses aqui alocados são de grande valia para o caso brasileiro, que também já vem enfrentando problemas com aumento da expectativa de vida e redução das taxas de natalidade.

Tabela 3: Taxa de Fecundidade Total

Grandes Regiões	Taxa de Fecundidade Total Ambos os sexos		Diferença Relativa 2000/2010 (%)
	2000	2010[1]	
Brasil	**2,38**	**1,86**	**-21,9**
Norte	3,16	2,42	-23,5
Nordeste	2,69	2,01	-25,2
Sudeste	2,10	1,66	-21,0
Sul	2,24	1,75	-21,7
Centro oeste	2,25	1,88	-16,3

Fonte: INSTITUTO BRASILEIRO DE GEOGRAFIA E ESTATÍSTICA, 2012.

A segunda dimensão da recalibragem *funcional* direciona-se ao combate do risco da pobreza entre os menores. O autor aponta que a pobreza da primeira fase da infância conduz a problemas de aprendizagem, pouca motivação, probabilidade de evasão escolar, tóxico-dependência e, em geral, chances reduzidas de mobilidade social. "A formação dos jovens e, antes ainda, uma luta, em todos os setores, contra a pobreza entre os menores, devem se tornar um dos pilares de sustentação do novo Estado de Bem-Estar Social." (FERRERA, 2007, p. 109).

A recalibragem *distributiva* refere-se à adequação das categorias que são objeto de proteção no Estado de Bem-Estar Social. Indica o autor que o modelo social europeu é, em grande medida, caracterizado por uma sedimentação do mercado de trabalho e pela divisão entre *insiders* e *outsiders*. Em muitos estados europeus, verifica-se excesso de prestações para trabalhadores "garantidos", de maior reconhecimento, em relação àqueles que estão ocupados nos setores periféricos e fracos do mercado de trabalho. "As emergentes divisões fundadas sobre as capacidades profissionais – conexas com a transição para a economia de conhecimento ('*knowledge economy*') – estão acelerando e reforçando tal dinâmica." (FERRERA, 2007, p. 110).

Destaca ainda que, em alguns países, há desigualdades distributivas marcantes, não só entre *insiders* e *outsiders*, mas também entre os próprios *insiders*, sobretudo nas distinções entre trabalhadores do setor público e do setor privado. Por isso, é urgente proceder a uma incisiva racionalização distributiva, dirigida a rebalancear a proteção social, não somente entre os diversos riscos, mas também entre diversos beneficiários de prestações. Essa racionalização deverá trazer benefícios para os trabalhadores mais fracos do mercado, mas resultará também em recuos de vantagens de acesso e de tratamento no Estado de Bem-Estar Social. (FERRERA, 2007, p. 109).

O autor aponta que já foram alcançadas várias medidas de recalibragem distributiva, como a gradual equiparação entre empregados públicos e privados no plano previdenciário da Itália, França e Áustria.

Podemos afirmar que o Brasil vem se adequando à recalibragem distributiva com a criação do fundo de pensão para os servidores públicos através da Lei n.12.618/2012 (BRASIL, 2012f). Trata-se de um avanço em direção à igualdade de direitos entre servidores públicos e empregados privados.

A recalibragem distributiva possui um notório papel para sopesar os custos da transição demográfica e, principalmente, como indica o autor, os custos da aposentadoria, de forma a reparti-los equanimemente. O caminho principal para tal objetivo é o envelhecimento ativo, baseado na elevação da idade para deixar o trabalho, flexibilizando a idade legal de aposentadoria. (FERRERA, 2007, p. 111).

Observa-se que tais medidas de recalibragem distributiva vêm sendo desenvolvidas em nosso país. Em especial, ao efetuar a reforma da previdência com a aprovação da Emenda Constitucional n. 20/1998, que promoveu várias alterações no regime geral da previdência social (RGPS). Em razão de tais mudanças, foi aprovada a Lei n. 9.876, de novembro de 1999, que introduziu o *fator previdenciário* como uma nova fórmula de cálculo para o benefício da aposentadoria por idade e por tempo de contribuição dos trabalhadores do setor privado. Para tanto, considera o tempo de contribuição, a idade na data da aposentadoria e o prazo médio durante o qual o benefício deverá ser pago. (CASTRO; LAZZARI, 2012, p. 502). A expectativa de vida é calculada com base na tábua completa de mortalidade para o total da população brasileira, feita pelo IBGE, considerando a média nacional única para ambos os sexos. O critério legal em comento objetiva estimular as pessoas a se aposentarem mais tarde, o que consiste num caminho sugerido por Ferrera para modernizar o Estado de Bem-Estar Social. Espera-se que seja esse o caminho a ser trilhado daqui em diante na história da previdência brasileira.

O terceiro tipo de calibragem é de natureza normativa, tendo relação com símbolos e valores. Afirma o autor que é necessário fundar as estratégias e valorações de política social na justiça distributiva e não em teorias obsoletas que versem sobre o conflito de classes. O novo Estado de Bem-Estar Social deve proteger o indivíduo ao longo de toda sua vida, concentrando esforços onde há fatores de desigualdade e exclusão social. (FERRERA, 2007, p. 113).

O objetivo principal da norma deve ser o combate à desigualdade e à exclusão social:

> Um objeto normativo que tem como implicação funcional aquela de concentrar os esforços nas políticas de formação e de acréscimo do capital humano e como implicação distributiva aquela de investir principalmente nos menores em situação de pobreza. (FERRERA, 2007, p. 113).

Por fim, alerta o autor sobre a importância de se recalibrar o Estado de Bem-Estar Social:

> Sem uma "recalibragem" incisiva (funcional, distributiva e normativa, em conjunto) do próprio modelo de investimento público, que saiba, todavia, integrar as políticas para a instrução em um desenho mais amplo de política social, os países continentais e meridionais se arriscam a ingressar, com grave atraso, na economia baseada no conhecimento ou de chegar lá em condições de marcante polarização social. (FERRERA, 2007, p. 114).

Também integram os esforços para adaptação aos desafios etários a incorporação conjunta de características advindas dos modelos de Estado de Bem-Estar Social "bismarckiano" e "beverigdeano", indicada por Merrien. Os países daquele modelo vêm adotando medidas sociais de caráter universal, refletindo-as para além da seara trabalhista, o que caracteriza os modelos "beverigdeanos". Por sua vez, estes vêm aumentando a característica contributiva em seus sistemas de seguridade, o que consiste numa direção do modelo de Bismarck. (MERRIEN, 2007, p. 152).

Portanto, a readequação do sistema previdenciário é sua condição de sobrevivência e perpetuação. Se os cidadãos contam hoje com maior longevidade principalmente em razão das inovações tecnológicas e com a maior preocupação com a saúde, é interessante que se mantenham ativos, desenvolvendo atividade laborativa por maior tempo. Dentre as várias funções inerentes à relação de emprego, sabe-se que ela proporciona afirmação social, sendo o mais eficaz instrumento de conexão do indivíduo com a sociedade capitalista. Assim, dispondo de bem-estar, acredita-se que a adequação do tempo de trabalho do indivíduo para obtenção de aposentadoria tende a ser favorável não só para ele próprio como também para o próprio sistema.

Nesse sentido: "[...] a gradativa elevação da idade mínima para aposentadorias não traduz uma suposta vitória ultraliberalista sobre o Estado de Bem-Estar Social, mas uma recalibragem necessária deste aos positivos efeitos de seu próprio sucesso." (DELGADO; PORTO, 2007, p. 27).

6.3. O papel das políticas de transferência de renda

O processo de inclusão de cidadãos coincide, como foi visto, com o fortalecimento da democracia. A Constituição Federal de 1988 forneceu os fundamentos necessários para inauguração de um período de desenvolvimento da proteção social em nosso país.

O Benefício de Prestação Continuada ao Idoso e ao Deficiente estão previstos no art. 203 da Constituição Federal de 1988. Apesar de ser um benefício de assistência social, de caráter não contributivo, necessário destacar aqui seu exponencial papel com instrumento de redução de desigualdades. Consiste na garantia de um salário mínimo de benefício mensal à pessoa portadora de deficiência e ao idoso que comprovem não possuir meios de prover à própria manutenção ou não tê-la provida por sua família, conforme dispuser a lei. A regulamentação de tal regra está na Lei n. 8.742, de 7.12.1993 (Lei Orgânica da Assistência Social – LOAS) (BRASIL, 1993a) e no Decreto n. 6.214, de 26.9.2007 (BRASIL, 2007a). Tais regras foram alteradas pelas Leis n. 12.435/2011 (BRASIL, 2011d) e 12.470/2011 (BRASIL, 2011e) e pelo Decreto n. 7.617/2011. (BRASIL, 2011b).

A LOAS estabelece que é dever do Estado e direito do cidadão prover os mínimos sociais, por meio de um conjunto integrado de ações de iniciativa pública e da sociedade, a fim de garantir o atendimento às necessidades básicas do cidadão. (CASTRO; LAZZARI, 2012, p. 714).

Os arts. 21 e 22 da LOAS contêm os requisitos para a concessão do Benefício de Prestação Continuada (BPC). Para fins do referido diploma, idoso é o cidadão com 65 (sessenta e cinco) anos ou mais e que deve comprovar não possuir meios de prover a própria manutenção nem de tê-la provida por sua família. A família, nesse caso, é composta pelo requerente, o cônjuge ou companheiro, os pais e, na ausência de um deles, a madrasta ou o padrasto, os irmãos solteiros, os filhos e enteados solteiros e os menores tutelados, desde que vivam sob o mesmo teto.

A LOAS caracteriza o deficiente como o cidadão que tem impedimentos de longo prazo (com efeitos pelo prazo mínimo de 2 anos) de natureza física, mental, intelectual ou sensorial, os quais, em interação com diversas barreiras, podem obstruir sua participação plena e efetiva na sociedade em igualdade de condições com as demais pessoas. A concessão do benefício ficará sujeita à avaliação da deficiência e do grau de impedimento, composta por avaliação médica e avaliação social realizadas por médicos peritos e por assistentes sociais do Instituto Nacional de Seguro Social – INSS.

Considera-se incapaz de prover a manutenção da pessoa com deficiência ou idosa a família cuja renda mensal per capita seja inferior a 1/4 (um quarto) do salário mínimo. Porém, a remuneração da pessoa com deficiência na condição de aprendiz não será considerada para fins desse cálculo.

O benefício de prestação continuada não pode ser acumulado pelo beneficiário com qualquer outro no âmbito da seguridade social ou de outro regime, salvo os da assistência médica e da pensão especial de natureza indenizatória. Porém, a condição de acolhimento em instituições de longa permanência não prejudica o direito do idoso ou da pessoa com deficiência ao benefício de prestação continuada. A revisão ocorre a cada dois anos para verificação das condições que lhe deram origem, sendo cessado o benefício no momento em que forem superadas as condições ou em caso de morte do beneficiário. O desenvolvimento das capacidades cognitivas, motoras ou educacionais e a realização de atividades não remuneradas de habilitação e reabilitação, entre outras, não constituem motivo de suspensão ou cessação do benefício da pessoa com deficiência. Contudo, será suspenso se a pessoa com deficiência exercer atividade remunerada, inclusive na condição de microempreendedor individual.

Para fins de incentivo à relação de trabalho, a LOAS prevê ainda que a contratação de pessoa com deficiência como aprendiz não acarreta a suspensão do benefício de prestação continuada, limitado a 2 (dois) anos o recebimento concomitante da remuneração e do benefício.

Um dos grandes méritos do BPC é o amparo às pessoas idosas ou deficientes que não poderiam, no âmbito do mercado de trabalho, buscar uma renda para prover sua sobrevivência.

O gráfico abaixo expressa a evolução dos recursos da assistência social na União, indicando um incremento significativo, partindo de R$ 10,7 bilhões em 2002 para R$ 31,5 bilhões em 2008 (valores corrigidos pelo IPCA-IBGE até 31.8.2009). Nos anos de 2004 e 2006, houve considerável elevação do montante de recursos destinados à assistência social. Em 2004, o aumento deve-se principalmente ao aporte de recursos para o programa bolsa-família (PBF) e para o benefício de prestação continuada (BPC).

Em outubro de 2003, o Governo Federal editou a Medida Provisória n. 132, convertida na Lei n. 10.836/2004, que criou o PBF para atender as famílias em situação de pobreza e extrema pobreza, aportando R$ 5 bilhões ao programa, o que possibilitou o aumento de 1,2 milhão de famílias beneficiárias em 2003 para 6,5 milhões de famílias em 2004. O aumento dos recursos destinados ao BPC explica-se a partir da promulgação do Estatuto do Idoso, Lei n. 10.741/2003, que ampliou o critério inclusivo quando diminuiu a idade para concessão de 67 para 65 anos e, também, estabeleceu a não contabilização, na renda *per capita* familiar, do benefício já concedido a outro idoso da família. (BRASIL, 2009a).

Gráfico 2: Evolução financeira dos recursos da União na assistência social

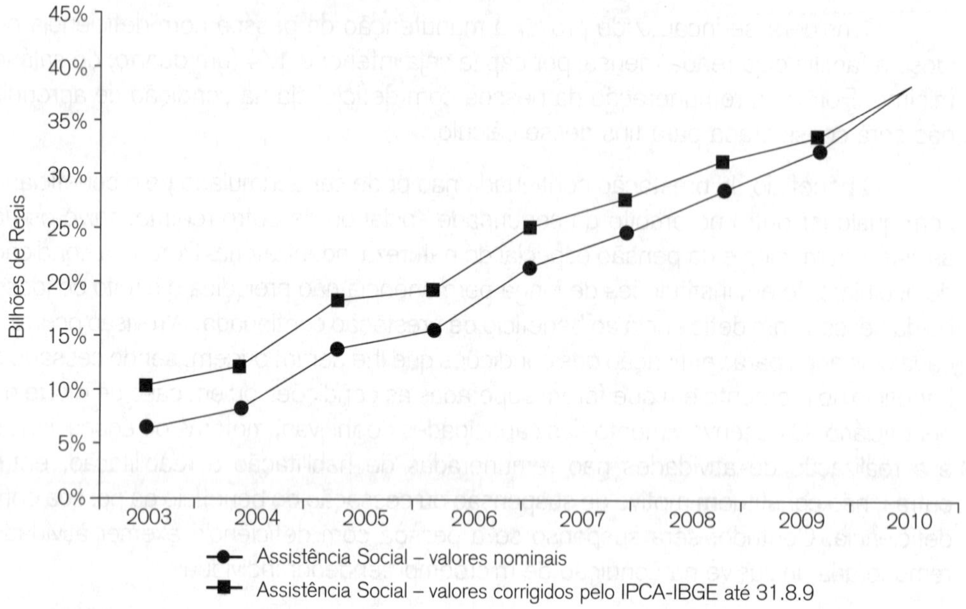

- Assistência Social – valores nominais
- Assistência Social – valores corrigidos pelo IPCA-IBGE até 31.8.9

Fonte: BRASIL, 2009a.

A referida Lei n. 10.836/2004 (BRASIL, 2004), que criou o programa de bolsa-família, de responsabilidade do Ministério do Desenvolvimento Social e Combate à Fome, unificou ações de transferência de renda do Governo Federal, em especial, o programa nacional de renda mínima vinculado à educação – bolsa escola, instituído pela Lei n. 10.219/2001 (BRASIL, 2001a), o programa nacional de acesso à alimentação – PNAA, criado pela Lei n. 10.689/2003 (BRASIL, 2003a), o programa nacional de renda mínima vinculada à saúde – bolsa alimentação, instituído pela Medida Provisória n. 2.206-1/2001, o programa auxílio-gás, instituído pelo Decreto n. 4.102/2002 (BRASIL, 2002a), e o cadastramento único do Governo Federal, instituído pelo Decreto n. 3.877/2001 (BRASIL, 2001b).

Pelo programa de bolsa-família, as famílias pobres (definidas como aquelas que possuem renda *per capita* de 70 até 140 reais) e extremamente pobres (com renda *per capita* menor que 70 reais) recebem ajuda financeira, devendo, para tanto, manter seus filhos ou dependentes na escola e vacinados. Os valores dos benefícios pagos por família variam entre 32 e 306 reais, conforme dados oficiais do governo. Em 2006, mais de 11,1 milhões de famílias de todo o Brasil, o que corresponde a cerca de 45 milhões de pessoas, receberam 8,2 bilhões de reais, referentes a 0,4% do PIB brasileiro. O aumento dos recursos destinados ao BPC explica-se a partir da promulgação do Estatuto do Idoso, Lei n. 10.741/2003 (BRASIL, 2003b), que ampliou o critério inclusivo quando diminuiu a idade para concessão de 67 para 65 anos e, também, estabeleceu a não contabilização, na renda *per capita* familiar, do benefício já concedido a outro idoso da família. (BRASIL, 2012b).

O benefício de superação da extrema pobreza na primeira infância é um novo benefício que integrou o programa bolsa-família, incluído pela Medida Provisória n. 570, de 2012 (já incorporado na Lei n. 10.836/2004), e tem como objetivo erradicar a extrema pobreza entre as famílias que possuem crianças entre 0 e 6 anos. Por esse programa, que foi batizado por *Brasil carinhoso*, as famílias já beneficiárias do PBF com crianças de até 6 anos que permaneçam em situação de extrema pobreza, mesmo após o recebimento dos benefícios do PBF, farão jus ao novo benefício, que elevará sua renda mensal *per capita* para acima de R$ 70,00. Seu valor será correspondente ao montante necessário para que a renda mensal por pessoa da família supere os R$ 70,00, conforme disposto no § 15 do art. 2º da Lei n. 10.836/2004.

Os recursos destinados ao bolsa-família são verdadeiros investimentos. Ao garantir acesso à renda aos segmentos mais vulneráveis da população, o programa gera retornos para toda a sociedade. Com a complementação das suas rendas, as famílias tornam-se novos consumidores, o que fomenta a economia. Ademais, os gastos do governo com o bolsa-família acabam sendo amenizados em considerável montante com o retorno de valores arrecadados por meio de impostos, como o Imposto sobre circulação de mercadorias e prestação de serviços (ICMS), o Imposto sobre produtos industrializados (IPI) e o Imposto sobre serviços (ISS).

O governo federal investirá cerca de R$ 12 bilhões no programa bolsa-família, beneficiando quase 13 milhões de famílias. A título de comparação, em 2009, as deduções do imposto de renda relativas a despesas médicas e educacionais da classe média serão da ordem de R$ 4,4 bilhões; as deduções do imposto de renda de pessoa jurídica relativas à médica, à odontológica e à farmacêutica de empregados chegarão a mais R$ 2,3 bilhões. Além disso, de janeiro a julho de 2009, a queda de arrecadação em relação ao mesmo período do ano anterior, decorrente de desonerações tributárias, foi estimada em cerca de R$ 15 bilhões. Conforme análise dos dados constantes na reportagem supracitada, esses números constatam que o montante destinado ao bolsa-família ainda é modesto. Ressalta-se também que a sociedade tolera que o governo transfira renda às classes mais abastadas e ao setor formal da economia, mas condena que assim o faça para os que estão na base da pirâmide de renda, ainda que em uma escala bem mais modesta. (MODESTO, 2009).

Não restam dúvidas de que o programa vem atingindo seus propósitos de melhorar as condições de vida das famílias que estão na base da pirâmide de renda e de contribuir para que elas tenham mais acesso a direitos sociais básicos, como saúde e educação. Conforme estimativas do Instituto de Pesquisa Econômica Aplicada (IPEA), o bolsa-família provocou aumento de cerca de 30% na renda das famílias mais pobres, o que justifica, em grande medida, a redução de cerca de 20% no nível de desigualdade de renda entre os anos de 2004 e 2006. Também, conforme pesquisa da PNAD[4], entre os anos de 2001 e 2007, o grau de desigualdade de renda no Brasil, medida pelo coeficiente de Gini, declinou de forma acentuada e contínua. Em 2007, ele foi o mais baixo dos últimos trinta anos. Tal queda foi determinante para redução da pobreza e melhoria das condições de vida dos cidadãos mais vulneráveis. O índice Gini apresenta escala de valores compreendida entre intervalos de 0 a 1, sendo considerados importantes números que estejam próximos a 0 (zero), indicando assim menor desigualdade de renda entre as famílias. (INSTITUTO DE PESQUISA ECONÔMICA APLICADA, 2006).

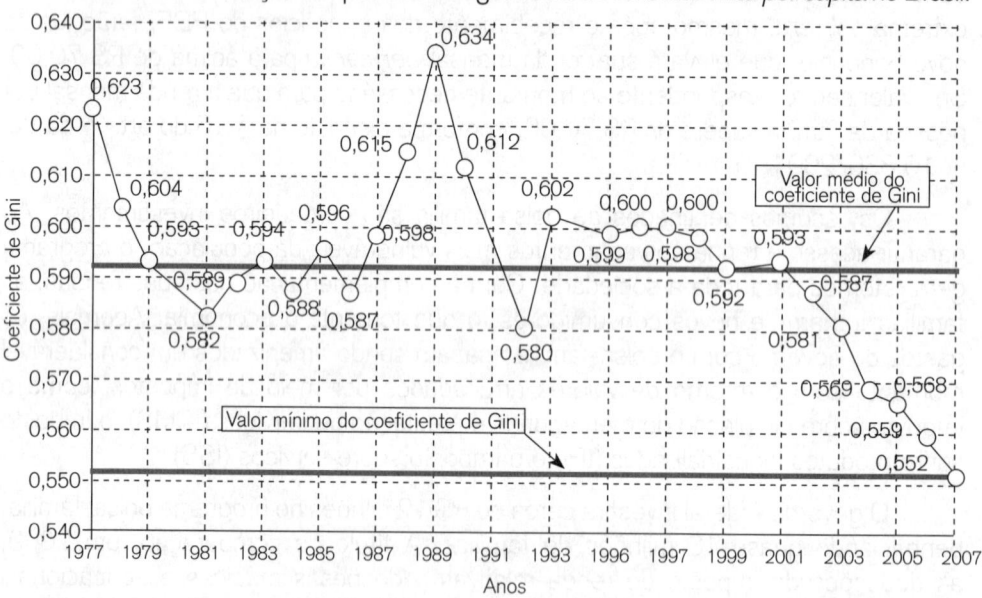

Gráfico 3: Evolução temporal da desigualdade de renda familiar *per capita* no Brasil.

Fonte: INSTITUTO DE PESQUISA ECONÔMICA APLICADA, 2006.

---

(4) Os dados da Pnad são coletados anualmente pelo Instituto Brasileiro de Geografia e Estatística (IBGE) e constituem a principal fonte de informação sobre concentração de renda no país. A Pnad é reconhecida internacionalmente como uma fonte de informações sobre desigualdade de excelente qualidade. Tanto o Banco Mundial quanto as Nações Unidas classificam a informações da Pnad como de excelente qualidade, mesmo quando comparadas a bases de dados similares em países desenvolvidos, conforme expõe Deininger e Squire (1996). Há, entretanto, poucas dúvidas de que as estimativas de renda baseadas em pesquisas domiciliares como a Pnad tendem a subestimar a renda total. Esse fato decorre da dificuldade de captar adequadamente algumas fontes de renda, tais como: renda não-monetária dos pequenos agricultores, rendimento de ativos e as rendas voláteis (ganhos com loteria, seguro-desemprego, entre outras). Ainda assim, como a proporção da renda subdeclarada é relativamente pequena e variou pouco ao longo do período analisado, tudo leva a crer que seu impacto sobre a variação no grau de desigualdade deva ter sido limitado, mesmo que o impacto sobre o nível possa ser significativo. (DEININGER, K.; SQUIRE *apud* INSTITUTO DE PESQUISA ECONÔMICA APLICADA, 2006.)

A redução da desigualdade de renda guarda forte relação com os valores dos benefícios pagos, bem como com os graus de cobertura e de atendimento à população carente. A partir das informações disponíveis na Pnad, é possível identificar três tipos de transferências públicas:

a) as pensões e aposentadorias públicas;

b) o Benefício de Prestação Continuada (BPC); e

c) os benefícios do bolsa-família e outros programas similares, tais como o programa de erradicação do trabalho infantil (PETI) e o bolsa escola. (INSTITUTO DE PESQUISA ECONÔMICA APLICADA, 2006).

Consideradas em conjunto, as transferências governamentais contribuíram para redução de cerca de 1/3 da concentração de renda, o que demonstra a elevada importância desses fatores. Analisando-se as contribuições de cada um dos três componentes, é possível verificar que elas foram razoavelmente similares, em torno de 10% cada. A contribuição relativa desses diferentes componentes é bastante sensível à medida de desigualdade utilizada. Quanto mais sensível à renda dos mais pobres é a medida, mais importante é a contribuição do bolsa-família e do BPC, e o efeito do primeiro é substancialmente mais forte. Ademais, o bolsa-família e o BPC ampliaram a abrangência, em vez de provocar aumento no valor do benefício entre os que já recebiam. No caso das pensões e aposentadorias públicas, ocorreu o contrário, pois apenas uma fração irrisória de sua contribuição para a queda da desigualdade veio da expansão da cobertura. O aumento na cobertura veio acompanhado de maior inclusão da população mais carente. Caso essa inclusão não houvesse ocorrido, o grau de desigualdade teria declinado 15% menos do que o efetivamente observado.

Outro aspecto positivo do bolsa-família e também dos benefícios do regime geral da previdência social é o fato de contribuírem para manter o nível de consumo dessas famílias, contribuindo para interromper o ciclo de miséria.

Acredita-se também que o bolsa-família potencializa o cidadão no mercado de trabalho, em vez de fomentar um "efeito-preguiça" entre os beneficiários, como por vezes aventado. Inexistem dados oficiais que indiquem diminuição significativa da participação no mercado de trabalho ou da busca por trabalho devido à participação no programa.

Pelo contrário, pesquisas recentes do IBGE e do Ibase sobre índice de emprego indicam ocupação de 77% entre os beneficiários do bolsa-família, contra 76% entre os não beneficiários. (MODESTO, 2009) Observa-se, portanto, que os beneficiários do bolsa-família não se acomodam; ao ter acesso à renda, eles se sentem estimulados a buscar meios para continuar melhorando de vida, confirmando a função inclusiva dos programas de transferências de renda.

Dados também contestam o senso comum de que as mulheres teriam mais filhos devido à participação no bolsa-família. Na verdade, não há nenhuma indicação de aumento da natalidade entre as beneficiárias. O que se constatou, conforme explicitado na tabela constante no item 6.2 deste trabalho, é que as mulheres brasileiras, incluindo as mais pobres, têm a cada dia um número menor de filhos. Tal tendência indica a necessidade de investir em políticas focadas em jovens e crianças, o que vem sendo feito pelo programa bolsa-família, em especial, o Brasil carinhoso. A transferência de renda para crianças e jovens contribui para que possam se alimentar melhor, permanecer na escola, escapar do Trabalho Infantil e desenvolver sua capacidade de aprendizado. Essas crianças e esses jovens tendem a ter, por isso, muito mais oportunidades do que tiveram seus pais, o que indica a quebra do ciclo da pobreza. (MODESTO, 2009).

Figura 1: Melhora generalizada: evolução por região do rendimento, do emprego, da pobreza e da desigualdade de renda de 2003 a 2008

Melhora Generalizada
A evolução por região do rendimento, do emprego, da pobreza e da desigualdade de renda de 2003 a 2008

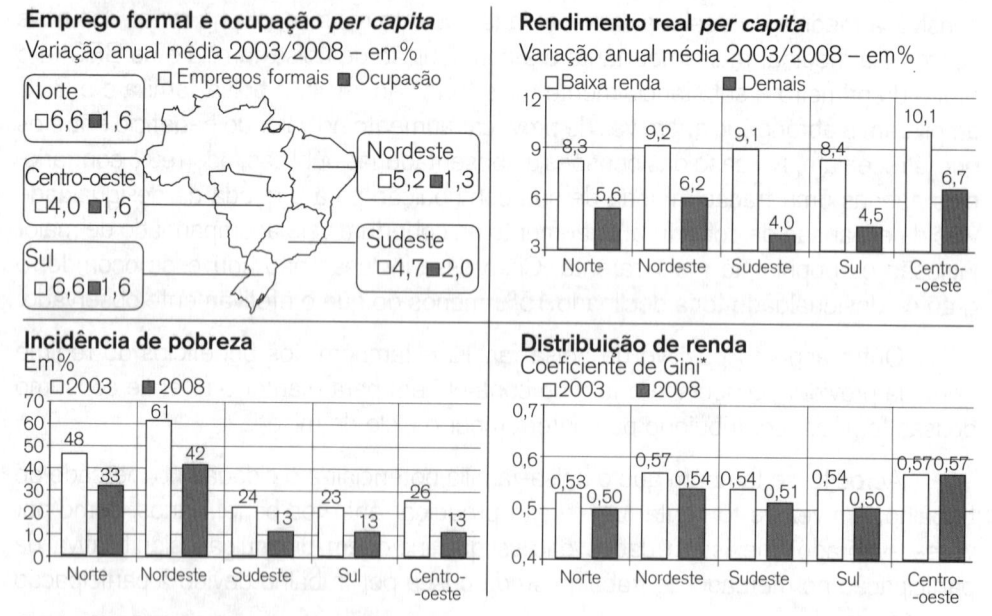

Emprego formal e ocupação *per capita*
Variação anual média 2003/2008 – em %
☐ Empregos formais ■ Ocupação

- Norte ☐ 6,6 ■ 1,6
- Centro-oeste ☐ 4,0 ■ 1,6
- Sul ☐ 6,6 ■ 1,6
- Nordeste ☐ 5,2 ■ 1,3
- Sudeste ☐ 4,7 ■ 2,0

Rendimento real *per capita*
Variação anual média 2003/2008 – em %
☐ Baixa renda ■ Demais

Região	Baixa renda	Demais
Norte	8,3	5,6
Nordeste	9,2	6,2
Sudeste	9,1	4,0
Sul	8,4	4,5
Centro-oeste	10,1	6,7

Incidência de pobreza
Em %
☐ 2003 ■ 2008

Região	2003	2008
Norte	48	33
Nordeste	61	42
Sudeste	24	13
Sul	23	13
Centro-oeste	26	13

Distribuição de renda
Coeficiente de Gini*
☐ 2003 ■ 2008

Região	2003	2008
Norte	0,53	0,50
Nordeste	0,57	0,54
Sudeste	0,54	0,51
Sul	0,54	0,50
Centro-oeste	0,57	0,57

Fonte: PNAD/IBGE Rais do Ministério do Trabalho e Ipea. Elaboração Banco Central (BC)

Fonte: MTE, 2008.

O programa salário-família foi criado pela Lei n. 4.266, de 3 de outubro de 1963. É devido aos empregados formais de baixa renda (excetuando o doméstico), sendo pago sob a forma de uma quota percentual, calculada sobre o valor do salário mínimo local, arredondando a quota para o múltiplo de mil seguinte, por filho menor, até 14 anos de idade ou inválido. Verifica-se, pois, que possui natureza nitidamente redistributiva, assemelhando-se, nesse aspecto, ao bolsa-família.

Ruprecht expõe que o programa do salário-família busca a constituição ou o desenvolvimento normal da família através do fornecimento de uma contribuição regular, de caráter permanente, para manutenção das despesas pessoais, cujo encargo é do chefe de família. (RUPRECHT apud CASTRO; LAZZARI, 2012, p. 71).

O benefício previdenciário é fornecido em cotas, devendo o segurado receber tantas cotas quantos sejam seus filhos, enteados ou tutelados, com idade de até 14 anos incompletos, ou inválidos, em qualquer idade.

A Lei n. 5.480/1968 estendeu o benefício para os trabalhadores avulsos. O aposentado por invalidez ou por idade e os demais aposentados com 65 anos ou mais de idade, se homem, ou 60 anos ou mais, se mulher, terão direito ao salário--família, pago juntamente com a aposentadoria.

Apesar de ser pago em razão da existência de dependentes, o benefício do salário-família é devido ao segurado, e não ao seu dependente. Por tal razão, em caso de desemprego, o segurado não mais terá direito ao benefício. Tal regra é contrária ao objetivo de manutenção da qualidade de segurado no período imediatamente posterior ao desemprego. (CASTRO; LAZZARI, 2012, p. 710).

A Constituição Federal consagrou o direito ao salário-família como sendo direito social dos trabalhadores urbanos e rurais, devido em razão da existência de dependentes (art. 7º, XII, CF/88). Com a Emenda Constitucional de n. 20/1998, a redação do art. 7º, XII foi alterada, estabelecendo que tal benefício será pago em razão do trabalhador de baixa renda. Com base nesse pressuposto, o Decreto n. 3.048, de 6 de maio de 1999, estabeleceu o teto para ter direito ao salário-família de R$ 360,00, à época. Este valor tem sido corrigido por portarias do Ministério da Previdência Social (MPS). Certamente, tal alteração trouxe prejuízos para os trabalhadores que necessitam desse auxílio para manter seus dependentes, mas que foram excluídos em razão de terem renda superior ao limite definido em lei. Porém, na hipótese em que pai e mãe são segurados, o benefício é pago integralmente aos dois, ainda que o somatório de suas rendas seja maior que o limite legal. Por tal razão, entendemos que a limitação imposta pela Emenda Constitucional n. 20/1998 (BRASIL, 1998) causou retrocesso na proteção previdenciária.

De acordo com a Portaria Interministerial n. 2, de 6 de janeiro de 2012, o valor do salário-família passou a ser de R$ 31,22 por filho de até 14 anos incompletos ou inválido, para quem ganhar até R$ 608,80. E para o trabalhador que receber de R$ 608,81 até R$ 915,05, o valor do salário-família por filho de até 14 anos de idade ou inválido de qualquer idade será de R$ 22,00.

A Lei n. 9.876/1999 alterou o art. 67 da Lei n. 8.213/1991, para estabelecer que o pagamento do salário-família é condicionado à apresentação da certidão de nascimento do filho ou da documentação relativa ao equiparado ou inválido, e à apresentação anual de atestado de vacinação obrigatória e de comprovação de frequência à escola do referido dependente.

Conforme estimativa a partir da Pesquisa Nacional por Amostra de Domicílios (PNAD) do IBGE, o salário-família beneficiou, mensalmente, cerca de 5,8 milhões de trabalhadores no ano de 2009. Segundo dados do Datamart/CNIS (sistema que disponibiliza dados oriundos da base da GFIP), as despesas com o salário-família chegaram a R$ 2,002 bilhões em 2009 (considerando apenas valores informados em GFIP). De acordo com estimativa a partir da PNAD 2009, o valor transferido por intermédio do salário-família é de R$ 2,47 bilhões. Com base nesses dados, 4,1 milhões de famílias, em média, receberam mensalmente o salário-família em 2009. O número médio mensal de trabalhadores que receberam o benefício foi de 5,8 milhões. Portanto, em cerca de 1,7 milhão de famílias beneficiadas, tanto o chefe da família quanto seu cônjugue receberam o benefício, representando 41,2% do total das famílias beneficiadas. As famílias beneficiadas por este programa correspondem a 6,71% do total das famílias brasileiras. O percentual alcançado pelo salário-família não apresenta distinções entre as regiões do país, sendo o maior no Nordeste, região mais pobre, onde 7,9% das famílias recebem o benefício, e o menor no Sul, região mais rica, com 6,04%. Analisando por unidade da federação, encontramos diferenças grandes no alcance do programa. Enquanto no Ceará, estado com maior alcance, 10,23% recebem o benefício, no Piauí apenas 4,65% são beneficiados. Assim, evidencia-se que o alcance do benefício não está relacionado apenas à pobreza, mas também à estruturação do mercado de trabalho. Dessa forma, o Piauí, mesmo sendo o estado mais pobre, é o de menor alcance em razão dos altos índices de informalidade lá cultivados. Enquanto no Brasil 44,2% dos trabalhadores ocupados têm emprego formal, no Piauí esse índice é de apenas 20%. O número médio mensal de crianças beneficiadas em 2009 foi de 7,0 milhões, para uma média de 9,7 milhões de benefícios mensais. O valor médio recebido por família ficou em R$ 50,29 mensais. As famílias beneficiadas pelo programa têm, em média, 3,9 membros, portanto, bastante acima da média geral, que é de 3,1. A renda familiar *per capita* média em 2009 era de R$ 256,33. (GUIMARÃES, 2011).

O salário-maternidade é também benefício da previdência social destinado às trabalhadoras que adotam ou dão à luz um ou mais filhos. É devido até mesmo em caso de parto com óbito do feto. Desde o ano de 2007, o benefício também é garantido para as contribuintes que estão desempregadas, que ainda mantenham a qualidade de seguradas. A criança adotada tem limite de idade de até 8 anos para que a mãe que adotou receba o benefício do INSS.

Concordamos com Alfredo Ruprecht, ao asseverar que o salário-maternidade possui notória função social, pois preserva a função fisiológica no processo de criação, facilita o cuidado dos filhos e da família, garante os interesses profissionais e financeiros da mulher, sem, contudo, diminuir sua condição feminina. (RUPRECHT *apud* CASTRO; LAZZARI, 2012, p. 703).

A segurada desempregada terá direito ao salário-maternidade nos casos de demissão antes da gravidez ou, caso a gravidez tenha ocorrido enquanto ainda estava empregada, desde que a dispensa tenha sido por justa causa ou a pedido da obreira.

O benefício será pago durante 120 dias e poderá ter início até 28 dias antes do parto. Se concedido antes do nascimento da criança, a comprovação será por atestado médico, se posterior ao parto, a prova será a Certidão de Nascimento. Para receber o pagamento antes do nascimento da criança, a comprovação deve ser feita com atestado médico de gravidez com período de gestação. Para comprovar após o parto, basta apresentar a certidão de nascimento da criança. A exceção é para as trabalhadoras desempregadas, que só podem solicitar o benefício após o parto.

Em caso de abortos legalizados (em caso de risco de vida da mãe ou estupro) e espontâneos, o pagamento do salário-maternidade será realizado apenas por 2 semanas. Nos casos de adoção, o tempo de pagamento varia de acordo com a idade da criança. No caso de crianças de até 1 ano, o pagamento é feito em tempo integral de 120 dias. Crianças de 1 a 4 anos, até 60 dias. E no caso de crianças de 4 a 8 anos, apenas uma parcela é paga. No caso de parto ou adoção de mais de um filho, o pagamento é feito contando apenas uma criança. Para concessão do salário-maternidade, não é exigido tempo mínimo de contribuição das trabalhadoras empregadas, empregadas domésticas e trabalhadoras avulsas, desde que comprovem filiação nesta condição na data do afastamento para fins de salário--maternidade ou na data do parto.

A contribuinte individual, a segurada facultativa e a segurada especial (que optou por contribuir) têm que ter pelo menos dez contribuições para receber o benefício. A segurada especial que não paga contribuições receberá o salário--maternidade se comprovar no mínimo dez meses de trabalho rural imediatamente anteriores à data do parto, mesmo que de forma descontínua. Se o nascimento for prematuro, a carência será reduzida no mesmo total de meses em que o parto foi antecipado.

A trabalhadora que possui mais de um emprego tem direito a um salário--maternidade para cada um deles, desde que contribua para a previdência em todas as funções.

Desde setembro de 2003, o pagamento do salário-maternidade das gestantes empregadas é feito diretamente pelas empresas[5], que são ressarcidas pela previdência social. A empresa deverá conservar, durante 10 (dez) anos, os comprovantes dos pagamentos e os atestados ou certidões correspondentes. As

---

[5] Ressalvado o caso das empregadas domésticas. O art. 73, I, da Lei n. 8.213/1991, dispõe que o salário--maternidade será pago diretamente pela Previdência Social à empregada doméstica, em valor equivalente ao seu último salário de contribuição, que não será inferior ao salário mínimo e nem superior ao limite máximo do salário de contribuição para a Previdência Social.

mães adotivas, contribuintes individuais, facultativas e empregadas domésticas terão de pedir o benefício nas agências da previdência social.

Em casos excepcionais, os períodos de repouso anteriores e posteriores ao parto poderão ser aumentados por mais duas semanas, mediante atestado médico específico.

A Lei n. 11.770, de 9 de setembro de 2008 (BRASIL, 2008), instituiu o programa Empresa Cidadã. A empregada da pessoa jurídica integrante deste programa pode requerer a dilação de 60 dias no período de sua licença-maternidade. Tal pedido deve ser feito até o final do primeiro mês após o parto. A solicitação da empregada é feita junto à empresa, de acordo com as regras do Decreto n. 7.052/2009. (BRASIL, 2009b).

No caso das mães adotivas, se a criança tem até um ano de idade, a prorrogação segue as regras da mãe biológica, ou seja, são cedidos 60 dias a mais. Para crianças entre um e quatro anos são 30 dias. No caso de crianças entre quatro e oito anos, a prorrogação conferida é de 15 dias. Vale ainda ressaltar que nos casos de parto antecipado a prorrogação também é válida.

Acredita-se que, na prática, o benefício terá alcance reduzido, pois podem abater do IR os dois meses de salários extras das licenciadas somente as empresas que pagam o imposto pela sistemática de lucro real, o que compreende cerca de 150 mil empresas no país, sendo a maioria delas de grande porte. Já as empresas incluídas no simples ou que pagam IR pelo sistema de lucro presumido, que correspondem em geral às pequenas e médias, podem aderir ao programa, mas não terão abatimento no Imposto de Renda. Até o mês de julho de 2012, 10,5 mil empresas já aderiram ao programa. (BRASIL, 2012a).

O retorno ao trabalho ao final da licença-maternidade de 120 dias, regulada pelo art. 392 da CLT, é considerado como um dos obstáculos à amamentação. Com o objetivo de aumentar a adesão ao programa e incluir mais seguradas na licença ampliada, tramita no Congresso um projeto de lei idealizado pela Sociedade Brasileira de Pediatria que, se aprovado, fará com que empresas que não concederem licença-maternidade de seis meses às suas empregadas corram o risco de não poderem participar de licitações públicas. Trata-se de uma iniciativa de elevado caráter cidadão, que visa combater a mortalidade infantil, já que o leite materno é uma fonte completa de nutrientes durante os seis primeiros meses de vida.

No âmbito da administração pública federal direta, autárquica e fundacional, o Decreto n. 6.690/2008 instituiu o programa de prorrogação da licença à gestante e à adotante. Tal prorrogação será custeada pelo tesouro nacional, aplicando-se inclusive às servidoras que tenham o período de licença-maternidade concluído entre 10 de setembro de 2008 e a data da publicação do referido Decreto.

Quadro 1: Alguns programas federais de emprego, trabalho e renda no Brasil

Nome	Descrição	Ano de Início	N. de trabalhadores beneficiados (2005)
Abono Salarial	Benefício no valor de um salário mínimo anual, assegurado aos empregados que percebem até dois salários mínimos de remuneração mensal, desde que cadastrados há 5 anos ou mais no PIS/Pasep e que tenham trabalhado pelo menos 30 dias em um emprego formal, no ano anterior.	1989 (1970 para contas individuais)	8.390.012
Intermediação de Mão de Obra / Sine	Captação de vagas junto a empresas e encaminhamento de trabalhadores em busca de emprego.	1977	Inscritos: 5.007.752 Colocados: 893.655[6]
Seguro-Desemprego	Assistência financeira temporária ao trabalhador desempregado, em virtude da dispensa sem justa causa. Concedido em parcelas mensais, que variam de três a cinco, dependendo do número de meses trabalhados nos últimos 36 meses, para um período aquisitivo de 16 meses, ou seja: - três parcelas, se trabalhou pelo menos seis dos últimos 36 meses; - quatro parcelas, se trabalhou pelo menos doze dos últimos 36 meses; - cinco parcelas, se trabalhou pelo menos vinte e quatro dos últimos 36 meses.	-1986: trabalhador formal -1992: pescador artesanal -2001: trabalhador doméstico -2003: trabalhador resgatado	5.565.856[7]
Qualificação Profissional	Oferta de cursos de qualificação profissional para trabalhadores desempregados ou em risco de desemprego, e microempreendedores.	1995	50.359
Geração de Emprego e Renda	Concessão de crédito produtivo assistido a micro e pequenas empresas, cooperativas e trabalhadores autônomos.	1995	Operações: 2.977.32[8]
Primeiro Emprego para Juventude	Promoção do ingresso do jovem no mundo do trabalho por meio de qualificação profissional, estímulo financeiro às empresas contratantes, parcerias para contratação de aprendizes e apoio à constituição de empreendimentos coletivos pelos jovens.	2003	Qualificados: 118.026 Colocados: 45.638
Economia Solidária	Apoio à formação e divulgação de redes de empreendimentos solidários, pelo fomento direto, mapeamento das experiências e constituição de incubadoras.	2003	

Fonte: IPEA, 2005.

(6) O número de inscritos informa quantos trabalhadores procuraram o Sistema Nacional de Emprego (Sine), enquanto o de colocados refere-se apenas aos que conseguiram emprego após encaminhamento pelo Sine.
(7) Inclui todas as modalidades.
(8) O número de operações pode ser superior ao número de beneficiados, já que uma mesma pessoa pode participar de mais de uma operação de crédito.

6.4. O impacto da rotatividade em postos de trabalho

Estudo realizado pelo DIEESE (Departamento Intersindical de Estatística e Estudos Socioeconômicos), em convênio com o Ministério do Trabalho e Emprego, revelou os índices de rotatividade da mão de obra no mercado de trabalho do Brasil. Entre os anos de 2003 e 2009, o total de vínculos empregatícios no ano cresceu 49,5%, ao passar de 41,9 milhões para 61,1 milhões. Ao mesmo tempo, o número de desligados no período também aumentou, passando de 12,2 milhões, em 2003, para 19,9 milhões, em 2009. A partir dos dados da Relação Anual de Informações Sociais (RAIS), segundo o valor mínimo entre admitidos e desligados e relacionado ao estoque médio de cada exercício, o DIEESE elaborou para o Ministério do Trabalho e Emprego o cálculo da rotatividade da mão de obra no Brasil. Mesmo diante de real aumento do emprego formal, o estudo mostrou que as elevadas taxas de rotatividade continuaram a crescer na década passada. De um patamar de 45%, em 2001, atingiram 52,5%, em 2008, ano da crise internacional, para cair, em 2009, para 49,4%, e, posteriormente, elevando-se para 53,8%, em 2010. (DEPARTAMENTO INTERSINDICAL DE ESTATÍSTICA E ESTUDOS SOCIOECONÔMICOS, 2012).

Tabela 4: Taxa de rotatividade do mercado formal de trabalho brasileiro. Anos selecionados (em %)

Anos	Taxa de rotatividade	Taxa de rotatividade descontada[9]
2001	45,1	34,5
2004	46,3	32,9
2007	46,8	34,3
2008	52,5	37,5
2009	49,4	36,0
2010	53,8	37,3

Fonte: DEPARTAMENTO INTERSINDICAL DE ESTATÍSTICA E ESTUDOS SOCIOECONÔMICOS, 2012.

Quando comparado com outros países, o Brasil apresenta um dos menores períodos médios de permanência no emprego, apenas na frente dos Estados Unidos.

---

[9] Exclui quatro motivos de desligamentos: transferências, aposentadoria, falecimento e demissão voluntária.

Gráfico 4: Tempo médio de permanência no emprego no Brasil e nos Países Selecionados – 2009 (em anos):

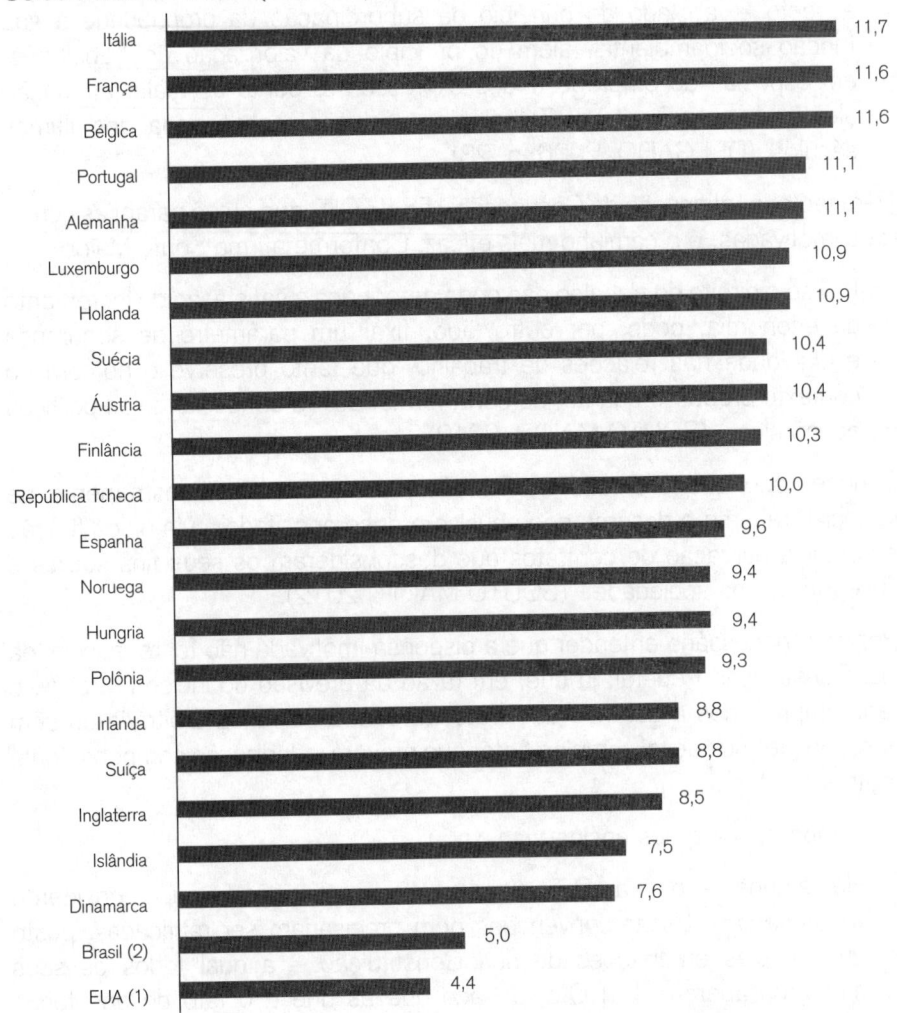

Itália	11,7
França	11,6
Bélgica	11,6
Portugal	11,1
Alemanha	11,1
Luxemburgo	10,9
Holanda	10,9
Suécia	10,4
Áustria	10,4
Finlândia	10,3
República Tcheca	10,0
Espanha	9,6
Noruega	9,4
Hungria	9,4
Polônia	9,3
Irlanda	8,8
Suíça	8,8
Inglaterra	8,5
Islândia	7,5
Dinamarca	7,6
Brasil (2)	5,0
EUA (1)	4,4

Fonte: Departamento Intersindical de Estatística e Estudos Socioeconômicos, 2012.
Nota: 1) Para os EUA, situação de janeiro de 2010; 2) Trata-se dos vínculos formais.

Alemanha, Itália, França e Inglaterra já possuíam, em seus ordenamentos jurídicos, normas próprias que vedam a rescisão sem justa causa do contrato de emprego, por isso, não ratificaram a Convenção 158 da OIT. Nos Estados Unidos, a dispensa dos empregados pelo empregador é controlada somente pela força dos sindicatos locais. (DEPARTAMENTO INTERSINDICAL DE ESTATÍSTICA E ESTUDOS SOCIOECONÔMICOS, 2012).

A redução da rotatividade da mão de obra no mercado formal brasileiro urge ser controlada. Conforme nos ensina Delgado:

Neste plano, por exemplo, o princípio da dignidade da pessoa humana – com necessária dimensão social, da qual é o trabalho seu mais relevante aspecto –, ao lado do princípio da subordinação da propriedade à sua função socioambiental, além do princípio da valorização do trabalho e, em especial, do emprego, todos expressam o ponto de maior afirmação alcançada pelo Direito do Trabalho na evolução constitucional dos últimos séculos. (DELGADO, 2006, p. 23).

Para tanto, a ratificação da Convenção 158 da OIT, que prevê garantias contra demissões imotivadas, é o caminho mais eficaz. Conforme afirma Souto Maior:

> [...] se o direito do trabalho não pode gerar bens à satisfação do incremento da economia, pode, por outro lado, fixar um parâmetro de segurança e dignidade nas relações de trabalho, que tanto preserve o homem no contexto produtivo quanto, de certa forma, acabe beneficiando as políticas econômicas. (SOUTO MAIOR, 2012).

É necessário que o Direito do Trabalho, como um eficaz instrumento de inclusão social, reprima o desemprego abusivo e despropositado, cuja única função é "incrementar a utilização de contratos que desconsideram os seus fins sociais e geram insegurança na sociedade." (SOUTO MAIOR, 2012).

Por isso, necessário entender que a dispensa imotivada não foi recepcionada pela atual Constituição Federal, já que, em razão da previsão do inciso I, art. 7º, é devida aos empregados a garantia da "proteção contra dispensa arbitrária ou sem justa causa, nos termos de lei complementar que preverá indenização compensatória, dentre outros direitos".

Ou também, como nos ensina Viana:

> Há alguns anos, a OIT elegeu oito convenções, que considerou *fundamentais*. Essas convenções nem precisariam ser ratificadas, posto que simples emanações de sua Constituição – à qual todos os seus membros aderem. [...] Ora, o traço que as une é o fato de que todas elas tratam de *direitos humanos*. Isso significa que também a Convenção 158 é fundamental; e estaria vigente entre nós ainda que não tivesse sido aprovada pelo Congresso Nacional. O mesmo se pode dizer de várias outras – como as de ns. 155, 161, 170, que protegem a saúde do trabalhador. Aliás, mesmo se não houvesse a Convenção, seria perfeitamente possível, através de interpretação, proibir as dispensas arbitrárias – na medida em que elas se chocam com a própria ideia de direitos humanos e com os princípios constitucionais. (VIANA, 2007, p. 239).

E continua:

> A propósito, afirma Souto Maior que a indenização prevista na CF (o acréscimo de 40% sobre os depósitos do Fundo de Garantia) é um direito

dos que foram despedidos por razões justificáveis (excluída a justa causa); para as dispensas arbitrárias, o direito é de reintegração. Na mesma direção, invoca Renault os princípios do novo Código Civil – como o da boa fé objetiva. [...] De todo modo, em termos práticos, é importante concluir que a Convenção continua vigente – e, ao mesmo tempo, para evitar polêmicas, defender sua re-ratificação. (VIANA, 2007, p. 242).

Acreditamos que a Convenção n. 158 da OIT, por vedar as dispensas imotivadas e proteger a permanência do vínculo laborativo, contém, pois, direitos fundamentais do cidadão, que devem ser implementados em nosso País. Assim, o número excessivo de demissões no mercado de trabalho poderá ser disciplinado, atingindo beneficamente tanto à sociedade, quanto ao Estado e ao próprio trabalhador. Quanto ao Estado, com a redução das demissões, diminui necessariamente despesas com o pagamento do benefício do seguro-desemprego, cujo valor economizado pode ser empregado em um programa de transferência de renda. Como já demonstrado, esses programas possuem alto poder de distribuição de renda. Para a sociedade, ter cidadãos despendendo força laborativa numa relação de emprego digna a torna mais civilizada, reduzindo as desigualdades e o ciclo de pobreza. E para o empregado, além de se afirmar enquanto cidadão, permanecendo mais tempo numa relação de emprego[10], potencializa suas forças dentro da sociedade capitalista. Por outro lado, o trabalho, sendo interrompido ao longo da vida do cidadão (em razão das sucessivas demissões), acaba prejudicando a contagem do tempo de contribuição para aposentadoria, podendo retardar no alcance de tal direito. Por isso:

> Na verdade, proteger o emprego significa proteger não só o trabalhador, ou a sua família, mas o acesso à Justiça, o acesso ao sindicato e, sobretudo o acesso efetivo a toda a CLT. Afinal, ninguém melhor do que os próprios interessados para fazerem valer os seus direitos. (VIANA, 2007, p. 246).

6.4.1. Regulamentação do § 4º do art. 239 da Constituição Federal

A alta taxa de rotatividade da mão de obra causa elevação dos gastos com seguro-desemprego, aumentando os gastos públicos e ceifando os benefícios que a continuidade na relação de emprego proporciona. O § 4º do art. 239 da Constituição Federal estabelece adicional de contribuição para a empresa que apresente índice de rotatividade da força de trabalho superior ao índice médio da rotatividade do setor, nos termos da lei.

> Art. 239. A arrecadação decorrente das contribuições para o Programa de Integração Social, criado pela Lei Complementar n. 7, de 7 de setembro de 1970, e para o Programa de Formação do Patrimônio do Servidor Público, criado pela Lei Complementar n. 8, de 3 de dezembro de 1970, passa, a partir da promulgação desta Constituição, a financiar, nos termos que a lei dispuser, o programa do seguro--desemprego e o abono de que trata o § 3º deste art.

---

(10) Respeitando, inclusive, o princípio justrabalhista da continuidade da relação de emprego.

§ 4º – O financiamento do seguro-desemprego receberá uma contribuição adicional da empresa cujo índice de rotatividade da força de trabalho superar o índice médio da rotatividade do setor, na forma estabelecida por lei. (BRASIL, 1988).

Nas palavras de Viana:

> Desde que as dispensas se tornaram legalmente mais fáceis, economicamente menos custosas e estrategicamente interessantes, o empregador se tornou – para citar VILHENA – "o detentor do contrato". Embora menos visíveis – ou talvez também por isso –, as relações de poder foram se fazendo cada vez mais assimétricas. (VIANA, 2007, p. 251).

Gráfico 5: Admissões e desligamentos – CAGED – 2001-2011

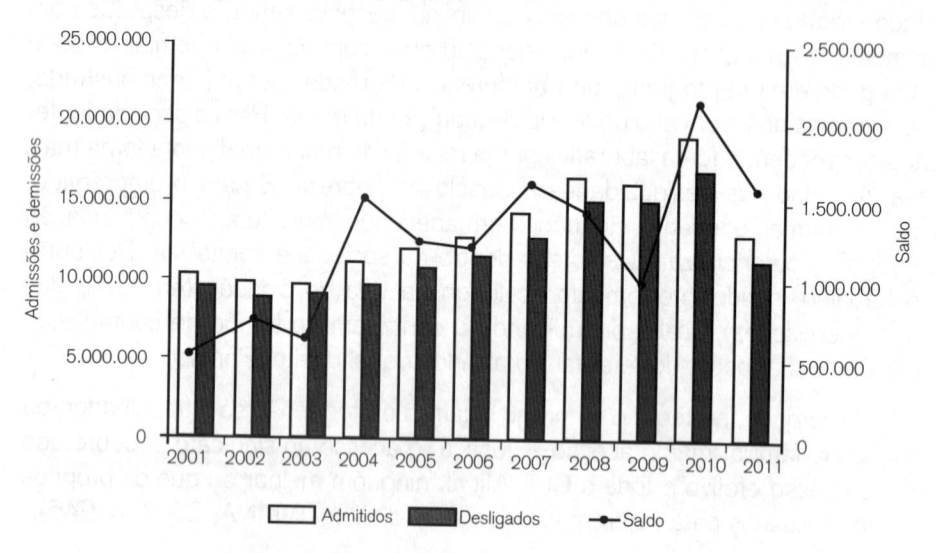

Fonte: INSTITUTO DE PESQUISA ECONÔMICA APLICADA, 2011.

Acreditamos que a criação de lei que regulamente a contribuição adicional da empresa com elevadas taxas de rotatividade tende a produzir múltiplos efeitos benéficos. Será um valioso instrumento para moderar as dispensas desmotivadas por parte da empresa. Além de auxiliar no custo do seguro-desemprego, tal contribuição também prestigia a continuidade da relação de emprego, isto é, o contrato por prazo indeterminado. Por essa modalidade contratual, o empregado adquire mais direitos justrabalhistas, além de preservar tantas outras vantagens advindas da manutenção no emprego, como obtenção de promoções para cargos mais bem remunerados e aumentar sua integração na estrutura e dinâmica empresariais. (DELGADO, 2012). Para tanto, deverá ser prevista uma contribuição que tenha o condão de reprimir a rotatividade, e, também, possua alto efeito pedagógico, dosando o montante devido conforme o grau de rotatividade e o potencial econômico da empresa. Assim, será melhor atendido o princípio da função social da empresa e também da distribuição de renda.

Ademais, conforme prevê o art. n.11 da Lei n. 7.998/1990, constituem recursos do FAT:

I – o produto da arrecadação da contribuição PIS/PASEP;

II- o produto dos encargos devidos pelos contribuintes, em decorrência da inobservância de suas obrigações;

III – a correção monetária e os juros devidos pelo agente aplicador dos recursos do Fundo, bem como pelos agentes pagadores, incidentes sobre o saldo dos repasses recebidos;

IV – o produto da arrecadação da contribuição adicional pelo índice de rotatividade, de que trata o § 4º do art. 239 da Constituição Federal;

V – outros recursos que lhe sejam destinados. (BRASIL, 1990b).

Sendo destinada ao FAT, a contribuição adicional da empresa com índices elevados de rotatividade alcançará também uma notória função social. Isso porque o FAT, além de se destinar ao custeio do programa de seguro-desemprego e ao pagamento do abono salarial, também é direcionado para o financiamento de programas de educação profissional e tecnológica e de desenvolvimento econômico. Esses programas contribuem para capacitar o cidadão, o que consiste numa valiosa medida de inclusão socioeconômica.

Quadro 2: Composição das fontes de financiamento do FAT

Fontes	Base de arrecadação[11]
1. PIS/Pasep	PIS: o faturamento (receita operacional bruta) das empresas privadas com ou sem fins lucrativos, a utilização do trabalho assalariado ou quaisquer outros que caracterizem a relação de trabalho, a entrada de bens estrangeiros no território nacional ou o pagamento, o crédito, a entrega, o emprego ou a remessa de valores a residentes ou domiciliados no exterior como contraprestação por serviço prestado. Contribuintes pelo faturamento: empresas do setor privado com fins de lucro, sociedades civis de prestação de serviços relativos ao exercício de profissões legalmente regulamentadas, sociedades cooperativas que praticam operações com não cooperados, serventias extrajudiciais não-oficializadas. Contribuintes pela folha de pagamento: entidades sem fins lucrativos que tenham empregados e que não realizem habitualmente venda de bens ou serviços, sociedade cooperativas que praticam operações com cooperados, condomínios em edificações. Alíquota sobre faturamento: 1,65% para as empresas que declaram com base no lucro real e 0,65% para aquelas que declaram com base no lucro presumido. Alíquota sobre folha de pagamento: 1% sobre folha de salários.[12] Pasep: arrecadação efetiva de receitas correntes da União, dos Estados, do Distrito Federal e dos Municípios; e as transferências correntes e de capital realizadas a entidades da administração pública. Contribuintes: pessoas jurídicas de direito público interno, com base no valor mensal das receitas correntes arrecadadas e das transferências correntes e de capital recebidas; e as entidades sem fins lucrativos definidas como empregadoras pela legislação trabalhista, incluindo as fundações, com base na folha de salários. Alíquota: 1% sobre o total da folha de pagamento mensal dos empregados da pessoa jurídica.
2. Receitas financeiras	BNDES: juros e correção monetária pagos pelo BNDES sobre os repasses Constitucionais (BNDES 40%). Depósitos especiais: juros e correção monetária pagos pelos Agentes Executores (BNDES, BB, CEF, Banco do Nordeste (BNB), Finep e Basa) sobre os depósitos especiais. BB extramercado: juros e correção monetária sobre aplicações financeiras próprias do FAT (BB Extramercado). Recursos não desembolsados: juros e correção monetária sobre recursos não desembolsados.
3. Outras receitas	Cota-parte da contribuição sindical. Restituição de benefícios não desembolsados. Restituição de convênios. Multas e juros devidos pelos contribuintes ao FAT. Devolução de recursos de exercícios anteriores e multas judiciais.
4. Contribuição pelo índice de rotatividade (art. 239, §4º CF/88)	Arrecadação adicional das empresas cujo índice de rotatividade da força de trabalho for superior à média do setor.[13]

Fonte: CARDOSO JÚNIOR et al., 2006

---

(11) Obs.: Fundamentos legais: art. 234 da CF; Leis Complementares n. 7 e n. 8, de 1970; Lei Complementar n. 26/75; Lei n. 9.715/98; Lei n. 10.637/02; Decreto n. 4.524/02; Lei n. 10.865/04.
(12) Até a legislação de 2002, que alterou as alíquotas de contribuição e a base de incidência do PIS, as empresas privadas recolhiam uniformemente 0,65% das suas receitas operacionais brutas.
(13) A contribuição adicional dos empregadores pelo índice de rotatividade jamais foi regulamentada e, portanto, não existe na prática.

6.5. O desafio dos acidentes de trabalho

Os acidentes de trabalho podem gerar consequências sérias para o trabalhador, sua família e toda a sociedade. Podem levar à incapacidade ou até à morte do cidadão obreiro, causando, pois, enorme prejuízo para a saúde pública de nosso país. A importância do tema é destacada por Oliveira:

> A dimensão do problema e a necessidade premente de soluções não permitem mais ignorá-lo. É praticamente impossível "anestesiar" a consciência, comemorar os avanços tecnológicos deste final de século e desviar o olhar dessa ferida social aberta, ainda mais com tantos dispositivos legais e princípios jurídicos entronizando, com nitidez, a dignificação do trabalho. (OLIVEIRA, 2002, p. 193).

E continua:

> Na prática, a flexibilização tem sido adotada como forma de reduzir direitos dos trabalhadores, quebrando a rigidez da legislação trabalhista para diminuir os desembolsos com pessoal. É fácil compreender, assim, o aumento surpreendente de 77% das mortes no trabalho no período de 1994 a 1996, ou o crescimento de 128% nas doenças ocupacionais no mesmo período (OLIVEIRA, 2002, p. 136).

Conforme dados do DIESAT (Departamento Intersindical de Estudos e Pesquisas de Saúde e dos Ambientes de Trabalho), nos últimos anos, o número de acidentes de trabalho no Brasil vem crescendo. Enquanto em 2001 contabilizavam pouco mais de 340 mil acidentes de trabalho, em 2007 este número elevou-se para 653 mil ocorrências, indicando um aumento de 92%. Apenas no ano de 2007, foram registradas 2,8 mil mortes por acidentes de trabalho em todo o Brasil, o que representa quase oito mortes diárias. Esse crescimento no número de acidentes de trabalho foi verificado em todos os setores econômicos e, em 2007, sofreu influência dos acidentes sem Comunicações de Acidentes de Trabalho (CAT), registrados por meio do nexo técnico epidemiológico. (ANUÁRIO ESTATÍSTICO DE ACIDENTES DE TRABALHO, 2007). No ano de 2007, além das hipóteses de notificação contabilizadas pela CAT, a previdência social reconheceu diversos novos casos decorrentes da aplicação de nexos técnicos previdenciários a benefícios que não tinham uma CAT vinculada. (BRASIL, 2012c).

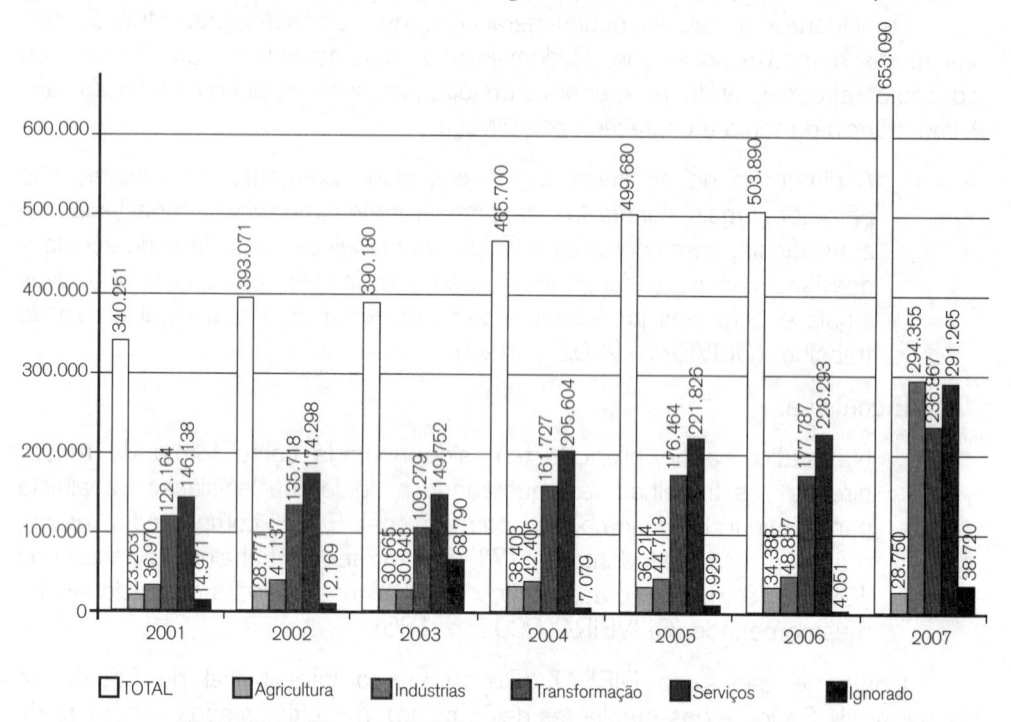

Gráfico 6: Acidentes de trabalho registrados no Brasil (2001-2007)

Fonte: ANUÁRIO ESTATÍSTICO DE ACIDENTES DE TRABALHO, 2007.

Segundo dados do Ministério da Previdência Social, no ano de 2009 foram registrados 723.452 acidentes e doenças do trabalho, entre os trabalhadores assegurados da previdência social. Tal montante não considera os trabalhadores autônomos (contribuintes individuais), tampouco as empregadas domésticas. Foram contabilizadas 17.693 doenças relacionadas ao trabalho, que causaram o afastamento das atividades de 623.026 trabalhadores devido à incapacidade temporária (302.648 até 15 dias e 320.378 com tempo de afastamento superior a 15 dias), 13.047 trabalhadores por incapacidade permanente, e o óbito de 2.496 cidadãos. (BRASIL, 2012c).

No ano de 2009, os dados indicam a ocorrência de 1 morte a cada 3,5 horas, motivada pelo risco decorrente dos fatores ambientais do trabalho e, ainda, cerca de 83 acidentes e doenças do trabalho reconhecidos a cada 1 hora na jornada diária. Em 2009, constatou-se uma média de 43 trabalhadores/dia que não mais retornaram ao trabalho devido à invalidez ou à morte.

Conforme dados divulgados pelo Ministério da Previdência Social, em 2009, se considerarmos apenas o pagamento dos benefícios do INSS devidos em razão de acidentes e doenças do trabalho, somado ao pagamento das aposentadorias especiais decorrentes das condições ambientais do trabalho, será encontrado um valor da ordem de R$ 14,20 bilhões/ano. Adicionando despesas como o custo operacional do INSS mais as despesas na área da saúde e afins, o custo atinge cerca de R$ 56,80 bilhões. (BRASIL, 2012c).

Tais números mostram a dimensão do problema e explicitam a urgência na adoção de políticas públicas destinadas à prevenção contra os infortúnios laborais, tanto em razão do elevadíssimo custo para o Estado, quanto pelo imenso número de cidadãos atingidos por tais ocorrências.

Citando entendimento da OIT, Oliveira ressalta:

> Segundo a OIT, há quatro meios principais de prevenção contra os agentes danosos, relacionados na ordem decrescente quanto à eficácia: a)eliminação do risco; b) eliminação da exposição do trabalhador ao risco; c)isolamento do risco; d) proteção do trabalhador. (OLIVEIRA, 2002, p. 279).

Verifica-se que a ordem brasileira se vincula ao último meio de prevenção como regra. Assim, foram desenvolvidas técnicas e equipamentos para conviver com o agente agressivo, em vez de eliminar o risco em caráter prioritário. (OLIVEIRA, 2002, p. 279).

O autor destaca também as agressões causadas pelo excesso de trabalho como precursoras dos acidentes de trabalho. Por isso, acredita que a cumulação dos adicionais de periculosidade e insalubridade, além da elevação de suas bases de cálculo, juntamente com ações preventivas e fiscalizatórias, em especial dos sindicatos, são algumas medidas que podem ser tomadas para auxiliar na redução dos acidentes. (OLIVEIRA, 2002, p. 280).

6.5.1. A propositura de ações de regresso pelo INSS

Dentre as medidas de combate ao excessivo número de acidentes de trabalho, acreditamos na eficácia da propositura de ações regressivas pelo INSS em face do empregador culpado pelo acidente.

Na seara previdenciária, o empregado acidentado recebe os benefícios da previdência social independente da comprovação de culpa, pois tal direito está fundado na teoria da responsabilidade objetiva. A cobertura previdenciária acabou por deslocar a natureza do contrato do seguro de acidente de trabalho para um sistema de seguro social, dotado de solidariedade mais ampla, cujos benefícios são concedidos ao acidentado independentemente da prova de culpa. Isso porque o trabalho, de certa forma, por si só, implica riscos. Ademais, imperioso ressaltar que o próprio trabalhador contribui para a Previdência Social e, também, a empresa, que paga um percentual a mais para financiar os benefícios acidentários. (OLIVEIRA, 2002, p. 238).

O seguro social obrigatório não retira do empregador os deveres de diligência, de garantir um ambiente de trabalho saudável, de atuar na redução dos riscos inerentes ao trabalho, através de normas de saúde, higiene e segurança, como prevê o art. 7º, inciso XXI da CF/88. Por isso, quando o empregador não cumprir seus deveres e concorrer para o evento do acidente com dolo ou culpa, por ação ou omissão, caracteriza-se o ato ilícito, gerando o direito à reparação de natureza civil, independente da cobertura acidentária. A causa do acidente, neste caso, não decorre do trabalho, mas do descumprimento dos deveres legais devidos ao empregador. (OLIVEIRA, 2002, p. 238).

É também possível determinar a reparação do dano sem a ocorrência de culpa, na hipótese de responsabilidade objetiva. Contudo, não se admite condenação em que não seja verificado o nexo causal, ligando o ato ao dano. (OLIVEIRA, 2002, p. 239).

Qualquer descuido ou negligência do empregador no que se refere às normas de segurança, higiene e saúde do trabalhador pode caracterizar a culpa e ensejar o pagamento de indenização decorrente da responsabilidade civil. (OLIVEIRA, 2002, p. 247).

Oliveira destaca alguns casos em que ocorre responsabilidade sem culpa, bastando a ocorrência do dano para gerar o direito à reparação civil em benefício da vítima:

> A responsabilidade sem culpa já ocorre, por exemplo, nos danos nucleares, conforme disposição do art. 21, XXIII, "c", da Constituição da República de 1988. Também o art. 225, § 3º, estabelece a obrigação de reparar os danos causados pelas atividades lesivas ao meio ambiente, sem cogitar de dolo ou culpa. Este último dispositivo constitucional merece leitura atenta porque permite a interpretação de que os danos causados pelo empregador ao meio ambiente do trabalho, logicamente abrangendo os empregados, devem ser ressarcidos independentemente da existência de culpa, ainda mais que o art. 200, VIII, da mesma Constituição expressamente inclui o local de trabalho no conceito de meio ambiente. Além disso, cabe ressaltar que a ordem econômica, como previsto no art. 170 da Constituição de 1988, tem por fim assegurar a todos existência digna, conforme os ditames da justiça social, devendo adotar como princípio a defesa do meio ambiente. (OLIVEIRA, 2002, p. 252).

O art. 927, parágrafo único, do Código Civil vem sendo um valioso instrumento para reforçar a tese da responsabilidade objetiva, ao prever:

> Haverá obrigação de reparar o dano, independentemente de culpa, nos casos especificados em lei, ou quando a atividade normalmente desenvolvida pelo autor do dano implicar, por sua natureza, risco para os direitos de outrem. (BRASIL, 2002)

Quanto ao descumprimento das normas de segurança e higiene do trabalho, previstas nos arts. 7º, XXII da CF/88; Título II, Capítulo V, em especial, arts. 157 e 158 da CLT; e ainda, art. 19, § 1º, da Lei n. 8.213/1991, encontra-se regulada expressamente a possibilidade de propositura de Ação Regressiva, nos arts. 120 e 121 da Lei n. 8.213/1991:

Art. 120. Nos casos de negligência quanto às normas-padrão de segurança e higiene do trabalho indicadas para a proteção individual e coletiva, a Previdência Social proporá ação regressiva contra os responsáveis.

Art. 121. O pagamento, pela Previdência Social, da prestação por acidente do trabalho não exclui a responsabilidade civil da empresa ou de outrem. (BRASIL, 1991)

Maciel destaca que "o art. 120 da Lei n. 8.213/91 não criou um direito ressarcitório em prol do INSS, ao contrário, instituiu um dever de a previdência social buscar o ressarcimento das despesas suportadas em face da conduta culposa de terceiros" (MACIEL, 2010, p. 16), o que explicita o caráter absoluto desse dispositivo legal.

A Justiça Federal, nos termos do art. 109, I da CF/88, tem competência para dirimir ação regressiva da previdência em face do empregador, indicando para fins de ressarcimento todos os valores gastos com as prestações acidentárias.

A responsabilidade de regresso está fundada no fato de que os danos gerados ao INSS em razão desses acidentes não podem e não devem ser custeados por toda a sociedade, já que derivados de uma atitude ilícita da empresa que não cumpre as normas protetivas do ambiente de trabalho. Assim, buscam-se recuperar, para os cofres públicos do seguro acidentário, os montantes gastos nos acidentes de trabalho que poderiam ter sido evitados caso o empregador cumprisse a integralidade das regras de medicina e segurança do trabalho. Por terem sido quitadas com recursos públicos do INSS, mais do que razoável que sejam ressarcidas todas e quaisquer despesas havidas a partir de acidentes das espécies aqui abordadas. Por sua parte, cabe ao INSS, no cumprimento de seus deveres institucionais, buscar o ressarcimento dos prejuízos causados pela empresa negligente. Através dessa prática, Pulino assevera que é possível que o empregador se estimule a cumprir as regras tutelares, reforçando o cumprimento de normas trabalhistas. (PULINO, 1996, p. 8).

É possível, então, pedir a condenação de uma só vez para pagamento das parcelas vencidas (acrescidas de juros e correção monetária) e, quanto às vincendas, faz-se necessária a constituição de um capital, pelas empresas condenadas, na forma do art. 602 do Código de Processo Civil, assegurando assim o cumprimento da sentença. Tal capital constituído "será inalienável e impenhorável", conforme disposto em lei. (PULINO, 1996, p. 13).

Oliveira ressalta a responsabilidade do empregador independentemente do seguro de acidente de trabalho:

> a finalidade do seguro de acidente de trabalho pago pelo empregador é de cobrir o risco normal do empreendimento, ou seja, a cobertura securitária não dispensa o cumprimento rigoroso das medidas preventivas de higiene e segurança do trabalho disciplinadas na legislação. (OLIVEIRA, 2002, p. 243).

E continua Pulino, discorrendo nesse sentido:

Em outras palavras, o seguro acidentário, público e obrigatório não pode servir de alvará para que empresas negligentes com a saúde e com a vida do trabalhador fiquem acobertadas de sua irresponsabilidade, sob pena de constituir-se verdadeiro e perigoso estímulo a essa prática socialmente indesejável. Afinal, em diversas passagens, a Constituição de 1988 deixa clara a importância do trabalho e de seus valores sociais, como fundamento da ordem social (art. 193), da ordem econômica (art. 170, caput) e da própria República (art. 1º, III e IV). (PULINO, 1996, p. 8).

A ocorrência dessas ações tem sido cada vez mais frequente. A Advocacia-Geral da União (AGU) vem distribuindo ações regressivas acidentárias, com as quais espera ressarcir R$ 63 milhões aos cofres públicos, decorrentes de valores gastos com benefícios para empregado ou pensão por morte aos familiares da vítima de acidente de trabalho por culpa da empresa. Desde 1991, quando começou o ajuizamento de ações regressivas, foram protocolados mais de 2 mil processos regressivos acidentários, com expectativa de ressarcimento superior a R$ 360 milhões. Mais de 80% dessas ações foram ajuizadas de 2008 até a data da repostagem, isto é, 27.4.2012. No ano passado, foram protocoladas 167 ações, no valor de R$ 39 milhões. (MARCHESINI, 2012). Conforme o coordenador geral de cobrança e recuperação de créditos da AGU, Fábio Munhoz, o índice de procedência das ações é de 75%, o que gerou, no ano de 2011, o recolhimento de mais de R$ 1 milhão de reais. O valor arrecadado vai para os cofres do INSS e serve para a provisão de benefícios acidentários e pensões por morte. (MUNHOZ apud MARCHESINI, 2012). Não se pode admitir que a solidariedade social patrocine condutas desrespeitosas do empregador que não fornece condições de trabalho protegidas contra riscos de acidentes. Por isso, o objetivo de tais demandas não é apenas obter ressarcimento de valores, mas sim educar as empresas a tutelar plenamente a saúde e segurança no trabalho. Trata-se, pois, de mais uma forma de efetivar a distribuição de renda em nosso país.

6.6. Ampliação do seguro-desemprego

A Lei n. 7.998/1990 (BRASIL, 1990b) expõe que o seguro-desemprego objetiva prover assistência financeira temporária ao desempregado e auxiliá-lo na busca de um novo emprego, podendo, para isso, promover a sua reciclagem profissional. Isso significa que o seguro-desemprego não se limita a um auxílio financeiro indispensável para prover o sustento do trabalhador enquanto busca uma nova oportunidade de trabalho. Trata-se de um programa que objetiva qualificação e reciclagem profissional do trabalhador, capacitando-o para uma nova vaga no mercado de trabalho.

O programa do seguro-desemprego possui grande abrangência e é fundamental para prover o mínimo existencial para cidadãos, necessário para garantir a segurança alimentar. O art. 2º da Lei n. 7.998/1990 define as finalidades do programa do seguro-desemprego. Assim, dispõe que tal benefício deve prover assistência financeira temporária ao trabalhador desempregado em virtude de dispensa sem justa causa, inclusive a indireta, e ao trabalhador comprovadamente resgatado de regime de trabalho forçado ou da condição análoga à de escravo. Também, auxiliar os trabalhadores na busca ou preservação do emprego, promovendo, para tanto, ações integradas de orientação, recolocação e qualificação profissional.

O art. 2º A instituiu a bolsa de qualificação profissional, a ser custeada pelo Fundo de Amparo ao Trabalhador – FAT, à qual fará jus o trabalhador que estiver com o contrato de trabalho suspenso em virtude de participação em curso ou programa de qualificação profissional oferecido pelo empregador, em conformidade com o disposto em convenção ou acordo coletivo celebrado para esse fim. Também, em caráter excepcional e pelo prazo de seis meses, os trabalhadores que estejam em situação de desemprego involuntário pelo período compreendido entre doze e dezoito meses, ininterruptos, e que já tenham sido beneficiados com o recebimento do seguro-desemprego, farão jus a três parcelas do benefício, correspondente cada uma a R$ 100,00 (cem reais), a teor do que dispõe o art. 2º B. O trabalhador resgatado de regime de trabalho forçado ou da condição análoga à de escravo será encaminhado, pelo Ministério do Trabalho e Emprego, para qualificação profissional e recolocação no mercado de trabalho, por meio do Sistema Nacional de Emprego – SINE, na forma estabelecida pelo Conselho Deliberativo do Fundo de Amparo ao Trabalhador – CODEFAT.

Segundo dados do IPEA, o tempo médio de procura por novo emprego passou por mudanças nos últimos cinco anos. Em 2005, os desempregados com menor renda passavam mais tempo procurando trabalho. Já no ano de 2010, o tempo médio de procura ficou maior entre os trabalhadores com maior renda. Em 2010, o desemprego com menor rendimento teve tempo de procura médio de 248,3 dias, enquanto, em 2005, era de 341,4 dias, o que indica uma queda de 27,3% no tempo de procura por uma ocupação. Para os trabalhadores com renda mais elevada, por sua vez, o indicador subiu 15,7%, de 277 dias, em 2005, para 320,6 dias em 2010. (INSTITUTO DE PESQUISA ECONÔMICA APLICADA, 2011).

O seguro-desemprego é concedido em, no máximo, cinco parcelas, de forma contínua ou alternada, a cada período aquisitivo de dezesseis meses, de acordo com a comprovação do prazo no emprego:

a) três parcelas, se o trabalhador comprovar vínculo empregatício de no mínimo seis meses e no máximo 11 meses, nos últimos 36 meses;

b) quatro parcelas, se o trabalhador comprovar vínculo empregatício de no mínimo 12 meses e no máximo 23 meses, nos últimos 36 meses;

c) cinco parcelas, se o trabalhador comprovar vínculo empregatício de no mínimo 24 meses, nos últimos 36 meses.

Independentemente do perfil do desempregado, o que se pode constatar é que o período máximo do seguro-desemprego (cinco parcelas) não é suficiente para prover a subsistência dos cidadãos enquanto procuram novo posto de trabalho.

Nesse sentido:

> [...] com a dilação do prazo de espera por novo emprego, o seguro-desemprego perde a centralidade como medida de desmercantilização da força de trabalho, razão pela qual as demandas sindicais giram em torno da ampliação do número de parcelas do seguro-desemprego. (LOBO, 2010, p. 240).

Acreditamos que, pelo fato de o benefício do seguro-desemprego ser imprescindível política de distribuição de renda, imperioso dilatar o prazo de gozo do benefício. Considerando os dados do IPEA acima expostos, o número de parcelas do seguro mostra-se insuficiente para cumprir seu escopo assistencial durante todo o período do desemprego. Findo o prazo do benefício, o trabalhador acaba se sujeitando à economia informal para se sustentar. A ampliação do número de parcelas mostra-se importante, inclusive, para evitar que esse valioso instrumento de distribuição de renda perca sua plena efetividade. Certamente que tal ampliação deve ser condicionada à comprovação da matrícula e da frequência do trabalhador segurado em curso de formação inicial e continuada ou qualificação profissional, com carga horária mínima de 160 (cento e sessenta) horas, conforme prevê o art. 3º da Lei n. 7.998/1990. Assim, o cidadão garante sua sobrevivência e se qualifica, enquanto busca novo posto de emprego.

6.7. Regulamentação do inciso VII do art. 153 da Constituição Federal (Imposto sobre Grandes Fortunas)

O Imposto sobre Grandes Fortunas (IGF) está previsto no art. 153, VII da Constituição Federal de 1988: "Art. 153. Compete à União instituir impostos sobre:

VII – grandes fortunas, nos termos de lei complementar." (BRASIL, 1988).

A lei complementar para regulamentação do IGF ainda não foi publicada, contudo, o referido imposto constitui-se num importante instrumento de aceleração do combate da pobreza e redução das desigualdades em nosso país. O IGF deverá instituir um valor adicional a ser destinado prioritariamente à seguridade social (saúde, assistência social e previdência social), a fim de auxiliar no custeio de programas como o bolsa-família, que vem exercendo um significativo papel distribuidor de riqueza, como já demonstrado.

Alguns projetos de lei já foram apresentados aos parlamentares. Destacamos aqui o recente projeto de Lei Complementar n. 130/2012, de autoria de Teixeira *et al.* (2012). Nos termos do seu art. 2º, os contribuintes do IGF são as pessoas físicas domiciliadas no país; as pessoas físicas ou jurídicas domiciliadas no exterior, em relação ao patrimônio que detenham no país; e o espólio das pessoas físicas a que se referem os incisos I e II. Seu fato gerador é a titularidade de grande fortuna, definida como o patrimônio líquido que exceda o valor de 8.000 (oito mil) vezes o limite mensal de isenção para pessoa física do imposto de que trata o art. 153, III, da Constituição Federal, apurado anualmente, no dia 31 de dezembro do ano base de sua incidência. Seu art. 4º dispõe sobre as formas de sua apuração. Assim define que, sobre a parcela que exceder o limite aqui exposto, superando o valor de 8.000 (oito mil) vezes o limite mensal da isenção do IRPF até 25.000 (vinte e cinco mil) vezes esse mesmo limite, incidirá alíquota de 0,5% (zero vírgula cinco por cento). Para a faixa de patrimônio líquido que superar esses valores, até 75.000 (setenta e cinco mil) vezes o mesmo limite mensal de isenção, incidirá alíquota de 0,75% (zero vírgula setenta e cinco por cento). Por fim, para a faixa de patrimônio líquido que superar esse valor, incidirá alíquota de 1% (um por cento).

Nos termos propostos, o IGF teria incidência apenas sobre contribuintes cujo excedente do patrimônio líquido fosse a partir de R$ 11,99 milhões em 2011, em razão da multiplicação do valor da renda mensal isenta de Imposto de Renda de Pessoa Física nesse exercício de R$ 1.499,15, por 8.000. Tal valor exclui com bastante folga as classes média e alta, da mesma forma que um conjunto de famílias que podem ser consideradas ricas, mas não milionárias. (TEIXEIRA *et al.*, 2012).

Conforme dados do referido projeto, pretende-se que a incidência do Imposto atinja tão somente aqueles que apresentam grandes fortunas, estimados em cerca de 10 mil famílias e, principalmente, dentro desse universo de contribuintes, as cinco mil famílias que teriam um patrimônio equivalente a 40% do PIB. O montante de famílias que recolheriam o Imposto sobre Grandes Fortunas seria da ordem de 0,04% do universo das pessoas físicas que declararam imposto de renda em 2007. Esse percentual é reduzido para 0,02%, quando consideramos a "superelite" de cinco mil famílias. O projeto estima que a arrecadação total do IGF fique no patamar mínimo de R$ 6 bilhões, no primeiro ano de seu recolhimento. Também, a justificativa do projeto destaca que o número de famílias brasileiras ricas tem crescido em razão do desempenho econômico no Brasil, segundo levantamento da divisão de *Business & Finance* da TNS. Conforme tal pesquisa demonstrada no texto do projeto, nosso país já conta com três milhões de famílias abastadas, o que representa 5% da população. Assim, confirma a hipótese de que, nos próximos anos, os mercados emergentes, no qual se inclui o Brasil, se tornarão os novos polos de riqueza. Tais dados contrapõem-se ao argumento de que o IGF é um imposto de reduzida arrecadação e de que, por isso, não deve ser adotado, uma vez que é crescente o número de famílias milionárias no universo de contribuintes brasileiros. (TEIXEIRA *et al.*, 2012).

Para evitar a evasão fiscal e a ocultação de patrimônio, o cruzamento de informações com os dados das Declarações de Imposto de Renda da Receita Federal do Brasil apresenta-se como uma valiosa alternativa.

Gráfico 7: distribuição da riqueza entre os mais afortunados no Brasil.

Afortunados
O universo das grandes fortunas no Brasil *(n. de contribuintes / patrimônio)*

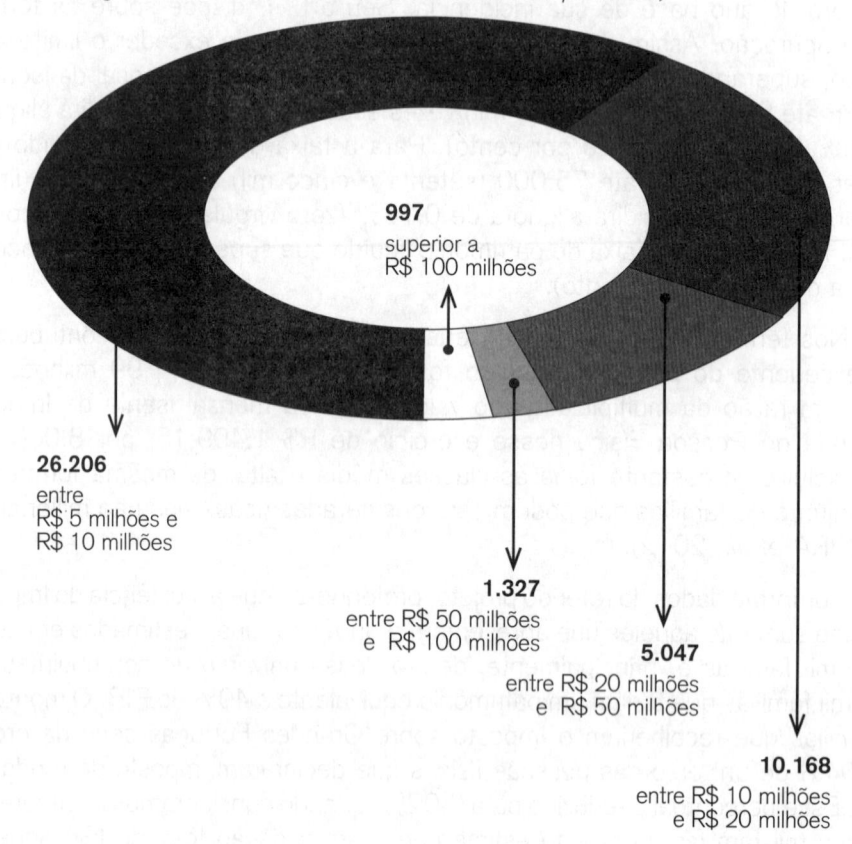

- **997** superior a R$ 100 milhões
- **26.206** entre R$ 5 milhões e R$ 10 milhões
- **1.327** entre R$ 50 milhões e R$ 100 milhões
- **5.047** entre R$ 20 milhões e R$ 50 milhões
- **10.168** entre R$ 10 milhões e R$ 20 milhões

Fonte: THUSWOHL, 2012.

Acreditamos que a regulamentação do IGP deve ser implementada, a fim de se concretizarem os objetivos do nosso país, explicitados na Carta Magna, referentes à erradicação da pobreza e da marginalização e à redução das desigualdades sociais. Ainda que outro projeto de lei seja aprovado, distinto do projeto n. 130/2012 aqui ilustrativamente indicado, destacamos que é imperioso que sejam excluídas do imposto todas as classes sociais até a média alta, sob pena de esvaziar o escopo do tributo. Ressaltamos que tal imposto não tributa a renda, mas, sim, o capital. Assim, enquanto renda corresponde ao acréscimo de patrimônio (tributável pelo IR), a grande fortuna é o patrimônio em si. Dessa forma, se uma pessoa detentora de grandes fortunas não tiver acréscimo de patrimônio ao longo de um ano-calendário, não pagará imposto de renda, mas pagará o IGF. O tributo, portanto, atua diretamente sobre o patrimônio daquelas pouquíssimas pessoas físicas que, por concentrarem grande parte da renda nacional, dificultam a redução das desigualdades. (THUSWOHL, 2012).

7. A PREVIDÊNCIA COMPLEMENTAR COMO INSTRUMENTO ADICIONAL DE INCLUSÃO SOCIAL PREVIDENCIÁRIA

7.1. Previdência pública e previdência complementar

Pulino expressa as distinções entre previdência pública e previdência complementar. Afirma que a expressão "previdência social", constante nos arts. 201 e 202 ou no art. 24, XII da Constituição Federal de 1988, que dispõem sobre a competência legislativa concorrente da União e dos Estados, refere-se:

> tanto à previdência *pública (ou oficial), básica (ou elementar)* e *obrigatória*, quanto àquela outra modalidade de previdência (que é como que o contrário exato desta), caracterizada por ser (sempre de acordo com a própria Constituição) *privada, complementar* e *facultativa*. (PULINO, 2009, p. 22).

Dessa forma, a previdência pública, básica e obrigatória é composta pelo regime próprio de previdência social – RPPS, destinado aos servidores públicos, conforme reza o art. 40 da Constituição Federal e, também, pelo regime geral de previdência social – RGPS, de caráter residual, ao qual se filiam todos os demais trabalhadores brasileiros, como dispõe o art. 201 do texto Magno. (PULINO, 2009, p. 22).

Ambos os regimes caracterizam-se por serem de Direito Público, gerido por entidades estatais, através da própria administração direta ou pelas autarquias. Seus planos de benefícios e de custeio, assim como suas atuações, são vinculadas à reserva legal e não meramente por ajustes entre as partes. Também, são de *vinculação obrigatória* dos trabalhadores, apesar de poderem contar também com segurados facultativos, conforme dispõe o § 5º do art. 201 da CF/88. Objetivam tutelar situações de necessidade social básicas, compreendidas no valor-teto de seus benefícios, mas destinando-se sempre, em certa medida, a manter o nível de vida do trabalhador. (PULINO, 2009, p. 24).

Complementando essa modalidade de previdência, o art. 202 da CF/88, com redação integralmente formulada pela Emenda Constitucional n. 20, de 15 de dezembro de 1998, prevê o regime de previdência privada. Suas características são opostas àquelas apresentadas pelos regimes oficiais. Assim, a previdência complementar é privada, já que é criada em regime de autonomia privada, de índole negocial e contratual, sendo devido, às partes envolvidas, estabelecer as regras aplicáveis em seus contratos, atendendo, por óbvio, aos limites impostos pela atuação estatal. Cabe, pois, aos patrocinadores e instituidores, participantes e assistidos e à própria entidade de previdência complementar definir as regras que tutelarão seus interesses previdenciários. Como o próprio nome indica, é complementar, não apenas sob enfoque econômico, que visa à proteção de necessidades que superam o patamar de cobertura dos regimes de previdência básica, aperfeiçoando, conforme previsão contratual, o padrão de vida do trabalhador quando na inatividade. Mas, também, por nortear que, no sistema brasileiro, seu papel não é substitutivo, tampouco concorrente da proteção previdenciária obrigatória do Estado para os trabalhadores. Por fim, é facultativa, pois o indivíduo pode contratar, vinculando-se ou não, a um plano privado, podendo, inclusive, dele se retirar quando desejar, eis que jungido ao princípio da autonomia da vontade. Dessa característica, decorrem os estímulos extrafiscais do regime de tributação para o setor, a independência do contrato previdenciário com o contrato de trabalho, conforme destacado no § 2º do art. 202 da CF/1988 e art. 14 da LC n. 109/2001; imperativa transparência na gestão dos planos (CF, art. 202, § 1º, e arts. 7º, 10, 22 e 24 da LC n. 109/2001) e vinculação à atuação reguladora e fiscalizadora do Estado. (PULINO, 2009, p. 25).

7.2. Previdência complementar: traços históricos

A previdência complementar privada existe formalmente no Brasil antes mesmo da Constituição Federal de 1988. A Lei n. 6.435, de 1977 (BRASIL, 1977), institucionalizou as atividades de previdência privada, que passaram a ser controladas pelo Estado.

As discussões sobre a regulamentação da previdência complementar se iniciaram de forma incipiente durante o regime militar em 1972. Porém, a Lei n. 6.435 somente foi criada no ano de 1977 (BRASIL, 1977), durante o governo de Ernesto Geisel. O Decreto n. 81.240/1978 regulamentou as entidades fechadas de previdência privada, enquanto o Decreto n. 81.402/1978 tratou das entidades abertas. Também, as Resoluções do CMN (Conselho Monetário Nacional) integravam as fontes formais do regime de previdência privada brasileiro.

Através de tais diplomas, Ricardo Pena Pinheiro (2007) esclarece que tanto as entidades abertas de previdência privada quanto as fechadas objetivavam criar planos privados de concessão de pecúlios ou de rendas, de benefícios complementares ou semelhantes aos da previdência social, através da contribuição de seus participantes, dos respectivos empregadores ou de ambos. Tais entidades eram organizadas em sociedades anônimas, quando tinham fins lucrativos, e sociedades civis ou fundações, quando não visavam a fins lucrativos.

Como sociedades anônimas, as entidades abertas de previdência privada integravam o Sistema Nacional de Seguros Privados, cujo órgão normativo era o Conselho Nacional de Seguros Privados, e cujo órgão executivo e fiscalizador era a SUSEP (Superintendência de Seguros Privados), órgãos pertencentes ao Ministério da Fazenda. Eram destinadas a uma clientela de caráter individual, que desejasse aderir ao plano de benefícios por meio do aporte regular das contribuições requeridas. (PINHEIRO, 2007, p. 31).

As entidades fechadas de previdência privada estavam organizadas na forma de fundações ou sociedades civis e se equiparavam às entidades assistenciais. Integravam o sistema oficial de previdência social, composto pelo Conselho de Previdência

Complementar, atuando como órgão normativo; e pela SPC (Secretaria de Previdência Complementar), que procedia às fiscalizações. (PINHEIRO, 2007, p. 31).

Na década de 1980, em razão do processo inflacionário experimentado pela economia brasileira, houve grande acumulação de recursos em papéis de renda fixa. Foram criados vários fundos de pensão em empresas privadas do país. (PINHEIRO, 2007, p. 32).

A onda de privatizações que marcou o Brasil, a partir da primeira metade da década de 1990, atingiu certamente o controle atuarial dos fundos de pensão. Isso porque a privatização das empresas estatais e federais contou com a participação decisiva dos recursos financeiros dos fundos de pensão.

Até a promulgação da Emenda Constitucional (EC) de n. 20/1998, a matéria prevista na Constituição Federal determinava apenas a criação "de um seguro coletivo, de caráter complementar e facultativo, custeado por contribuições adicionais" (art. 201, § 7º do texto original). (CASTRO; LAZZARI, 2012, p. 128).

Com a EC n. 20/1998, a previdência privada passou a ser disciplinada no art. 202 da Constituição Federal, estabelecendo a autonomia do regime previdenciário privado. Paralelamente ao regime geral de previdência social do INSS, a previdência complementar foi instituída como regime complementar, conforme previsão do art. 202 da Carta Magna, destinado a todos os cidadãos, em especial, àqueles que desejam auferir uma renda maior do que o valor-teto fornecido pelo INSS quando da inatividade.

> Art. 202. O regime de previdência privada, de caráter complementar e organizado de forma autônoma em relação ao regime geral de previdência social, será facultativo, baseado na constituição de reservas que garantam o benefício contratado, e regulado por lei complementar.
>
> § 1º A lei complementar de que trata este artigo assegurará, ao participante de planos de benefícios de entidades de previdência privada, o pleno acesso às informações relativas à gestão de seus respectivos planos.
>
> § 2º As contribuições do empregador, os benefícios e as condições contratuais previstas nos estatutos, regulamentos e planos de benefícios das entidades de previdência privada não integram o contrato de trabalho dos participantes, assim como, à exceção dos benefícios concedidos, não integram a remuneração dos participantes, nos termos da lei.
>
> § 3º É vedado o aporte de recursos à entidade de previdência privada pela União, pelos Estados, pelo Distrito Federal e pelos Municípios, suas autarquias, fundações, empresas públicas, sociedades de economia mista e outras entidades públicas, salvo na qualidade de patrocinador, situação na qual, em hipótese alguma, sua contribuição normal poderá exceder à do segurado.
>
> § 4º Lei complementar disciplinará a relação entre a União, Estados, Distrito Federal ou Municípios, inclusive suas autarquias, fundações, sociedades de economia mista e empresas controladas, direta ou indiretamente, enquanto patrocinadoras de

entidades fechadas de previdência privada, e suas respectivas entidades fechadas de previdência privada.

§ 5º A lei complementar de que trata o parágrafo anterior aplicar-se-á, no que couber, às empresas privadas permissionárias ou concessionárias de prestação de serviços públicos, quando patrocinadoras de entidades fechadas de previdência privada.

§ 6º A lei complementar a que se refere o § 4º deste artigo estabelecerá os requisitos para a designação dos membros das diretorias das entidades fechadas de previdência privada e disciplinará a inserção dos participantes nos colegiados e instâncias de decisão em que seus interesses sejam objeto de discussão e deliberação. (BRASIL, 1988).

Também alterou a redação do § 14 do art. 40 da Constituição Federal, prevendo a hipótese de fundos de previdência complementar também para os agentes públicos ocupantes de cargos efetivos e vitalícios:

§ 14 – A União, os Estados, o Distrito Federal e os Municípios, desde que instituam regime de previdência complementar para os seus respectivos servidores titulares de cargo efetivo, poderão fixar, para o valor das aposentadorias e pensões a serem concedidas pelo regime de que trata este art., o limite máximo estabelecido para os benefícios do regime geral de previdência social de que trata o art. 201. (BRASIL, 1988).

Em 2001, foram publicadas as leis complementares n. 108 (BRASIL, 2001c) e 109 (BRASIL, 2001d). Aquela, tratando, respectivamente, da relação entre a União, os Estados, o Distrito Federal e os Municípios, suas autarquias, fundações, sociedades de economia mista e outras entidades públicas e suas respectivas entidades fechadas de previdência complementar. Já a Lei complementar n. 109/2001 é o regulamento básico da previdência complementar. A partir de então, conforme art. 36 da Lei complementar n. 109/2001, as entidades abertas de previdência complementar são instituições financeiras, constituídas obrigatoriamente sob a forma de sociedades anônimas, com o objetivo de criar e operar planos de benefícios previdenciários em forma de renda continuada ou pagamento único para todos os cidadãos. As seguradoras que operem exclusivamente seguros de vida poderão ser autorizadas a operar também os planos de benefícios. São exemplos dessas entidades a Bradesco Previdência, o BrasilPrev e a Itaú Previdência.

7.3. Objetivos da previdência complementar

A previdência complementar foi criada com o objetivo precípuo de fornecer uma rede de proteção adicional, buscando o desenvolvimento econômico e a melhoria do bem-estar de todos os indivíduos.

Nas palavras de Almiro:

Efetivamente, a Previdência Social visa ao fortalecimento dos recursos humanos, considerados fator de produção, tal como a previdência supletiva, que tem por escopo a tranquilidade econômica do profissional, face às repercussões na economia das empresas, na estabilidade política e nas relações sociais, em termos de segurança nacional. (ALMIRO, 1978, p. 36).

Conforme Balera:

> Integram o quadro de componentes do Sistema de Seguridade Social brasileiro os entes de previdência privada. Servem os entes supletivos, como estruturas de expansão do arcabouço de proteção, formando, como já se costuma dizer em França, segunda rede de seguridade social, em estreita colaboração com o Poder Público, no interior do aparato do bem--estar. Mas não perdem os traços característicos que são peculiares às pessoas privadas. (BALERA, 2002, p. 61).

Assim, acreditamos que o desenvolvimento da previdência complementar, com a criação da cultura de poupança futura, tende a preservar ou aprimorar o padrão de vida dos trabalhadores em períodos de inatividade.

7.4. Classificação

A previdência complementar pode ser *implementar* ou *suplementar*. Um sistema desvinculado do regime geral de previdência social é *implementar*. Nele, há concessão de benefício privado independentemente do estatal pago pelo INSS ou mesmo por sistema próprio de previdência de servidores públicos. Por outro lado, o suplementar existirá quando o regime privado pagar valor adicional ao RGPS, contudo, sem a obrigação de manter a mesma remuneração do trabalhador quando ativo. O *complementar*, em sentido estrito, consiste no regime que mantiver o mesmo patamar remuneratório do beneficiário. (MARTINEZ, 2012, p. 772).

Diante de tal classificação, a previdência complementar brasileira pode ser caracterizada como *implementar*, já que é autônoma em relação ao RGPS. "Pelas regras atuais, o participante de plano privado de previdência pode obter seu benefício privado, mesmo não completando os requisitos necessários para a aquisição da prestação paga pelo RGPS." (IBRAHIM, 2012, p. 772).

7.5. Entidades fechadas e entidades abertas

A previdência complementar pode ser classificada em aberta ou fechada, conforme a relação entre a entidade e os participantes dos planos de benefícios.

Conforme Martinez, é valioso distinguir as entidades de previdência privada, a saber:

> A relação jurídica de previdência privada pode ser esmiuçada e pormenorizada, especialmente a nascida entre segurado ou associado e EAPP (entidades abertas de previdência privada), bem como entre participante e EFPP (entidade fechada de previdência privada). A perquirição objetiva visa apreender a essência do vínculo jacente no entrelaçamento das pessoas. No bojo da proteção supletiva, a rigor, o segmento aberto não difere fundamentalmente do fechado. Do ponto de vista conceitual, o envolvimento é praticamente

igual. No primeiro caso, ligeiramente influenciado pela proximidade do seguro privado, regime financeiro e tipo de plano. Sob essa ótica, mais seguro e menos previdência, em razão do mecanismo utilizado e do tipo das prestações postas à disposição, embora alguns planos novos estejam se identificando com os fechados, preferindo rendas mensais a pecúlios. Na previdência fechada, subsiste triângulo abarcando três relações distintas: a) patrocinadora-entidade; b) entidade-participante; e c) participante-patrocinadora. Pequenas diferenças emergem e devem ser ressaltadas: a) cooperação pecuniária e vizinhança do mantenedor; b) semelhança e dependência da prestação básica; e c) vínculo empregatício com patrocinador. (MARTINEZ, 1996, p. 115).

7.5.1. Entidades fechadas

As entidades fechadas de previdência complementar – também chamadas de fundos de pensão – são constituídas como fundação ou sociedade civil, sem fins lucrativos. São restritas aos empregados de uma empresa ou grupo de empresas e aos servidores da União, dos Estados, do Distrito Federal e dos Municípios, chamados de patrocinadores. Também podem ter acesso os associados ou membros de pessoas jurídicas de caráter profissional, classista ou setorial, chamados de instituidores.

Pulino elenca as características básicas dessas instituições. Assim, destaca a administração de planos de benefícios previdenciários de *acesso restrito* aos "empregados de uma empresa ou grupo de empresas e aos servidores da União, dos Estados, do Distrito Federal e dos Municípios, entes denominados patrocinadores", bem como "aos associados ou membros de pessoas jurídicas de caráter profissional, classista ou setorial, denominadas instituidores", formando, pois, uma *identidade de grupo essencial* para que se possa *participar* de plano fechado de previdência complementar. Não possuem finalidade *lucrativa, sendo que* toda a rentabilidade obtida com os investimentos dos recursos de cada *plano de benefícios deverá ser* revertida ao próprio *plano* e, assim, aos respectivos participantes e assistidos. Estruturam-se na forma de *fundações* (privadas) – ou, segundo o texto legal, hoje não mais em compasso com o Novo Código Civil, como *sociedades civis* (arts. 31, § 2º da LC n. 109/01 e 8º, parágrafo único da LC n. 108/01). Possuem estrutura própria de organização (composta de conselho deliberativo, conselho fiscal e diretoria-executiva), para a qual o legislador impôs a *necessária representação dos participantes e assistidos nesses conselhos estatutários* (arts. 35 da LC n. 109/01 e 9º, 10 e 13 da LC n. 108/01). Por fim, esclarece que os órgãos regulador e fiscalizador do segmento fechado pertencem, hoje, ao *Ministério da Previdência Social.* (PULINO, 2009, p. 40).

Os fundos de pensão são oferecidos por empresas públicas e privadas aos empregados e também por associações. Movimentam, atualmente, um patrimônio de cerca de R$ 460 bilhões, que corresponde a 18% do Produto Interno Bruto (PIB) brasileiro de 2011, segundo informações da Associação Brasileira das Entidades Fechadas de Previdência Privada (Abrapp). O número de brasileiros beneficiados pelo sistema é de 6,5 milhões, que abrange participantes, assistidos e dependentes.

(SENADO FEDERAL, 2012). O crescimento significativo do patrimônio dos fundos de pensão tem sido influenciado pelo desenvolvimento do mercado financeiro e, também, por políticas públicas que demonstram a confiança do país em tais instituições, como ocorreu com a criação da FUNPRESP, pela Lei n.12.618/2012. Historicamente, a participação do PIB passou de 1,1%, em 1977, para cerca de 16,60%, em dezembro/2005, atingindo 18%, em 2011, como exposto. (PINHEIRO, 2007, p. 37). Por serem investimentos de longo prazo e pelo volume de recursos que movimentam, os fundos de pensão podem "consolidar-se como importante instrumento de proteção social complementar e de externalidades positivas no tocante à eficiência alocativa e à reorganização da poupança interna do país." (PINHEIRO, 2007, p. 37).

De acordo com a Portaria Interministerial MPS/MF N. 2, de 6.1º.12, o teto da previdência social para o ano de 2012 é de R$ 3.916,20. (BRASIL, 2012e) Principalmente para os trabalhadores que recebem valores maiores que esse teto, é necessário obter um complemento em períodos de inatividade, que compreende tanto a aposentadoria quanto a redução ou perda da capacidade laborativa, a fim de resguardarem o mesmo padrão de vida. Conforme dados de pesquisa da PNAD, em 2009, havia 3,96 milhões de trabalhadores ocupados com rendimento igual ou superior ao teto do RGPS. (BRASIL, 2012f).

Barra tece comentários sobre os sistemas previdenciários dos EUA e da Comunidade Europeia, que elegeram o que se denomina "Sistema de três pilares". E discorre:

> A divisão ilustrativa representa o primeiro pilar como sendo de viés público, compulsório, cobrindo os riscos básicos com limite máximo no valor das prestações e em regime de repartição simples.[1] No segundo pilar, tem-se a Previdência de natureza privada, não necessariamente compulsória, de iniciativa do empregador e com limite máximo de prestações, porém se constitui no regime de capitalização[2]. O terceiro pilar é também de

---

[1] "As taxas de contribuição dos planos de benefícios definidos em regime de repartição são fixadas de maneira que os recolhimentos agregados de todos os trabalhadores sejam suficientes para financiar os pagamentos agregados dos benefícios a todos os aposentados. Nesses planos as taxas de contribuição são sensíveis a mudanças demográficas porém, não a desenvolvimentos econômicos. Uma diminuição do número de contribuintes em relação ao dos aposentados obrigará ao aumento das taxas, porque o custo do financiamento de uma dada quantidade de benefícios é distribuído por um número menor de contribuintes. Por outro lado, uma alteração nos níveis vigentes de ganhos muitas vezes tem impacto relativamente leve nas taxas de contribuição necessárias para financiar esses planos, porque qualquer alteração provavelmente causará alterações percentuais mais ou menos iguais na receita e na despesa." (THOMPSON, 2008, p. 96).

[2] "Na abordagem da poupança individual, característica da grande maioria dos planos de contribuições definidas, estas têm de ser fixadas de maneira que cada pessoa possa acumular recursos financeiros em valor suficiente para financiar seu nível desejado de aposentadoria. Como o plano financeiro tem seu foco no saldo em cada conta individual, taxas de nascimento declinantes (e as alterações na relação contribuinte/aposentados que elas induzem) não têm efeito sobre o cálculo das taxas de contribuição. As taxas de contribuição necessárias para obter determinado nível de aposentadoria são, ao contrário, determinadas pela interação de taxa de juros (ou, com maior frequência rendimentos de capital) e da taxa de crescimento salarial. Um aumento da taxa de juros torna mais fácil acumular o saldo necessário nas contas de aposentadoria e permite que o sistema opere com taxas de contribuição mais baixas. Ao contrário, um aumento da taxa de crescimento dos ganhos aumenta o valor que o futuro aposentado precisa acumular para financiar uma aposentadoria que preserve a relação entre o valor dela e seus ganhos em atividade. Isso obriga o aumento das taxas." (THOMPSON, 2008, p. 96).

natureza privada, facultativo, de iniciativa do próprio trabalhador e fundado no regime de capitalização, não havendo limitação no valor máximo de prestações. (BARRA, 2008, p. 96).

Nesse sentido, explicita a sistemática dos regimes previdenciários brasileiros nos referidos pilares. Os benefícios pagos pelo INSS integram o sistema básico, formando o primeiro pilar. Já a entidade fechada de previdência complementar (Fundo de pensão), constituída por uma empresa para proporcionar benefícios previdenciários a seus empregados, integra o segundo pilar. E os planos de benefícios oferecidos pelas entidades abertas de previdência complementar (bancos ou seguradoras), que oferecem a qualquer pessoa a adesão ao plano capitalizado, compõem o terceiro pilar. (BARRA, 2008, p. 96).

Por fim, o autor explicita que a retomada da economia associada a uma política de fomento ao sistema privado complementar devem incentivar a que mais pessoas busquem efetivamente completar seus ganhos através de aportes financeiros periódicos, refletindo a evolução da consciência previdenciária e exprimindo a evolução da massa salarial da população brasileira. (BARRA, 2008, p. 96). Certamente, a realização de poupança futura, através de um fundo de pensão por um número maior de cidadãos, é conduta que reflete maturidade social.

7.5.2. Entidades abertas

As entidades abertas de previdência complementar oferecem planos de benefícios livremente no mercado, não se limitando a um público restrito, como ocorre com as entidades fechadas. Por isso, inexiste vínculo prévio entre as pessoas físicas e jurídicas participantes. Os referidos participantes podem se associar às entidades, sendo-lhes vedado tornarem-se sócios.

Conforme doutrina de Souza:

> Qualquer pessoa com capacidade para contratar poderá participar da Previdência Complementar Aberta, que tem fins lucrativos. Seus planos são elaborados por companhias seguradoras ou sociedades anônimas de previdência. Os planos podem ser livremente escolhidos pelo participante, que estipula qual o valor a ser pago mensalmente e qual o valor do benefício que irá receber no futuro. (SOUZA, 2006, v. 27, p. 38).

Castro e Lazzari caracterizam a previdência complementar aberta partindo do conceito de fundos de pensão. *In verbis*:

> Entidade fechada de previdência privada á aquela constituída sob a forma de fundação ou sociedade civil, sem fins lucrativos, e que é acessível exclusivamente a empregados de uma empresa ou grupo de empresas, aos servidores dos entes públicos da Administração; quando o tomador dos serviços será denominado "patrocinador" da entidade fechada; e os associados ou membros de pessoas jurídicas de caráter profissional, classista

ou setorial, serão denominados "instituidores" da entidade [...]; b) Entidade aberta de previdência privada é aquela que não se enquadra na hipótese anterior. São instituições financeiras que exploram economicamente o ramo de infortúnios do trabalho, cujo objetivo é a instituição e a operação de planos de benefícios de caráter previdenciário em forma de renda continuada ou pagamento único [...]. (CASTRO; LAZZARI, 2012, p. 118).

Pulino destaca as características das entidades abertas previstas no art. 36 da Lei Complementar n. 109/2001. Arrola que tais entidades administram *planos de benefícios previdenciários acessíveis a quaisquer pessoas físicas*, perseguindo finalidade previdenciária que objetiva a apuração e a distribuição de lucro. Tamanha é a importância desse ponto, que dele decorrem as demais diferenciações feitas pela lei para os segmentos aberto e fechado, como a própria forma de organização em companhias, a inexistência de previsão legal de gestão participativa nos conselhos estatutários da entidade, a inexistência de tratamento legal para déficits e superávits (só disciplinado para planos de entidades fechadas, nos arts. 20 e 21 da LC n. 109/2001), e a aplicação subsidiária da legislação das sociedades seguradoras às entidades abertas (art. 73 da LC n. 109/2001). Organizam-se sob a forma de sociedades *anônimas*. Como companhias, a elas se aplica a estrutura organizacional própria de tais entidades (conselho de administração, conselho fiscal e diretoria), *não prevendo* a Lei Complementar n. 109/2001 qualquer forma de *atuação de representantes dos participantes* e assistidos, e mesmo dos averbadores ou instituidores, naqueles órgãos estatutários. Ademais, submetem-se à regulação e à fiscalização pelo *Ministério da Fazenda* (feita, respectivamente, pelo Conselho Nacional de Seguros Privados – CNSP e por uma autarquia federal, a Superintendência de Seguros Privados – SUSEP, diante da disposição do art. 74 da LC n. 109/2001). (PULINO, 2009, p. 33).

As entidades abertas podem instituir planos individuais ou coletivos. Os individuais são disponibilizados a todos os cidadãos. Os planos coletivos, por outro lado, destinam-se a um grupo de pessoas físicas vinculadas, direta ou indiretamente, a uma pessoa jurídica que pode custeá-los total ou parcialmente. O referido vínculo indireto refere-se aos casos em que uma entidade representativa de pessoas jurídicas contrate plano previdenciário coletivo para grupos de pessoas físicas vinculadas a suas filiadas. Os grupos poderão ser constituídos por uma ou mais categorias específicas de empregados de um mesmo empregador, podendo abranger empresas coligadas, controladas ou subsidiárias por membros de associações legalmente constituídas, de caráter profissional ou classista, e por seus cônjuges ou por companheiros e dependentes econômicos. O plano coletivo pode ser contratado por uma ou várias pessoas jurídicas.

As entidades abertas possuem dois planos básicos, além de outros tantos que podem ser instituídos, desde que devidamente autorizados. O PGBL (Plano Gerador de Benefício Livre) e o VGBL (Vida Gerador de Benefício Livre). Ambos permitem acumulação de recursos por um prazo determinado, constituindo a fase de formação do patrimônio. Durante esse período, o dinheiro de suas contribuições é aplicado pela seguradora em cotas de Fundo de Investimento Especialmente Constituído (FIE). Já o período de benefício inicia-se na idade eleita para desfrutar do benefício, podendo o valor ser resgatado ou ser convertido em renda mensal por empresa seguradora.

A principal distinção entre tais planos está na tributação. No PGBL, é possível deduzir o valor das contribuições efetuadas na base de cálculo do Imposto de Renda, com limite de 12% da renda bruta anual, o que reduz o valor do imposto a pagar e, eventualmente, pode até gerar restituição de valores de imposto de renda. O Imposto de Renda (IR) sobre os 12% aplicados em PGBL será pago apenas quando do resgate desse montante. É ideal para quem declara Imposto de Renda (IR) no formulário completo, pois todas as contribuições realizadas no plano podem ser deduzidas da base de cálculo do IR, até o limite de 12% da renda bruta anual, desde que o cliente também contribua para o INSS ou regime próprio de previdência.

Para quem faz declaração simplificada ou não é tributado na fonte, como autônomos, o plano VGBL é o mais indicado. Destina-se ao cidadão que deseja diversificar seus investimentos ou para quem quer aplicar mais de 12% de sua renda bruta em previdência complementar. Nesse plano, a tributação acontece apenas sobre o ganho de capital.

Tais entidades são criadas com a finalidade de instituir planos de benefícios de natureza previdenciária, na forma de renda continuada ou cota única. Assim, não podem operar em setores de proteção diferenciados. Porém, prevê § único do art. 36 que as sociedades seguradoras que operem exclusivamente no ramo vida poderão ser autorizadas a operar os planos de benefícios da entidade aberta, a elas se aplicando as disposições dessa Lei Complementar 109/2001.

As entidades abertas são geridas pelo Ministério da Fazenda e pelo Conselho Nacional de Seguros Privados (CNSP), sendo a fiscalização de responsabilidade da Superintendência de Seguros Privados (SUSEP).

Conforme previsão do art. 30 da Lei Complementar 109/2001, é facultada a utilização de corretores na venda dos planos de benefícios das entidades abertas. Para tais corretores, aplicam-se a legislação e a regulamentação da profissão de corretor de seguros.

O órgão regulador deve estabelecer os critérios para a investidura e posse em cargos e funções de órgãos estatutários de entidades abertas, observado que o pretendente não poderá ter sofrido condenação criminal transitada em julgado, penalidade administrativa por infração da legislação da seguridade social ou como servidor público. Também caberá ao órgão regulador a edição de normas gerais de contabilidade, auditoria, atuária e estatística a serem observadas pelas entidades abertas, inclusive quanto à padronização dos planos de contas, balanços gerais, balancetes e outras demonstrações financeiras, além de critérios sobre a periodicidade e sobre a publicação desses documentos e sobre a remessa ao órgão fiscalizador. Ademais, deve avaliar os índices de solvência e liquidez, bem como as relações patrimoniais a serem atendidas pelas entidades, observado que seu patrimônio líquido não poderá ser inferior ao respectivo passivo não operacional e assegurar a todos informações e dados relativos a quaisquer aspectos das atividades das entidades abertas.

Ao órgão fiscalizador, caberá a constituição e o funcionamento das entidades abertas, bem como as disposições de seus estatutos e as respectivas alterações; a comercialização dos planos de benefícios; os atos relativos à eleição e consequente posse de administradores e membros de conselhos estatutários e as operações relativas à transferência do controle acionário, fusão, cisão, incorporação ou qualquer outra forma de reorganização societária.

Os demais membros da diretoria-executiva respondem, solidariamente, com o dirigente indicado para aplicação das reservas técnicas, provisões e fundos, pelos danos e prejuízos causados à entidade para os quais tenham concorrido.

É imperioso que tais entidades realizem no último dia útil de cada mês e semestre, respectivamente, balancetes mensais e balanços gerais, com observância das regras e dos critérios estabelecidos pelo órgão regulador.

7.6. Intervenção estatal

As entidades de previdência complementar abertas e fechadas podem sofrer intervenção estatal, através de ato do Ministro de Estado competente para a autorização de funcionamento da entidade, que nomeará interventor com plenos poderes de administração e gestão. As hipóteses geradoras de intervenção estão previstas no art. 44 da Lei Complementar n. 109/2001: irregularidade ou insuficiência na constituição das reservas técnicas, provisões e fundos, ou na sua cobertura por ativos garantidores; aplicação dos recursos das reservas técnicas, provisões e fundos de forma inadequada ou em desacordo com as normas expedidas pelos órgãos competentes; descumprimento de disposições estatutárias ou de obrigações previstas nos regulamentos dos planos de benefícios, convênios de adesão ou contratos dos planos coletivos de que trata o inciso II do art. 26 desta Lei Complementar; situação econômico-financeira insuficiente à preservação da liquidez e solvência de cada um dos planos de benefícios e da entidade no conjunto de suas atividades; situação atuarial desequilibrada; outras anormalidades definidas em regulamento.

A intervenção é feita somente durante o período necessário para análise da situação e do encaminhamento de plano para sua recuperação, dependendo de prévia e expressa autorização da Superintendência Nacional de Previdência Complementar (PREVIC) para as entidades fechadas ou da Superintendência de Seguros Privados (SUSEP), no caso das entidades abertas, para quaisquer atos do interventor que gerem oneração ou disposição do patrimônio. Caso verificada a inviabilidade de recuperação da entidade ou a ausência de condição para seu funcionamento, será decretada sua liquidação extrajudicial, pois não poderão solicitar concordata e não estão sujeitas à falência. (IBRAHIM, 2012, p. 773).

7.7. Custeio

O custeio dos planos das entidades fechadas é feito por meio de contribuições dos participantes (trabalhadores que aderirem em caráter voluntário), dos assistidos (dependentes dos trabalhadores que possam também aderir ao plano) e do patrocinador (empregador). Doutra forma, as entidades abertas têm seus planos custeados somente por subsídios dos participantes, já que o sistema é de cotização individual. (CASTRO; LAZZARI, 2012, p. 131).

Por se tratar de um segmento autônomo diante do RGPS, não pode contar com aportes estatais em casos de insuficiência financeira, como ocorre no regime geral. Por tal razão, a manutenção do equilíbrio atuarial e financeiro dessas entidades mostra-se ainda mais relevante. Conforme doutrina de Ibrahim:

> [...] o equilíbrio atuarial não visa ao mero encontro de receitas e despesas, mas sim ao equilíbrio da massa, à criação e manutenção de um sistema protetivo viável, levando-se em consideração as variáveis mais relevantes dos participantes e assistidos, vislumbrando seu status atual e futuro. Tanto as EFPC como as EAPC, em qualquer plano de benefício que venham adotar, devem observar o equilíbrio financeiro e atuarial, cabendo ao Estado e aos participantes controle constante sobre as entidades para o fiel cumprimento deste preceito elementar. (IBRAHIM, 2012, p. 775).

A atuação fiscalizatória estatal é uma garantia fundamental para o participante, além de conferir à entidade maior confiabilidade, contribuindo positivamente para a generalização da previdência privada.

7.8. Planos de benefícios

O plano de benefícios expõe de forma detalhada o rol de benefícios, suas regras de concessão, forma de custeio, além de definir as condições que a clientela protegida, dentro do perfil básico, terá de satisfazer para nele ser inscrita, assim como os requisitos a serem cumpridos para ter direito ao recebimento de benefícios. O plano contém, de forma detalhada, todos os componentes que se referem aos benefícios e à sua forma de custeio. (RAMOS, 2005, p. 73).

Segundo definição de Ramos:

> Esse sistema de cobertura das necessidades previdenciárias dos indivíduos, instituído de forma geral ou particular, por entes estatais ou privados, estranho ao âmbito da previdência social, básica e obrigatória, pode ser denominado de "plano de benefícios", "plano beneficiário" ou "plano de concessão de benefícios". (RAMOS, 2005, p. 73).

Os planos de benefícios de previdência privada podem ser de benefício definido (BD); plano de contribuição definida (CD) e de contribuição variável (CV).

O plano de benefício definido (BD) traduz a ideia de conhecimento prévio do valor a ser pago quando da solicitação do benefício. Quando o participante ingressa no plano ele já tem conhecimento dos requisitos para alcançar a prestação, sabendo, inclusive, o valor da mesma. Trata-se, pois, da modalidade de acumulação de reservas em que o benefício é preestabelecido. Por isso, almeja garantir segurança e tranquilidade para seus participantes. As contribuições mensais terão valor flutuante, variando conforme os resultados alcançados no mercado de capitais com a aplicação dos recursos da entidade.

Consoante os ensinamentos de Gushiken, nesse plano:

> [...] o custo dos benefícios de um plano previdenciário é calculado segurado por segurado e benefício por benefício e gera uma alíquota de contribuição mensal única para todos os seus participantes que, obviamente, podem possuir custos individuais diferenciados. Sendo assim, uns participantes acabam por gerar mais recursos ao plano do que seriam necessários individualmente, e outros, menos, porém, justamente em razão da adoção de solidariedade entre eles, no total, os valores se fecham, isto é, os recursos gerados por todos os participantes equivalem ao custo total de todos os participantes, mesmo que individualmente essa correspondência não exista. (GUSHIKEN; FERRARI, 2002, p. 141).

As contribuições pessoais podem ser majoradas ou reduzidas, conforme a necessidade de suportar os riscos e as oscilações que atingirem o plano. Essa característica atuarial exige "pontualidade no pagamento das contribuições, sem o que a entidade não poderá continuar com a responsabilidade assumida, pelo que, no caso de inadimplência, a lei permite que ela denuncie unilateralmente o respectivo contrato." (PÓVOAS, 1985, p. 99).

Conforme Ibrahim, esse plano possui melhor aceitação pois permite de imediato, ao participante, verificar seu rendimento futuro. Destaca que sua manutenção é complexa, sendo inseguro no aspecto atuarial, já que depende do êxito dos rendimentos. Porém, consiste no plano ideal para benefícios não programados, proporcionando maior garantia do pagamento do benefício para toda a clientela, independentemente do número de cotas implementadas. Por tal razão, o RGPS é quase, na sua íntegra, composto por essa modalidade de benefício. (IBRAHIM, 2012, p. 780).

O plano de benefício definido (BD) costuma ser associado ao regime de repartição simples. "No sistema de repartição, o volume das quantias arrecadadas em cada período servirá para o custeio das prestações que devidas forem no mesmo período." (COIMBRA, 1999, p. 235).

Acreditamos que, com o direito à portabilidade, previsto na Lei Complementar n. 109/2001, as entidades de previdência complementar têm mais um motivo para não adotarem tal modalidade de benefício definido, já que os participantes poderão migrar os valores acumulados para outro plano de benefícios, comprometendo gravemente o equilíbrio do plano. A tendência é a adoção de planos com contribuição definida ou, então, mistos, nos quais o participante assume maior responsabilidade e nos quais os riscos de insolvência devido a crises da patrocinadora tendem a ser minorados.

Já o plano de contribuição definida (CD) é a modalidade de acumulação de reservas em que o participante escolhe o valor da sua contribuição mensal, que geralmente consiste num percentual descontado sobre seus rendimentos. Não há valor da prestação preestabelecido, mas somente a cotização a ser cumprida individualmente pelo participante. A partir da totalidade dos valores pagos pelos participantes e de seus respectivos rendimentos, é que serão definidos os valores dos benefícios. (IBRAHIM, 2012, p. 780).

As contribuições do participante e do patrocinador são acumuladas em contas individuais e nominais. Na data do prêmio, o valor total acumulado, que reflete as contribuições feitas durante a carreira ativa, acrescido do retorno dos investimentos obtido no período, é convertido em renda mensal vitalícia, de valor atuarialmente equivalente, ou mesmo em uma renda certa por um período previamente escolhido pelo participante. Trata-se de um sistema que permite maior garantia de equilíbrio financeiro e atuarial do sistema, já que o benefício será calculado posteriormente, conforme o real êxito obtido com os investimentos. (IBRAHIM, 2012, p. 780).

Porém, o plano de contribuição definida não é compatível com os benefícios não programados, pois, na hipótese do participante ter sofrido um infortúnio logo nos primeiros anos de trabalho, não terá, certamente, alcançado recurso suficiente para manter o benefício pelo resto de sua vida. (IBRAHIM, 2012, p. 780).

O plano que reúne os modelos de contribuição definida (CD) e de benefício definido (BD) é chamado de contribuição variável (CV). As prestações podem ser programadas, submetidas ao regime de contribuição definida, e não programadas, vinculando-se ao regime de benefício definido. Assim, serão acumuladas as vantagens e desvantagens inerentes a cada plano.

Os planos de benefícios instituídos por entidades abertas poderão ser:

a) individuais, quando acessíveis a quaisquer pessoas físicas; ou

b) coletivos, quando tenham por objetivo garantir benefícios previdenciários a pessoas físicas vinculadas, direta ou indiretamente, a uma pessoa jurídica contratante. Já os planos de benefícios das entidades fechadas poderão ser instituídos por patrocinadores e instituidores.

7.9 Atuação como instrumento adicional de inclusão social previdenciária

As entidades de previdência privada estão divididas em dois grupos distintos: entidades fechadas de previdência complementar – EFPC e entidades abertas de previdência complementar – EAPC, com especificidades e objetivos próprios. A previdência de caráter fechado cumpre de forma mais plena a inclusão social, pois visa pagar benefícios previdenciários em caráter continuado, preservando o padrão de vida dos indivíduos por meio de prestações mensais de longo prazo.

É fundamental que o Estado promova a organização das entidades de previdência complementar, em especial das fechadas, para que estejam em sintonia com os marcos do Estado Democrático de Direito. São instituições que auxiliam com louvor na distribuição de renda e efetivação da dignidade humana, ao conferir ao cidadão uma possibilidade adicional de manter ou aprimorar seu padrão de vida no futuro, em períodos de inatividade, além do regime oficial de natureza pública. Através da atuação direta de cidadãos particulares regulando seus interesses próprios, as entidades fechadas assumem uma função efetivamente democrática, permitindo que se motivem e se qualifiquem na condução das atividades, por meio de parâmetros de ordem pública e consoante os objetivos gerais e especiais demarcados pela Constituição. (PULINO, 2009, p. 39).

Conforme nos ensina Pulino, a atuação estatal nas entidades de previdência complementar deve ocorrer por meio de uma regulação e de fiscalização mais intensas, buscando o mais estrito controle. Isso porque as questões previdenciárias possuem relevância diferenciada em nossa Constituição, já que se comprometem com o alcance do bem-estar e da justiça sociais, a teor do que dispõe seu art. 193, que inaugura o Título VIII do texto Magno – *Da ordem social*. (PULINO, 2009, p. 37).

A criação de uma entidade fechada de previdência complementar pela empresa gera diversas consequências positivas. Dentre elas, propicia maior integração do empregado com os objetivos empresariais; promove a socialização do capital; aprimora a distribuição de renda; cultiva a cultura de poupança futura; eleva os rendimentos do empregado e, também, sua motivação com o trabalho; torna a empresa mais competitiva no mercado; atrai e retém profissionais qualificados, reforçando e valorizando a continuidade da relação de emprego.

Quanto às entidades de previdência fechada instituídas, além das vantagens arroladas para as entidades patrocinadas por empresas, mostram-se valiosos instrumentos de fomento ao caráter coletivo, atuando como um reforço ao elo entre cidadãos e sindicatos ou associações de classe na defesa de melhores direitos.

A previdência complementar, desde que cultivada ao longo da vida útil do cidadão e concatenada com a qualidade e idoneidade dos seus investimentos, é receita de um futuro de bem-estar. Assim, exerce um papel de grande relevância na sociedade contemporânea, permitindo a inclusão social de cidadãos de forma mais digna e em sintonia com a justiça social.

8. OS FUNDOS DE PENSÃO COMO INSTRUMENTOS ADICIONAIS DE INCLUSÃO SOCIAL E ECONÔMICA NO CAPITALISMO

8.1. Considerações iniciais

A previdência privada foi institucionalizada no Brasil durante o regime militar no governo de Ernesto Geisel, com o advento da Lei n. 6.435, em julho de 1977 (BRASIL, 1977). A partir desse marco inicial, o mercado das previdências privadas muito foi ampliado, passando suas atividades a serem controladas e regidas pelo Estado. Anteriormente, as entidades atuavam sem qualquer controle estatal, operando de forma isolada. A previdência privada passou então a existir formalmente no nosso país, prevendo, inclusive, prazo para regulamentação das entidades existentes. Os montepios, da época do Brasil império, eram instituições que atuavam em planos de previdência aberta antes da referida Lei n. 6.435. Estes passaram por um processo de fiscalização e reestruturação consoante as regras definidas pela Superintendência Nacional de Seguros Privados – SUSEP, o que resultou na cassação de muitos deles, fundada na alegação de irregularidades.

Nos termos do art. 4º, Lei n. 6.435/1977[1], a previdência privada foi dividida em entidade aberta e entidade fechada, conforme sua relação com seus respectivos participantes. As entidades fechadas de previdência privada são conhecidas como *Fundos de Pensão*. Destinavam-se exclusivamente aos empregados de uma empresa ou de grupo de empresas, chamadas de patrocinadoras. Já as abertas compreendiam as demais entidades. O Decreto n. 81.240, de 24.1º.1978, conceituou em seu art. 1º as referidas entidades fechadas.[2]

As entidades abertas de previdência, desde sua criação, sempre ofereceram planos individuais disponíveis para qualquer pessoa física. Contudo, conforme prevê o art. 26 da Lei Complementar n. 109, de 29/5/2001, oferecem também planos coletivos, visando garantir benefícios previdenciários a pessoas físicas vinculadas, direta ou indiretamente, a uma pessoa jurídica contratante.

---

(1) Revogada pela Lei Complementar n. 109, de 29.5.2001. (BRASIL, 2001d)
(2) Decreto n. 81.240 de 24 jan. 1978: "Art. 1º – Entidades fechadas de previdência privada são sociedades civis ou fundações criadas com objetivo de instituir planos privados de concessão de benefícios complementares ou assemelhados aos da previdência social, acessíveis aos empregados ou dirigentes de uma empresa ou de um grupo de empresas, as quais, para os efeitos deste regulamento, serão denominadas patrocinadoras." (BRASIL, 1978).

O marco evolutivo da previdência complementar foi criado a partir da Emenda Constitucional n. 20, de 1998, que inseriu o regime privado de previdência no título da ordem social da Constituição Federal. Em nosso país, esse regime privado passou a integrar a base do sistema previdenciário, complementando os regimes próprios e o regime geral de previdência.

A Emenda Constitucional n. 20/1998 alterou a redação do art. 202 da Constituição Federal de 1988[3]. O alcance de norma constitucional explicitou a relevância do tema, além de revelar os princípios norteadores da previdência privada, submetendo-a também a controle estatal. Por isso:

> mesmo havendo liberdade contratual no sistema previdenciário privado, justamente a face acessória constitucional acaba por submeter o modelo particular (imbuído pelos institutos jurídicos de Direito Privado) às previsões e mudanças impostas pelo governo. (WEINTRAUB, 2005, p. 75).

A regulamentação, definida no *caput* do dito art. 202 da Constituição Federal, foi efetuada pela Lei Complementar n. 109, e a regulamentação dos §§ 3º a 6º foi objeto da Lei Complementar n. 108, ambas de 29.5.2001, revogando a Lei n. 6.435/77. O art. 31 da Lei Complementar n. 109/2001 assim define:

> Art. 31. As entidades fechadas são aquelas acessíveis, na forma regulamentada pelo órgão regulador e fiscalizador, exclusivamente:
>
> I – aos empregados de uma empresa ou grupo de empresas e aos servidores da União, dos Estados, do Distrito Federal e dos Municípios, entes denominados patrocinadores;
>
> II – aos associados ou membros de pessoas jurídicas de caráter profissional, classista ou setorial, denominadas instituidores.

---

(3) CF/88: "Art. 202. O regime de previdência privada, de caráter complementar e organizado de forma autônoma em relação ao regime geral de previdência social, será facultativo, baseado na constituição de reservas que garantam o benefício contratado, e regulado por lei complementar.
§ 1º A lei complementar de que trata este artigo assegurará ao participante de planos de benefícios de entidades de previdência privada o pleno acesso às informações relativas à gestão de seus respectivos planos.
§ 2º As contribuições do empregador, os benefícios e as condições contratuais previstas nos estatutos, regulamentos e planos de benefícios das entidades de previdência privada não integram o contrato de trabalho dos participantes, assim como, à exceção dos benefícios concedidos, não integram a remuneração dos participantes, nos termos da lei.
§ 3º É vedado o aporte de recursos a entidade de previdência privada pela União, Estados, Distrito Federal e Municípios, suas autarquias, fundações, empresas públicas, sociedades de economia mista e outras entidades públicas, salvo na qualidade de patrocinador, situação na qual, em hipótese alguma, sua contribuição normal poderá exceder a do segurado.
§ 4º Lei complementar disciplinará a relação entre a União, Estados, Distrito Federal ou Municípios, inclusive suas autarquias, fundações, sociedades de economia mista e empresas controladas direta ou indiretamente, enquanto patrocinadoras de entidades fechadas de previdência privada, e suas respectivas entidades fechadas de previdência privada.
§ 5º A lei complementar de que trata o parágrafo anterior aplicar-se-á, no que couber, às empresas privadas permissionárias ou concessionárias de prestação de serviços públicos, quando patrocinadoras de entidades fechadas de previdência privada.
§ 6º A lei complementar a que se refere o § 4º deste artigo estabelecerá os requisitos para a designação dos membros das diretorias das entidades fechadas de previdência privada e disciplinará a inserção dos participantes nos colegiados e instâncias de decisão em que seus interesses sejam objeto de discussão e deliberação." (BRASIL, 1988).

Consoante ensinamento de Wladimir Novaes Martinez, "As principais características da Previdência Complementar, a seguir enunciadas, permitem circunscrever a essência e o contorno desta, compatíveis com a realidade desse instrumental social protetivo: facultatividade, acessoriedade, solidariedade e poupança individual e coletiva, opção particular, além de fonte institucional de investimento. (MARTINEZ, 1996, p. 33).

A Lei Complementar n. 108/2001 (BRASIL, 2001c) deve ser destacada pelo seu papel democratizante dos fundos. Isso porque regulamentou a participação dos cotistas junto aos fundos, determinando a paridade no conselho deliberativo e fiscal, isto é, entre representantes do patrocinador e dos participantes assistidos, conforme arts. 11 e 15 da LC n. 108/2001.

Este capítulo destina-se ao estudo das entidades fechadas de previdência privada, também denominadas meramente de *Fundos de Pensão,* como instrumentos adicionais de inclusão social e econômica no capitalismo. Haja vista o volumoso crescimento por essas entidades alcançado, foi possível evoluir de um quadro de poupança ínfima na década de 1970 para, ao final do ano de 2010, atingir R$ 537,04 bilhões, representando, apenas os fundos de pensão, 14,6% do PIB brasileiro. (BRASIL, 2010). Ainda assim, trata-se de um crescimento tímido, principalmente se comparado com os países desenvolvidos, onde a relação de ativos supera, em muitos casos, 100%. Tal fato demonstra o potencial de crescimento dessas entidades em nosso país, sintonizadas com uma série de medidas de incentivo adotadas pelo governo brasileiro desde 2003.

A carteira administrada por fundos de pensão brasileiros avançou, em média, 15% ao ano nos últimos 10 anos, apresentando o melhor desempenho entre os maiores mercados nesse setor. O segmento de previdência complementar fechada no país está consolidado e a maneira como se comportou na crise de 2008 comprova isso.

8.2. Fundos de pensão: traços característicos

Como exposto, os fundos de pensão são destinados somente aos empregados de uma empresa ou grupo de empresas e aos servidores da União, dos Estados, do Distrito Federal e dos Municípios, ou aos associados ou membros de pessoas jurídicas de caráter profissional, classista ou setorial.

O art. 2º do Decreto n. 4.206/2002, revogado pelo Decreto n. 4.942, de 30.12.2003, contém as definições de patrocinadores e instituidores ainda válidas. Assim, patrocinador é a empresa ou grupo de empresas, a União, os Estados, o Distrito Federal e os Municípios, suas autarquias, fundações, sociedades de economia mista e outras entidades públicas que instituam para seus empregados ou servidores um plano de benefícios previdenciários através de entidade fechada. Instituidor é a pessoa jurídica de caráter profissional, classista ou setorial que institua para seus associados ou membros um plano de benefícios de caráter previdenciário.[4]

---
(4) Art. 2º do Decreto n. 4.206/2002. (BRASIL, 2002b).

O art. 1º da Lei Complementar n. 109/2001 determina os mesmos princípios previstos no art. 202 da Constituição Federal, a saber: o caráter meramente complementar do regime privado e a autonomia deste em relação à previdência social. Assim, o ingresso facultativo e a necessidade de constituição de reservas que garantam a concessão de benefícios. Nos ensinamentos de Weintraub:

> A natureza jurídica da Previdência Privada está centrada na supletividade e facultatividade da Previdência Social, dentro do âmbito da proteção social. Podemos dizer que a relação jurídica previdenciária privada se desenvolve por meio de um contrato de trato sucessivo, aleatório e de adesão, caracterizando, em princípio, um mútuo securitário de consumo. O plano previdenciário privado será regido, dentro dos critérios legais, por um direito líquido e certo, facilmente comprovável mediante documentação contratual. (WEINTRAUB, 2005, p. 46).

Os fundos de pensão não possuem finalidade lucrativa e são constituídos sob a forma de fundação ou sociedade civil.[5] Para ser constituída e iniciar suas atividades, a entidade de previdência privada precisa de autorização governamental prévia (art. 33, I e 38, I LC 109/2001).

Diferentemente das entidades abertas, que podem exercer outras atividades econômicas, desde que acessórias, os fundos de pensão objetivam a exclusiva administração e execução de planos de benefícios de natureza previdenciária, excetuando os serviços relativos à saúde, desde que já disponíveis em 30/5/2001, quando foi publicada a LC n. 109, conforme disposto em seu art. 76.

Os planos de benefícios adotados pelas entidades de previdência privada definem a forma de cálculo da prestação a ser implementada pela pessoa física que aderir aos planos, isto é, o participante. Conforme previsão do art. 7º da Lei Complementar n. 109/2001, os planos de benefícios atenderão a padrões mínimos fixados pelo órgão regulador e fiscalizador, com o objetivo de assegurar transparência, solvência, liquidez e equilíbrio econômico-financeiro e atuarial. As entidades somente poderão instituir e operar planos de benefícios para os quais tenham autorização específica. Assim, os planos de benefícios, conforme definição do órgão regulador e fiscalizador, podem assumir a forma de benefício definido, contribuição definida e contribuição variável, além de outras formas que traduzam a evolução técnica e possibilitem flexibilidade ao regime de previdência complementar.

No plano de benefício definido, o participante já tem conhecimento dos requisitos a serem atendidos para a obtenção da prestação desejada, assim

---

(5) As Sociedades Civis sem fins lucrativos deixaram de existir no Código Civil de 2002, tendo inclusive de serem adaptadas às novas regras no prazo de um ano, conforme art. n. 2031 deste diploma. Contudo, a Portaria MPS/SPC n. 2, jan. 2004, dispensou as entidades previdenciárias da mudança, em razão da especificidade das LC ns. 108 e 109/2001. (IBRAHIM, 2012, p. 778).

como o valor da mesma desde o seu ingresso no plano. Por isso, traduz a ideia de conhecimento prévio do valor a ser pago quando da contratação. (IBRAHIM, 2012, p. 780).

Conforme assevera Ibrahim, essa modalidade possui maior aceitação, já que permite ao participante visualizar seu rendimento futuro. Contudo, alerta que sua manutenção é complexa, pois a entidade deverá conceder tal valor ainda que os rendimentos auferidos com o capital aplicado sejam inferiores ao esperado. Nesse sentido, gera insegurança no que se refere ao equilíbrio atuarial. Por outro lado, afirma o autor que tal plano é fundamental para segurança da clientela em casos de benefícios não programados, tais como incapacidade temporária ou invalidez para o trabalho, sendo garantido o benefício independentemente do prazo de cotização. Por tais razões, conclui que o RGPS é, em quase sua totalidade, composto por meio de benefício definido. (IBRAHIM, 2012, p. 64).

O plano de contribuição definida caracteriza-se pela definição prévia da cotização a ser feita pelo participante. Assim, a clientela deverá integralizar determinado número mínimo de prestações para ter direito ao benefício, cujo cálculo é feito com base nos valores individuais pagos e nos rendimentos auferidos durante todo o período de aplicação do capital. O valor do benefício é periodicamente ajustado conforme o saldo acumulado pelo participante em sua conta individual. Dessa forma, o valor do benefício varia em função do resultado líquido obtido com as aplicações financeiras e com as contribuições realizadas. Tal plano corresponde melhor ao equilíbrio financeiro e atuarial do sistema, uma vez que a prestação a ser paga considera os valores quitados assim como os rendimentos efetivos. (IBRAHIM, 2012, p. 64).

Consiste, inclusive, numa forma de melhor revelar a solidez e assegurar a confiabilidade no plano. Com custos mais previsíveis, admite, pois, um controle bem mais efetivo e real de seus benefícios.

Entretanto, o plano de contribuição definida não é adequado aos benefícios não programados, pois qualquer infortúnio que torne o participante inválido durante o período de cotização resultará fatalmente na insuficiência de valores para sustentar o benefício adequado durante o resto de sua vida. (IBRAHIM, 2012, p. 64).

Quanto ao plano de contribuição variável, é aquele que reúne as características das modalidades de Contribuição Definida e Benefício Definido.[6]

---

(6) Resolução MPS/CGPC n. 16, de 22 nov. 2005. "Art. 4º Entende-se por plano de benefícios de caráter previdenciário na modalidade de contribuição variável aquele cujos benefícios programados apresentem a conjugação das características das modalidades de contribuição definida e benefício definido." (BRASIL, 2012a). Ressalte-se que pela Lei n. 12.154/2009 o Conselho de Gestão de Previdência Complementar foi extinto e em seu lugar foram criados o Conselho Nacional de Previdência Complementar (CNPC) e a Câmara de Recursos da Previdência Complementar (CRPC).

Quando de sua inscrição no plano, o participante receberá um certificado onde constam as condições que regulam a admissão e a manutenção da qualidade de participante, assim como os requisitos de elegibilidade e cálculo dos benefícios. São medidas de cunho protetivo e fiscalizatório que facilitam o pleno conhecimento do plano pelo participante. Também o participante receberá cópia atualizada do plano e material explicativo que descreva suas características com uma linguagem simples e precisa, além de outros documentos que vierem a ser especificados pelo órgão regulador e fiscalizador. Essas determinações constam no art. 10 da LC n. 109/2001, e seu art. 11 dispõe sobre a possibilidade de as entidades contratarem operações de resseguro, por iniciativa própria ou por determinação do órgão regulador e fiscalizador, observados o regulamento do respectivo plano e demais disposições legais e regulamentares, visando assegurar compromissos assumidos junto aos participantes e assistidos de planos de benefícios.

Conforme previsão do art. 14 da Lei Complementar n. 109/2001, os benefícios dos fundos de pensão devem prever um benefício proporcional diferido, em razão da cessação do vínculo empregatício com o patrocinador ou associativo com o instituidor antes da aquisição do direito ao benefício pleno, a ser concedido quando cumpridos os requisitos de elegibilidade. Trata-se do chamado *vesting,* no qual o participante recebe benefício proporcional ao que seria devido, por ter suspendido suas contribuições em hipóteses específicas, como no caso de desemprego. (IBRAHIM, 2012, p. 782).

Também, os fundos de pensão devem prever a portabilidade do direito acumulado pelo participante para outro plano. Ocorre na hipótese em que o trabalhador é demitido, podendo vincular-se a outra entidade fechada de previdência complementar. Ressalta-se que a portabilidade não significa direito de saque dos depósitos já efetuados, mas, sim, transferi-los para outro fundo de pensão. Como destacado por Ibrahim, essa transferência pode ser feita até para uma Entidade Aberta, trazendo problemas no controle de eventuais resgates. (IBRAHIM, 2012, p. 783). Para tanto, conforme art. 14 da Lei Complementar n. 109/2001, a portabilidade dos recursos para entidade aberta somente será admitida quando a integralidade dos recursos financeiros correspondentes ao direito acumulado do participante for utilizada para a contratação de renda mensal vitalícia ou por prazo determinado, cujo prazo mínimo não poderá ser inferior ao período em que a respectiva reserva foi constituída, limitado ao mínimo de quinze anos.

Através da portabilidade, o cidadão pode transferir valores para outra entidade que pratique menores taxas de administração e carregamento; maior rentabilidade e qualidade na prestação dos serviços, principalmente em relação à transparência das informações e dos serviços. Os valores saem diretamente da instituição anterior para a nova entidade, sendo permitido à gestora inicial cobrar tarifas e outros débitos que o participante tenha em seu contrato, como a taxa de saída, por exemplo. Com a portabilidade, não há incidência de impostos, favorecendo o cidadão que deseja ou necessita alterar a entidade. Contudo, não é possível a transferência na fase de recebimento do benefício.

Ao participante é também permitido o resgate de valores pagos durante todo o período de vinculação à entidade fechada de previdência complementar. Tal hipótese ocorre quando ele deseja abandonar o sistema privado de previdência, devendo ocorrer de forma limitada, já que contraria a lógica previdenciária de poupança futura. (IBRAHIM, 2012, p. 784).

O art. 14 da Lei Complementar n. 109/2001 também reza sobre o *autopatrocínio*, em que o participante paga a totalidade das contribuições previdenciárias em seu nome, incluindo a contribuição feita pela patrocinadora. A lei permite o autopatrocínio no caso de *perda parcial ou total da remuneração recebida*, que abarca, ilustrativamente, situações de interrupção ou suspensão do contrato de trabalho, diminuição da contribuição da patrocinadora em virtude de redução na remuneração (menores comissões, por exemplo), ou mesmo na cessação do vínculo empregatício ou associativo, em que haverá, obviamente, perda total da remuneração.

Com o autopatrocínio, o participante mantém seu patamar contributivo, preservando sua renda mensal futura. Por significar elevação de gastos para realização das contribuições, trata-se de uma opção interessante para os participantes que tenham pouco prazo a cumprir para auferir seus benefícios. (IBRAHIM, 2012, p. 784).

O custeio dos planos de previdência complementar de entidades fechadas é feito por meio de contribuições dos participantes (trabalhadores que aderirem), dos assistidos (dependentes dos trabalhadores que possam também aderir ao plano) e do patrocinador (empregador). Para Weintraub, "a contribuição da empresa consiste num incentivo aos empregados, que poderão contar com a manutenção do seu padrão de vida quando da inatividade." (WEINTRAUB, 2003, p. 106).

Para compreensão da dinâmica dos fundos de pensão, é relevante expor os conceitos de regime de repartição e regime de capitalização.

Nos regimes de repartição há um pacto de gerações, prevalecendo uma solidariedade entre os participantes. Os segurados ativos pagam os benefícios dos segurados inativos. Assim, o pagamento de seus próprios benefícios depende de geração futura, isto é, do ingresso de novos trabalhadores no sistema previdenciário, a fim de manter o pacto entre gerações. Esse regime pode ser encontrado no plano de benefício definido. (JARDIM, 2011, p. 209).

Já nos regimes de capitalização, cada geração constitui reservas para suportar seus benefícios individuais. O próprio trabalhador, durante sua vida ativa, gera recursos necessários para suportar o valor de sua aposentadoria. A capitalização ocorre nos planos do tipo contribuição definida. (JARDIM, 2011, p. 209).

As críticas recebidas pelo regime de capitalização afirmam que ele não se classifica como um plano de previdência, mas, sim, como um investimento financeiro. Dessa forma, entendem que é transferida para o trabalhador toda responsabilidade e risco em relação à aposentadoria e segurança de sua família.

Resultados práticos têm demonstrado grande êxito na difusão de fundos de pensão, tendo inclusive proporcionado ao capitalismo selvagem sua humanização, domesticação e moralização, como será demonstrado mais adiante. (JARDIM, 2011, p. 209).

O art. 16 da Lei Complementar n. 109/2001 impõe a oferta dos planos a todos os participantes. Contudo, a adesão não pode ser imposta pelo patrocinador ou instituidor, já que é facultativa.

Conforme previsão dos arts. 10, 22 e 24 da Lei Complementar n. 109/2001, os fundos de pensão devem divulgar amplamente aos participantes e assistidos as informações pertinentes aos planos de benefícios, ao menos uma vez por ano, na forma, prazo e meio definidos pelos órgãos regulador e fiscalizador. Tal previsão atende ao princípio do livre acesso às informações, sediado no § 1º do art. 202 da Constituição Federal de 1988.

8.3. O controle dos fundos de pensão pela criação da Superintendência Nacional de Previdência Complementar pela Lei n. 12.154/2009

Os fundos de pensão são submetidos a controle interno e externo, o que reforça a confiabilidade nessas entidades, além de ser também uma intervenção estatal benéfica para ampliar o caráter democrático dessas instituições. No âmbito interno, atendem aos preceitos de seu Estatuto, assim como às resoluções do conselho de curadores. Externamente, submetem-se às regulações e fiscalizações promovidas pelo Estado. (MARTINEZ, 2011, p. 1.342).

A Lei n. 12.154/2009 (BRASIL, 2009c) instituiu a Superintendência Nacional de Previdência Complementar – PREVIC; uma autarquia de natureza especial, vinculada ao Ministério da Previdência Social, com uma reforçada estrutura de fiscalização do poder público sobre os fundos de pensão. Seu regimento interno foi aprovado pela Portaria MPS n.183, de 26.4.2010.

Conforme Pulino:

> [...] se o modelo mais adequado seria o de uma agência reguladora ou o de uma superintendência "de natureza especial" (como a Previc) é questão de menor importância. O que importa, a nosso ver, é que sejam legalmente conferidos instrumentos de autonomia político-funcional e máxima especialização de quadros funcionais para supervisão de tão relevante componente do sistema de seguridade social. (PULINO, 2011, p. 415).

Como autarquia, a PREVIC tem personalidade jurídico-administrativa própria, com patrimônio e receita independentes. Tal fato lhe confere maior autonomia financeira e administrativa para conduzir as funções em comparação com a antiga Secretaria de Previdência Complementar do Ministério da Previdência (SPC). A autonomia administrativa proporciona melhor estabilidade institucional, com formação de quadro próprio e especializado de pessoal, além de mandato específico para seus dirigentes. Assim, a tendência comum na SPC de valer-se de servidores de outros órgãos ou autarquias tende a desaparecer, reforçando o vínculo institucional dos servidores com a PREVIC.

A PREVIC atua na fiscalização e supervisão das entidades fechadas de previdência, em substituição à Secretaria de Previdência Complementar – SPC, estando as entidades abertas sob responsabilidade da SUSEP.

O art. 2º da referida lei dispõe que a PREVIC tem competência para fiscalizar as atividades das entidades fechadas de previdência complementar e de suas operações; apurar e julgar infrações e aplicar as penalidades cabíveis; expedir instruções e estabelecer procedimentos para a aplicação das normas relativas à sua área de competência, de acordo com as diretrizes do Conselho Nacional de Previdência Complementar; além de autorizar a criação, modificação e extinção de entidades fechadas. (IBRAHIM, 2012, p. 787).

Sua estrutura é composta de diretoria; procuradoria federal; coordenações-gerais; ouvidoria; e corregedoria. Conforme art. 4º, a PREVIC será administrada por uma diretoria colegiada composta por um diretor-superintendente e quatro diretores, escolhidos dentre pessoas de ilibada reputação e de notória competência, a serem indicados pelo Ministro de Estado da previdência social e nomeados pelo Presidente da República.

Ao diretor-superintendente e aos diretores é vedado o exercício de qualquer outra atividade profissional sindical ou de direção político-partidária, salvo a de magistério, desde que em horário compatível, observadas as demais restrições aplicáveis aos servidores públicos federais em geral (art. 5º da Lei n. 12.154/2009). Tal regra repele eventuais conflitos de interesses e contribui para a imparcialidade do órgão diretivo. As deliberações da diretoria colegiada serão tomadas por maioria simples, presente a maioria de seus membros, cabendo ao diretor-superintendente, além do seu voto, o de qualidade. Adicionalmente, destaca Ibrahim:

> [...] há uma espécie de quarentena profissional, pois o ex-membro da Diretoria fica impedido, por um período de 4 (quatro) meses, contados da data da sua exoneração, de prestar serviço ou de exercer qualquer atividade em entidades fechadas de previdência complementar, ainda que indiretamente, facultado, ao menos, o recebimento de sua remuneração. (IBRAHIM, 2012, p. 787).

O art. 12 da lei em tela instituiu um novo tributo denominado de taxa de fiscalização e controle da previdência complementar (TAFIC) para compor sua receita. Seu fato gerador é o exercício do poder de polícia legalmente atribuído à PREVIC para a fiscalização e a supervisão dos fundos de pensão. Os contribuintes da TAFIC são as entidades fechadas de previdência complementar, que devem pagá-la quadrimestralmente, de acordo com os recursos garantidores por plano de benefícios, conforme Anexo V da lei, até o dia 10 (dez) dos meses de janeiro, maio e setembro de cada ano. Trata-se de uma importante medida que contribui para melhor concretizar a atuação fiscalizatória da PREVIC. Ademais, é uma cobrança justa, pois atribui ao beneficiado (participantes e assistidos de fundos de pensão) o ônus de arcar com o custo da indispensável supervisão sobre o trabalho dos gestores dos fundos de pensão.

O Conselho de Gestão da Previdência Complementar (CGPC), órgão da estrutura básica do Ministério da Previdência Social, teve sua denominação alterada e passou a chamar-se Conselho Nacional de Previdência Complementar – CNPC, exercendo a função de órgão regulador do regime de previdência complementar operado pelas entidades fechadas de previdência complementar (art. 13 da Lei n. 12.154/2009).

Foi criada, no âmbito do Ministério da Previdência Social, a Câmara de Recursos da Previdência Complementar (CRPC) (art. 15 da Lei n. 12.154/2009). Esse órgão é destinado a apreciar recursos dos fundos de pensão em decisões relacionadas a relatórios finais dos processos administrativos, seja por lavratura de auto de infração ou instauração de inquérito, com a finalidade de apurar responsabilidades e aplicar penalidades cabíveis, além de apreciar e julgar, em grau final, as impugnações referentes aos lançamentos tributários da TAFIC. As decisões e votos devem ser publicados no Diário Oficial da União, com segredo da identidade dos autuados ou investigados, quando necessário.

Ibrahim faz interessante observação quanto à atuação fiscalizatória da PREVIC junto às entidades fechadas de previdência complementar de natureza pública, dispostas no art. 40 da Constituição Federal, isto é, os chamados fundos de pensão dos servidores públicos. (IBRAHIM, 2012, p. 788).

As consultas feitas para a PREVIC estão disciplinadas na Instrução PREVIC N. 4, de 6 de Julho de 2010. Consulta, nos termos do seu art. 2º, é o expediente devidamente formalizado que tenha por objeto a elucidação de dúvida relativa à aplicação da legislação vigente. As consultas sobre aplicação de estatutos das EFPC, regulamentos dos planos de benefícios e convênios de adesão, bem como sobre as informações cadastrais relativas às entidades fechadas, planos de benefícios, dirigentes e pessoas jurídicas relacionadas ao sistema de previdência complementar serão encaminhadas à Diretoria de Análise Técnica – DITEC. Doutra forma, as consultas referentes à constituição das reservas técnicas, provisões e fundos, às demonstrações atuariais, contábeis e de investimentos, e às operações e às aplicações dos recursos garantidores dos planos administrados pelas entidades fechadas de previdência complementar serão encaminhadas à Diretoria de Assuntos Atuariais, Contábeis e Econômicos – DIACE.

A Instrução MPS/PREVIC n. 3, de 29 de junho de 2010, cria o Termo de Ajustamento de Conduta (TAC), objetivando oferecer maior segurança jurídica na administração dos planos previdenciários e promover a adequação de condutas tidas como irregulares em relação aos diplomas legais em vigor. A Instrução MPS/PREVIC

n. 7, de 9 de novembro de 2010, criou a Comissão de Mediação, Conciliação e Arbitragem (CMCA), que consiste numa opção para a resolução de litígios, no âmbito dos fundos de pensão.

A PREVIC representou significativo avanço na estrutura fiscalizatória do Estado, na tentativa de se adequar ao cenário de grande expansão e desenvolvimento dos fundos de pensão. Diante do teto do valor dos benefícios do regime geral de previdência social e, principalmente, diante da edição de regras que criaram maior transparência na atuação dos fundos de pensão, submetidos a uma atuação fiscalizatória estatal mais organizada, é crescente o interesse pelos fundos de pensão. Trata-se de uma forma democrática de prover melhor renda na idade inativa, ou mesmo manter o padrão financeiro experimentado ao longo de toda a vida ativa, devendo ser acessível a todos os empregados. Com a regulamentação da previdência associativa, constata-se mais um avanço democrático, pois foi ampliada a possibilidade de criação de fundos instituídos por iniciativa de pessoas jurídicas de caráter profissional, classista ou setorial, incluindo, pois, os sindicatos, com contribuição definida. Tal modalidade não gera déficits atuariais, transmitindo maior confiabilidade à população no que se refere ao cumprimento dos benefícios contratados.

8.4. Os fundos de pensão como instrumentos adicionais de inclusão social e econômica no capitalismo

As políticas de criação e gestão dos fundos de pensão que se afirmaram como tema de interesse governamental, além das centrais sindicais e sindicatos, especialmente do setor bancário e eletricitário, caracterizam a chamada "moralização e/ou domesticação do capitalismo", pois tendem a aplicar os valores oriundos de especulação em atividade produtiva, capaz de gerar emprego e renda para o trabalhador. (JARDIM, 2011, p. 199).

Nesse sentido: "Os projetos de inclusão social do primeiro e do segundo Governo Lula passaram necessariamente pelo mercado: projeto microcrédito, Banco Popular do Brasil e especialmente fundos de pensão são alguns exemplos." (JARDIM, 2011, p. 199).

Os volumosos recursos financeiros movimentados pelos investidores institucionais vêm fazendo desses indivíduos verdadeiros atores centrais no financiamento da economia e na definição de regras de gestão das empresas. Por isso, Plihon assevera: "Investidores institucionais como os fundos de pensão se tornaram os operadores mais fortes dos mercados nacionais e internacionais, e são percebidos como atores centrais no 'novo capitalismo'." (PLIHON apud JARDIM, 2011, p. 13).

Isso significa uma nova versão para o sistema capitalista, que traz uma "(re) significação do conceito do trabalho, do social, do Estado, que buscam seu lugar social diante das mudanças e complexidades da sociedade contemporânea." (JARDIM, 2011, p. 14). No sistema capitalista contemporâneo, os fundos de pensão assumem um papel crucial, definindo os novos atores sociais. Conforme a lógica de governança corporativa[7], por meio dessas entidades, até os pequenos acionistas tornaram-se proprietários-acionistas de diversas empresas. Nos casos em que os fundos são sócios majoritários, o poder controlador é ainda maior. Assim, "pela lógica da governança corporativa, os fundos de pensão exercem poder disciplinador e de vigilância sobre as empresas, uma vez que são seus principais credores." (JARDIM, 2011, p. 20). Assim, continua a autora:

> [...] a governança modifica os dados fundamentais da repartição de renda, da divisão de classes sociais do capitalismo, bem como os papéis sociais do capitalista e do trabalhador. Pela lógica do capitalismo dos acionistas, se os fundos controlam as empresas, teoricamente, são os trabalhadores que as controlam, haja vista que se trata da poupança dos trabalhadores. Nesse sentido, a governança corporativa repensa o papel de capitalista e trabalhadores. (JARDIM, 2011, p. 14).

Domeneghetti (2009) afirma a importância dos fundos de pensão e destaca fatores que ressaltam o papel dessas instituições. Dentre eles, indica a limitação do teto da previdência oficial e a alteração na idade mínima para aposentadoria pelo INSS. Também a forte regulamentação a que foram submetidos os fundos de pensão. Sobre essa forte atuação regulatória, continua:

> [...] com a limitação dos investimentos em renda fixa, renda variável, derivativos, imóveis, participações em empresas e operações com participantes/assistidos, considerando ainda que essas regulamentações encontram-se em fase de implementação pela maioria das EFPC – Fundos de Pensão, influenciando a gestão financeira e a mobilidade das mesmas. Esses fatores são restritivos, porém garantem uma maior solidez ao sistema como um todo e minimizam ocorrências de déficits atuariais e quebras de contratos que poderiam prejudicar a constituição das novas EFPC – Fundos de Pensão, principalmente no segmento dos instituidores (pessoas jurídicas de caráter profissional, classista e setorial). (DOMENEGHETTI, 2009, p. 3).

O autor expõe que a solidez do sistema repele o descumprimento de contratos, como ocorreu com a insolvência da AERUS – Fundo de Pensão da VARIG, CRUZEIRO e TRANSBRASIL, que não honrou os compromissos de complemento de aposentadorias e pagamento de pensões aos aeroviários. Na década de 1970, houve também a falência dos montepios. (DOMENEGHETTI, 2009, p. 3).

---

(7) Conforme Instituto Brasileiro de Governança Corporativa: "Governança corporativa é o sistema pelo qual as sociedades são dirigidas e monitoradas, envolvendo os relacionamentos entre Acionistas/Cotistas, Conselho de Administração, Diretoria, Auditoria Independente e Conselho Fiscal. As boas práticas de governança corporativa têm a finalidade de aumentar o valor da sociedade, facilitar seu acesso ao capital e contribuir para a sua perenidade". (INSTITUTO BRASILEIRO DE GOVERNANÇA CORPORATIVA, 2012).

Segundo o autor, o aumento da expectativa de vida da população impõe a necessidade de uso de novas tábuas de mortalidade.[8] Dessa forma, para evitar déficits futuros, em razão da maior necessidade de constituir reservas suficientes para cobrir o aumento nos passivos atuariais, é necessário alterar a política de investimento, buscando alcançar rentabilidade acima da meta atuarial como uma alternativa distinta ao aumento da contribuição dos participantes/assistidos. Por tudo isso, é pertinente adaptar a forma de gestão e fluxos de caixa ao grau de maturidade das EFPC – fundos de pensão. Nesse sentido, os fundos de pensão mais *maduros* (cujos participantes inativos são em maior número que os ativos) devem prestigiar investimentos que gerem fluxo de caixa presente para honrar os crescentes desembolsos. Por outro lado, nos fundos de pensão *não maduros,* devem-se privilegiar investimentos em longo prazo, com maior rentabilidade, logrando superar a meta atuarial. Assim, é possível gerar fluxos de caixa maiores para o futuro, ou aumentar o valor dos benefícios a serem pagos, ou mesmo implementar a redução das contribuições de custeio mensais. Todas essas medidas traduzem, pois, benefício para o participante/assistido e potencializam os fundos de pensão. (DOMENEGHETTI, 2009, p. 4).

A Previ (Caixa de Previdência dos Funcionários do Banco do Brasil) é o maior fundo de pensão do país. Ocupou a 24ª colocação em nível mundial, com mais de 190 mil participantes. Em 2011, o pagamento de benefícios aos mais de 88 mil aposentados e pensionistas da Previ chegou a R$ 9,04 bilhões, o maior montante já pago pela entidade em um único exercício. O crescimento da Previ, na comparação com a listagem publicada em 2010, referente ao ano-base 2009, foi de 12,6%, mais de US$ 10 bilhões de incremento. Com mais de R$ 155 bilhões em patrimônio, é quase três vezes maior que a Petros, dos funcionários da Petrobras, a segunda maior fundação do país, com R$ 58 bilhões. (PREVI..., 2012). Ressalta-se que esse cenário de avanço foi alcançado com as contribuições de participantes e patrocinador suspensas desde 2007 e, também, o fato de seu Plano 1 ser maduro e estar numa fase crescente de pagamento de benefícios. O ano passado também registrou recorde de adesões ao plano Previ Futuro, superando a marca de 93% de associação ao Plano. A Previ atua nas mais importantes empresas brasileiras, como a própria mineradora Vale e o controle da Perdigão, e é o maior fundo investidor na bolsa de valores, além de ser sócia e proprietária de grandes empreendimentos imobiliários em todo o Brasil. Foi criada no ano de 1904, isto é, anteriormente à instituição da previdência pública brasileira. A Previ

---

(8) Segundo dados do IBGE sobre a Tábua de mortalidade "[...] em 2010, a esperança de vida ao nascer no Brasil era de 73,48 anos (73 anos, 5 meses e 24 dias), um incremento de 0,31 anos (3 meses e 22 dias) em relação a 2009 e de 3,03 anos (3 anos e 10 dias) sobre o indicador de 2000. Com o aumento da expectativa de vida do brasileiro, haverá uma redução média de 0,42% no valor do benefício do trabalhador que se aposentar a partir de 1/12. Isso porque as Tábuas Completas de Mortalidade do Brasil são usadas pelo Ministério da Previdência Social como um dos parâmetros para determinar o fator previdenciário, no cálculo das aposentadorias do regime geral de Previdência Social." Esses dados retratam a importância que os fundos de pensão vêm assumindo na manutenção dos padrões de vida do cidadão acima do limite do INSS em sua idade inativa. (INSTITUTO BRASILEIRO DE GEOGRAFIA E ESTATÍSTICA, 2012).

movimenta recursos provenientes, essencialmente, das contribuições pessoais e patronais, além de outras contribuições especiais complementares previstas em seu estatuto. (RICARDO..., 2012).

A Fundação Vale do Rio Doce de seguridade social (Valia) – o fundo de pensão dos empregados da Vale – foi criada em março de 1973, quando contava com 10,9 mil participantes. Conforme dados da Abrapp, de abril de 2011, possui 39 patrocinadores, 69,6 mil participantes ativos e 20,8 mil participantes assistidos. Seu patrimônio administrado está estimado em R$ 13,2 bilhões. Afirma seu diretor de Investimentos e Finanças, Maurício Wanderley, que os investimentos da entidade "vêm apresentando retornos consistentes ao longo dos últimos anos, superando com folga sua meta atuarial, medida pelo INPC, mais 6% ao ano". Segundo ele, o retorno médio da fundação nos últimos dez anos é de 20,55% ao ano, enquanto a valorização média da meta atuarial no mesmo período foi de 13,45% ao ano. Isso tem permitindo que a Valia acumule superávit nos últimos anos, tendo seu patrimônio saltado de R$ 3,74 bilhões, em 2001, para R$ 14,2 bilhões em 2010. Os investimentos da Valia distribuem-se entre renda fixa, renda variável, investimentos estruturados, imóveis e empréstimos. (PRESENÇA..., 2012).

O mercado previdenciário está em plena expansão. O que se constata é que a movimentação dos recursos dos fundos de pensão tem fomentado o mercado de capitais, transformando essas entidades em grandes investidores institucionais do país.

O Brasil administra atualmente 369 fundos de pensão, ofertados por empresas públicas e privadas aos empregados e também por associações, movimentando um patrimônio de cerca de R$ 460 bilhões – valor correspondente a 18% do Produto Interno Bruto (PIB) brasileiro, segundo informações da Associação Brasileira das Entidades Fechadas de Previdência Privada (Abrapp). (SENADO FEDERAL, 2012). Os valores gerenciados pela previdência complementar brasileira avançaram 14,7% em 2010, o que consiste no maior crescimento dentre os treze maiores mercados do mundo, afirma o estudo *Global Pension Assets Study 2011*, de responsabilidade da Towers Watson. O levantamento também apurou que, no ano passado, o patrimônio das treze maiores indústrias do mundo registrou aumento médio de 12% em comparação ao ano anterior, totalizando US$ 26,49 trilhões em nível global. Desde o ano 2000, os ativos da previdência privada já cresceram 66%, alcançando, em 2010, 76% do Produto Interno Bruto mundial, em comparação com 71% em 2009 e 61% em 2008. (LIDERANÇA..., 2012).

Domeneghetti sintetiza o caminho para obtenção de um sistema de previdência complementar saudável:

> Um sistema de previdência complementar sólido e sustentável só se consegue, em princípio, instituindo um arcabouço regulatório consistente e perene, capaz de garantir estabilidade e marco regulatório (isso já foi concretizado com Leis Complementares, Emendas Constitucionais, Leis, Decretos, Resoluções e demais dispositivos legais). Posteriormente, inicia-se o processo de crescimento, dentro de bases jurídicas sólidas, estágio que também está em

fase de implementação com a previdência associativa (novos instituidores). Em seguida, atualizam-se as normas e princípios contábeis para garantir a compatibilidade dos registros com a real situação econômico-financeira das entidades (em implementação a partir do ano de 2009). Finalmente, após definidos os marcos regulatórios, as estratégias de crescimento e os princípios contábeis, é premente investir na formação do corpo gestor das EFPC – Fundos de Pensão e do conjunto de agentes ligados ao segmento de previdência complementar fechado, e isso só ocorre com investimento em educação previdenciária. (DOMENEGHETTI, 2009, p. 5-6).

Verifica-se, pois, a crescente importância dos fundos de pensão no cenário mundial, especialmente no Brasil. O número de brasileiros beneficiados pelo sistema atinge cerca de 8 milhões, distribuídos entre participantes, assistidos e dependentes. (SENADO FEDERAL, 2012). Possuem nobre papel social, pois fornecem um complemento para o valor fornecido pelo teto do INSS, preservando a qualidade de vida e bem-estar dos cidadãos a ele vinculados. Atuam como verdadeiros instrumentos de perpetuação da afirmação socioeconômica – possibilitada pelo Direito do Trabalho durante a vida ativa. Por isso, nos períodos de inatividade, os fundos de pensão são alicerces financeiros, com o objetivo de sustentar níveis dignos de vida ao cidadão. São, portanto, entidades integrantes do Direito Previdenciário que reproduzem as finalidades protetivas inerentes ao Direito do Trabalho.

Quanto às empresas que aderem a um fundo de pensão, é inegável afirmar que assumem um patamar diferenciado, efetivando de forma mais plena sua função social. Conforme Grau, a ideia de função social dá à propriedade um "conteúdo específico, de sorte a moldar-lhe um novo conceito." (GRAU, 1997, p. 249). Ademais, os fundos de pensão são, para as empresas, valiosos instrumentos de política de recursos humanos. Nesse sentido:

> Assim ocorre, por exemplo, com empresas relacionadas à pesquisa de alta tecnologia, nas quais há um esforço evidente e bastante justificável em não apenas atrair talentos, mas, principalmente, esforçar-se em retê-los. De um modo geral, pressupõe-se que empresas dessa natureza queiram encorajar contratos de longo termo, uma vez que investem em treinamento e incorrem em altos custos para rescindir um contrato, além de efeitos adversos na produtividade quando um trabalhador desliga-se da empresa, já que a produção depende de uma equipe bem estruturada. Por essa razão, um benefício como previdência complementar pode ter um impacto importante sobre as políticas que visam àqueles resultados. Assim, uma simples decisão da empresa sobre a implantação de um plano de previdência complementar poderia definir, por exemplo, se a empresa contrata trabalhadores mais novos e faz com que eles se aposentem mais cedo ou se, opcionalmente, encorajam-se os trabalhadores a não permanecerem na empresa por muito tempo. (DELBONI, 2003, p. 43).

Ainda para as empresas, Flávio Rabelo expõe as vantagens da adesão a um fundo de pensão:

> a) manutenção da empresa competitiva em relação ao mercado de trabalho, b) vantagem na atração de pessoal qualificado, c) retenção de pessoal qualificado, d) estratégia de remuneração, e) sistema de recompensas, premiando o longo tempo de serviço na empresa. (RABELO *apud* DELBONI, 2003, p. 70).

Além dessas vantagens, as empresas tendem a humanizar suas políticas de recursos humanos, ao criar, por exemplo, condições para que empregados com idade mais avançada se aposentem assim que possível, permitindo a renovação dos quadros de pessoal de forma organizada e racional, gerando, assim, novos postos de trabalho. (DELBONI, 2003).

Quanto aos empregados, os resultados também são positivos:

> Desse modo, em tese, os empregados mais satisfeitos com seus benefícios estarão mais propensos a ter maior comprometimento com a empresa, vendo seus benefícios não apenas como parte da política de remuneração mas, sobretudo, como uma contribuição para sua segurança no futuro. (DELBONI, 2003, p. 62).

Além de obterem melhores aposentadorias, os empregados também são beneficiados com os fundos de pensão para obtenção de créditos com condições mais atraentes. Assim:

> Há, inclusive, estudos de que os créditos obtidos em decorrência da existência de um fundo de pensão tornam-se mais expressivos durante períodos recessivos, justamente quando os salários reais e as oportunidades de emprego caem, mostrando que os associados conseguem, nesses períodos, taxas melhores, às quais outras pessoas não teriam acesso. (DUTTON *apud* DELBONI, 2003, p. 70).

É possível, então, afirmar que os fundos de pensão promovem a domesticação, a moralização e a humanização do capitalismo.[9] Por isso:

> A lógica predominante é a do uso dos fundos de pensão em projetos sociais para a nação, e transformar os recursos oriundos de altas taxas de juros e da especulação em capital produtivo capazes de promover emprego e renda. A negação do "capitalismo selvagem" fica evidente. (JARDIM, 2011, p. 223).

Até mesmo para os sindicatos e para as entidades representativas de categorias profissionais, os fundos de pensão mostram-se importantes. É inegável que a criação de um plano de benefícios propicia uma aproximação do trabalhador a seu órgão coletivo. Por isso, é possível afirmar que tal aproximação resulte num caminho para o fortalecimento dos sindicatos e o reforço da consciência coletiva.

---

[9] Características atribuídas por Maria A. Chaves Jardim (2011, p. 223).

Nos ensinamentos de Jardim:

> Apoiados no discurso de governança corporativa, de responsabilidade social, de investimento ético, de gestão democrática dos fundos, de proteção da poupança dos trabalhadores e de luta contra o capitalismo, usando suas próprias armas, os sindicalistas brasileiros têm ampliado para o espaço financeiro a legitimidade acumulada no espaço trabalhista. Para tanto, dialogam com as elites do campo financeiro e com as elites do campo político. O argumento defendido nesses diálogos é o de que são moralmente legítimos na gestão/proteção da poupança dos trabalhadores. (JARDIM, 2011, p. 200).

Assim, continua a autora:

> [...] os sindicatos estão cada vez mais presentes no mercado financeiro. A estratégia de alguns segmentos do movimento sindical é criar e, sobretudo, gerir recursos dos fundos de pensão dos trabalhadores, (re) significando as formas tradicionais de lutas sindicais e a relação capital/trabalho. Da mesma forma, os fundos de pensão aparecem como alternativa à possível "crise de estratégias e finalidades tradicionais" do setor. É nessa perspectiva que a pesquisa sugere que a criação e a gestão de fundos de pensão podem ser lidas também como novas estratégias de lutas sindicais. (JARDIM, 2011, p. 224).

Verifica-se que os fundos de pensão têm, pois, um forte papel democrático, também na esfera sindical. Assim, espera-se que a representação sindical, por meio de atuações protetivas, leve o mercado a incorporar, cada vez mais, os fundamentais objetivos de inclusão social. Num cenário democrático, inimaginável sem a força dos fundos de pensão, "as elites sindicais, financeiras e políticas se encontram nas mesmas mesas de discussões para decidir o futuro das aposentadorias dos trabalhadores brasileiros, bem como a vida dos aposentados." (JARDIM, 2011, p. 224).

Todos esses fatores, juntamente com as imperativas atuações estatais, incentivam o fortalecimento do Direito do Trabalho, tendendo a reduzir as desigualdades e a elevar a qualidade de vida dos indivíduos. Sindicato fortalecido, empregado valorizado e satisfeito, com garantia de manutenção de padrão digno de vida quando da aposentadoria: eis os atributos fundamentais para expansão das atividades da empresa no cenário mundial.

Conforme dispõe o art. 202 da Constituição Federal de 1988, a empresa tem a faculdade de aderir a um fundo de pensão. Para tanto, são necessárias políticas públicas que se destinem especificamente à criação de mecanismos de incentivos fiscais e tributários de várias ordens para que os Fundos de Pensão se generalizem.

> Diversas são as formas de incentivos para as empresas, tais como permitir que elas deduzam, de seu lucro, para fins de imposto de renda da pessoa jurídica, as contribuições que realizaram para uma instituição de previdência privada, em benefício de seus empregados; gerar distinções da tributação, no caso de pessoas físicas, isentando de impostos as contribuições correntemente destinadas a um plano de aposentadoria e tributando os benefícios somente no momento do recebimento. (DELBONI, 2003, p. 51).

CONCLUSÃO

O presente trabalho demonstrou que a exclusão social consiste num dos principais problemas a serem enfrentados com armas eficazes pelas nações de todo o mundo. Exprime a crise de valores sociais, fortalecida pelas práticas precarizantes e flexibilizadoras que insistem em atacar os direitos sociais. Para combater essa tendência excludente, tão cara aos sistemas ultraliberais, necessário trilhar o caminho do desenvolvimento econômico, social, político e cultural, buscando efetivar os instrumentos para dignificação do cidadão. Neste estudo foram elucidados os reais instrumentos de que dispõe o cidadão para promover, como verdadeiro protagonista, uma sociedade mais justa, menos desigual e mais humana. Os diversos obstáculos à generalização dos direitos sociais trabalhistas e previdenciários foram analisados. Vimos que vários dos argumentos utilizados para atacar o primado do trabalho e o sistema previdenciário são, em grande parte, superdimensionados.

Verificamos que os ramos jurídicos sociais possuem papel essencial na promoção dos direitos humanos, atenuando as forças do capital perante o indivíduo. A relação de emprego formal, regida pelo Direito do Trabalho, e o Direito Previdenciário foram analisados como instrumentos que contribuem para aumentar a dignificação do cidadão. As tutelas imperativas deferidas especialmente por estes ramos jurídicos permitem melhor distribuição de renda e redução das desigualdades, sendo fundamentais para promoção de uma sociedade inclusiva. Como verificado nesse estudo, o sistema capitalista incorporou em seu âmago uma essencial função social, harmonizando-se com os direitos fundamentais da pessoa humana.

O ramo jurídico trabalhista vem, ao longo da história, atuando em prol do aperfeiçoamento da condição humana no mercado de trabalho da sociedade capitalista. Através da relação de emprego formal, confere aos indivíduos não somente uma das formas de se conectarem dignamente ao sistema produtivo, mas também lhes confere afirmação social e poder. Por tudo isso, verificamos que o Direito do trabalho instrumentaliza a afirmação da Democracia no Estado Democrático de Direito.

Como foi demonstrado, o Direito Previdenciário também possui um forte papel inclusivo na sociedade brasileira. Como verificado, a relação de emprego, juntamente com o sistema previdenciário estatal, forma um efetivo manto protetor contra as desigualdades produzidas pelo sistema capitalista, além de contribuir para a promoção da justiça social. Comprovamos que o Direito do Trabalho e o Direito Previdenciário exprimem a dimensão mais inclusiva dos Direitos Sociais. Ambos os ramos jurídicos objetivam emancipar o indivíduo em face do mercado, tendo o fundamental papel de promover a cidadania, sendo, pois, condição essencial para a existência do próprio Estado Democrático de Direito.

Vimos que com a desmercantilização do labor humano, o ramo justrabalhista enobrece e beneficia o trabalho com regras distintas dos meros ditames do mercado, objetivando sempre atenuar o conflito entre capital e trabalho. A relação de emprego formal, regulada pelo Direito do Trabalho, visa fornecer ao indivíduo condições de sobrevivência em níveis dignos. É através desta relação que o ser humano obtém sua afirmação em sua dimensão mais plena, seja no aspecto pessoal, social, econômico ou mesmo familiar. Por tais razões, a valorização ao trabalho digno nas principais economias capitalistas ocidentais afirma-se como um dos pilares da democracia social no mundo contemporâneo. Onde o Direito ao Trabalho e o Direito Previdenciário não forem assegurados por regras estatais, visando especialmente a supremacia dos direitos do indivíduo, não haverá uma sociedade efetivamente democrática.

Observamos que a constitucionalização dos direitos trabalhistas e previdenciários ocorrida durante o Estado Social de Direito representou uma fase de transição rumo à efetiva Democracia. O trabalho humano, realizado através da relação de emprego formal, assumiu valor incontestável, sendo um dos mais eficazes instrumentos de dignificação da pessoa humana. Conjugado com o Direito Previdenciário, compõe o rol de fundamentais direitos sociais do cidadão, estabelecidos, solidificados e potencializados no Estado Democrático de Direito. Todo o complexo de princípios e regras constitucionais assume nesse período um novo paradigma conceitual, centrado na relevância da pessoa humana e sua dignidade. Dessa forma, podemos afirmar que o amadurecimento da Democracia teve forte influência na eclosão de ramos jurídicos sociais, em especial, repita-se, o Direito do Trabalho e o Direito Previdenciário.

Constatamos que os avanços tecnológicos criaram novos postos de trabalho, além de criar novas necessidades para os indivíduos, elevando o mercado de consumo. Também propiciaram o aumento da expectativa de vida dos cidadãos, o que necessariamente demanda novos serviços e grande tutela. Em especial, o aumento da expectativa de vida alerta para a necessidade de preservação do poder aquisitivo desses cidadãos nesses períodos de idade mais avançada, o que se torna possível através da adesão a um Fundo de Pensão.

Destacamos a importância da política de valorização do salário mínimo como um efetivo instrumento de inclusão econômico-social. Vimos que tal política tem um enorme alcance na esfera trabalhista e previdenciária, combatendo com êxito o processo de esvaziamento relativo à renda do trabalho. De forma complexa e combinada com outros relevantes fatores, como a elevação do número de empregos formais e a criação de programas de transferência de renda, a valorização do salário mínimo foi crucial para afastar da pobreza cerca de 21 milhões de pessoas entre

2003 e 2009.[1] Constatamos a importância de políticas sociais com esses escopos específicos, a fim de obter melhor distribuição de renda, aprimorar a estruturação do mercado de trabalho e promover um crescimento econômico sustentado no Estado Democrático de Direito.

Atendendo à previsão do art. 201, § 2º da Constituição Federal, a definição de um valor mínimo para os benefícios que substituam o salário de contribuição ou o rendimento do trabalho é uma norma de elevado caráter inclusivo. No que se refere à área rural, a partir de 1988, houve considerável avanço com o incremento do benefício para milhares de pessoas. A vinculação do piso da previdência social ao salário mínimo possibilitou o incremento do consumo de milhares de aposentados e pensionistas, gerando aumento de empregos, aceleração da economia, aumento de arrecadação de tributos, dentre outras consequências positivas.

Consequentemente, demonstrado está que a desvalorização do salário mínimo é eficaz fator de desigualdades e exclusão social. Seu valor não pode ser tão *mínimo,* mas deverá ser um *mínimo* que promova o *máximo* de dignidade. (LÚCIO, 2005, p. 177). Constatamos que o aumento do salário mínimo eleva o patamar de rendimentos do trabalho e a arrecadação pública, incrementa o consumo, além de reduzir os gastos sociais decorrentes do desemprego ou da informalidade. Todas essas consequências convergem para a melhoria das condições de vida do cidadão, além de valorizarem o trabalho humano.

As políticas para elevação do salário mínimo e recomposição de seu valor devem, por óbvio, preservar a vinculação com os benefícios sociais, pois representam um grande avanço democrático inserido na Constituição Federal. E por destinar à proteção da dignidade humana milhares de indivíduos urbanos e rurais, é inegável que tal vinculação consiste num direito fundamental do cidadão.

Para atender e incentivar a concretização da política de valorização do salário mínimo devem ser adotadas medidas para aumentar a arrecadação previdenciária, a fim de preservar seu equilíbrio financeiro e atuarial. Para tanto, a elevação dos postos de emprego, além de significar maior número de contribuintes para o RGPS, também é eficaz instrumento para elevar os níveis de civilização. Ademais, planos que visem ao aumento da cobertura previdenciária, como o SIMPLES Nacional, Plano Simplificado de Previdência Social e Microempreendedor Individual, são também meios de aumentar a arrecadação previdenciária com alíquotas reduzidas e procedimentos facilitados, abrangendo e incluindo mais cidadãos. Vimos também o favorável impacto da Lei n. 10.666, aprovada em 2003, que obriga as empresas que utilizam serviços de terceiros (contribuintes individuais) a reter e repassar ao INSS o

---

(1) A FGV utiliza, para medir a pobreza, critério baseado em uma cesta de alimentos e serviços, que leva em conta as diferenças regionais e o custo de vida, além de outros fatores. O número de pessoas que cruzou a linha da pobreza, entre 2003 e 2009, segundo essa metodologia, equivale a R$ 20,5 milhões. Por esse critério, a linha da pobreza traduzida em reais é diferente em cada região. Na média nacional, corresponde às pessoas que sobrevivem com renda mensal de até R$ 144. (INSTITUTO DE PESQUISA ECONÔMICA APLICADA, 2012).

equivalente a 11% da remuneração paga a tais trabalhadores. Enfim, um conjunto de medidas necessárias para reforçar os cofres da previdência em montante suficiente para atender à política de valorização do salário mínimo.

Exploramos a ampliação do sistema protetivo pela Constituição Federal de 1988, que estabeleceu o sistema de seguridade social, seguindo as determinações indicadas pela ONU e pela OIT. Conforme previsão de seu art. 194, tratou da seguridade social como um conjunto integrado de ações de iniciativa dos Poderes Públicos e da sociedade, objetivando assegurar os direitos relativos à saúde, à previdência e à assistência social. Também, por determinação constitucional, as contribuições sociais passaram a custear as ações do Estado nessas três áreas, não mais somente na previdência social. A previdência, como um direito integrante da seguridade social, garantia a todos o direito de ingressar no sistema, sem distinções de benefícios urbanos e rurais, no montante de, pelo menos, um salário mínimo. Pela primeira vez, a assistência social ingressou no rol de direitos de cidadania, concedendo a todo idoso ou deficiente sem condições de prover seu sustento ou ser mantido pela família o valor de um salário mínimo. Doutra forma, a previdência social abrange os cidadãos que integralizam contribuições para seu sistema, fornecendo-lhes benefícios limitados a um valor-teto definido em lei, a fim de proporcionar-lhes melhores níveis de cidadania. A obrigatoriedade da filiação ao regime previdenciário estatal foi justificada, em especial, pela chamada "miopia social" (ASSOCIAÇÃO INTERNACIONAL DE SEGURIDADE SOCIAL apud CASTRO; LAZZARI, 2012, p. 71), que se caracteriza pela natureza imprevidente do homem não acostumado a poupar para satisfazer suas necessidades econômicas futuras e, também, pela solidariedade previdenciária, como verificado.

A Lei n. 12.618, de 30.4.2012 (BRASIL, 2012f), instituiu o regime de previdência complementar para os servidores públicos federais titulares de cargo efetivo, conforme regra prevista no art. 40, § 14 da Constituição Federal. Também fixou o limite máximo para a concessão de aposentadorias e pensões pelo regime de previdência de que trata o art. 40 da Constituição Federal; autorizou a criação de 3 (três) entidades fechadas de previdência complementar.

Esse regime complementar atende ao art. 202 da Constituição Federal, mas com características próprias. As Fundações de Previdência Complementar do Servidor Público Federal – FUNPRESP – têm natureza pública, com personalidade jurídica de direito privado, e gozarão de autonomia administrativa, financeira e gerencial. Vimos que essa regulamentação reforçou o princípio da igualdade, aproximando o regime previdenciário dos servidores públicos dos servidores da iniciativa privada. Além de outros efeitos positivos exibidos ao longo do trabalho, vimos que a criação do regime complementar de previdência para os servidores públicos demonstra a confiança do Estado nos fundos de pensão e incentiva a cultura de poupança futura. Ademais, demonstra que o nosso país está efetuando uma necessária *recalibragem distributiva*.

A recalibragem distributiva possui um notório papel para sopesar os custos da transição demográfica de toda a população e, principalmente, os gastos com a concessão de aposentadoria, de forma a reparti-los equanimemente. O caminho principal para tal objetivo é o envelhecimento ativo, baseado no incentivo da elevação da idade para deixar o trabalho, como fez a Emenda Constitucional n. 20/1998.

Visando ampliar a essencial rede de proteção previdenciária, nos últimos anos vem sendo adotada uma série de medidas inclusivas. Dentre elas, estudamos o sistema especial de inclusão previdenciária, instituído pela EC n. 47/2005, que introduziu os §§ 12 e 13 no art. 201 da Constituição Federal de 1988. Também com esse objetivo inclusivo, vimos o direito da pessoa física empregadora doméstica, até o exercício de 2015, ano calendário de 2014, deduzir do imposto apurado na Declaração de Ajuste Anual, a contribuição patronal de 12% por ela paga à previdência social incidente sobre o valor da remuneração do empregado (Instrução Normativa RFB n. 1.131, de 21.2.2011). Constatamos que se trata de uma norma de grande valor, visto que fomenta a formalização de vínculos laborativos, o que significa ampliação da proteção previdenciária e trabalhista aos domésticos.

Defendemos que o custo total do trabalho não consiste em obstáculo ao desenvolvimento ou mesmo à abertura de novos postos de trabalho. Pelo contrário, "a densidade e o vigor dessas economias e sociedades muito devem à consistente retribuição que tendem a deferir ao valor-trabalho dentro de suas fronteiras." (DELGADO, 2005, p. 125).

Concluímos que os programas sociais de distribuição de renda vêm atingindo seus propósitos de melhorar as condições de vida das famílias que estão na base da pirâmide de renda e de contribuir para que elas tenham mais acesso a direitos sociais básicos, como saúde e educação. Pregamos a necessidade de redução da rotatividade da mão de obra, a regulamentação da alíquota progressiva do PIS/PASEP como instrumento de controle de demissões desmotivadas excessivas, a propositura pelo INSS de ações de regresso em face do empregador culpado por acidentes de trabalho, a ampliação do prazo do seguro-desemprego e a regulamentação do art. 153, VII da Constituição Federal. Vimos que todos esses instrumentos são valiosos no combate à exclusão social e à pobreza extrema.

Estudamos a previdência complementar e verificamos quão valiosa é para a justiça social a criação de fundos de pensão, através da empresa ou mesmo por meio de sindicatos ou associações de classe. As entidades abertas de previdência complementar oferecem planos de benefícios livremente no mercado, não se limitando a um público restrito, como ocorre com as entidades fechadas. Por isso, inexiste vínculo prévio entre as pessoas físicas e jurídicas participantes.

Como forma de controle e fiscalização, as entidades de previdência complementar abertas e fechadas podem sofrer intervenção estatal, através de ato do Ministro de

Estado competente para a autorização de funcionamento da entidade, que nomeará interventor com plenos poderes de administração e gestão. As hipóteses geradoras de intervenção estão previstas no art. 44 da Lei Complementar n. 109/2001.

A criação da Superintendência Nacional de Previdência Complementar – PREVIC, autarquia responsável pela fiscalização das entidades fechadas de previdência, teve forte relevância na promoção de uma política justa e sustentável, já que preza pela solvência e liquidez dos planos de benefícios dessas entidades. Vimos que a PREVIC certamente representa um avanço na segurança e transparência dos fundos de pensão, modernizando instrumentos de fiscalização e de controle, o que contribui para a generalização desse nobre instrumento de inclusão social.

Verificamos que é fundamental que o Estado promova a organização das entidades de previdência complementar, em especial das fechadas, que apresentam maior sintonia com os marcos do Estado Democrático de Direito. Trata-se de instituições que auxiliam com louvor na distribuição de renda e efetivação da dignidade humana, ao conferir ao cidadão uma possibilidade adicional de manter ou aprimorar seu padrão de vida no futuro, em períodos de inatividade, além do regime oficial de natureza pública. Através da atuação direta de cidadãos particulares regulando seus interesses próprios, as entidades fechadas assumem uma função efetivamente democrática, permitindo que se motivem e se qualifiquem na condução das atividades, por meio de parâmetros de ordem pública e consoante os objetivos gerais e especiais demarcados pela Constituição.

Verificamos que a criação de uma entidade fechada de previdência complementar pela empresa gera diversas consequências positivas. Dentre elas, propicia maior integração do empregado com os objetivos empresariais; promove a socialização do capital; aprimora a distribuição de renda; cultiva a cultura de poupança futura; eleva os rendimentos do empregado e, também, sua motivação com o trabalho; torna a empresa mais competitiva no mercado; atrai e retém profissionais qualificados, reforçando e valorizando a continuidade da relação de emprego, além de cumprir o princípio da função social da empresa.

Quanto às entidades de previdência fechada instituídas, além das vantagens arroladas para as entidades patrocinadas por empresas, mostram-se valiosos instrumentos de fomento ao caráter coletivo, atuando como um reforço ao elo entre cidadãos e sindicatos ou associações de classe na defesa por melhores direitos.

A previdência complementar, desde que cultivada ao longo da vida útil do cidadão e concatenada com a qualidade e idoneidade dos seus investimentos, é receita de um futuro de bem-estar. Assim, exerce um papel de grande relevância na sociedade contemporânea, permitindo a inclusão social de cidadãos de forma mais digna e em sintonia com a justiça social.

Haja vista o volumoso crescimento por essas entidades alcançado, foi possível evoluir de um quadro de poupança ínfima na década de 1970 para, ao final do ano de 2010, atingir R$ 537,04 bilhões, representando, apenas os fundos de pensão, 14,6% do PIB brasileiro. (BRASIL, 2010). Verificamos que se trata de um crescimento tímido, principalmente se comparado com os países desenvolvidos, onde a relação de ativos supera, em muitos casos, 100%. Tal fato demonstra o potencial de crescimento dessas entidades em nosso país, sintonizadas com uma série de medidas de incentivo adotadas pelo governo brasileiro desde 2003. Atestamos que os volumosos recursos financeiros movimentados pelos investidores institucionais vêm fazendo dos indivíduos verdadeiros atores centrais no financiamento da economia e na definição de regras de gestão das empresas.

Verificamos que as políticas de criação e gestão dos fundos de pensão que se afirmaram como tema de interesse governamental, além das centrais sindicais e sindicatos, especialmente do setor bancário e eletricitário, caracterizam a chamada "moralização e/ou domesticação do capitalismo", pois tendem a aplicar os valores oriundos de especulação em atividade produtiva, capaz de gerar emprego e renda para o trabalhador. (JARDIM, 2011, p. 199).

No sistema capitalista contemporâneo, os fundos de pensão assumem um papel crucial, definindo os novos atores sociais. Conforme a lógica de governança corporativa, por meio dessas entidades, até os pequenos acionistas tornaram-se proprietários-acionistas de diversas empresas. Nos casos em que os fundos são sócios majoritários, o poder controlador é ainda maior.

O número de brasileiros beneficiados pelo sistema atinge cerca de 8 milhões, distribuídos entre participantes, assistidos e dependentes. (SENADO FEDERAL, 2012). Possuem nobre papel social, pois fornecem um complemento para o valor fornecido pelo teto do INSS, preservando a qualidade de vida e bem-estar dos cidadãos a ele vinculados. Atuam como verdadeiros instrumentos de perpetuação da afirmação socioeconômica – possibilitada pelo Direito do Trabalho durante a vida ativa. Por isso, nos períodos de inatividade, os fundos de pensão são alicerces financeiros, com o objetivo de sustentar níveis dignos de vida ao cidadão. São, portanto, entidades integrantes do Direito Previdenciário que reproduzem as finalidades protetivas inerentes ao Direito do Trabalho.

Quanto às empresas que aderem a um Fundo de Pensão, é inegável afirmar que assumem um patamar diferenciado, efetivando de forma mais plena sua função social. Ademais, os Fundos de Pensão são, para as empresas, valiosos instrumentos de política de recursos humanos.

Até mesmo para os sindicatos e para as entidades representativas de categorias profissionais, os Fundos de Pensão mostram-se importantes. É inegável que a criação de um plano de benefícios propicia uma aproximação do trabalhador a seu órgão coletivo. Por isso, é possível afirmar que tal aproximação resulte num caminho para o fortalecimento dos sindicatos e o reforço da consciência coletiva.

Para atrair as empresas a criarem um Fundo de Pensão, defendemos a criação de incentivos fiscais, permitindo que elas deduzam, de seu lucro, para fins de imposto de renda da pessoa jurídica, as contribuições que realizaram para uma instituição de previdência privada, em benefício de seus empregados. Também, gerar distinções da tributação, no caso de pessoas físicas, isentando de impostos as contribuições correntemente destinadas a um plano de aposentadoria e tributando os benefícios somente no momento do recebimento. Todos esses incentivos se fazem necessários para ampliar o número de empresas com fundos de pensão (além, é claro, das associações e sindicatos). Acreditamos ser inadmissível que, em especial, as grandes empresas que obtêm elevados rendimentos com a utilização do trabalho humano não tenham um Fundo de Pensão para seus empregados. Por isso, defendemos a generalização dessas entidades no mercado de trabalho da sociedade brasileira.

REFERÊNCIAS

ACCADROLLI, Jelson Carlos. A influência do fator previdenciário no cálculo do valor da aposentadoria do INSS. *Justiça do Trabalho*: doutrina, jurisprudência, legislação, sentenças e tabelas, Porto Alegre, v. 18, n. 212, p. 117-120, ago. 2001.

ALMIRO, Affonso. *A previdência supletiva no Brasil*. São Paulo: LTr, 1978.

ALVARENGA, Rúbia Zanotelli. *O direito do trabalho como dimensão dos direitos humanos*. São Paulo: LTr, 2009.

ALVIM, Ruy Carlos Machado. *Uma história crítica da legislação previdenciária brasileira*. RDT 18.

ANTUNES, Ricardo. *A dialética do trabalho:* escritos de Marx e Engels. São Paulo: Expressão Popular, 2004.

ANTUNES, Ricardo. *Os sentidos do trabalho*. 3. ed. São Paulo: Boitempo, 1997.

ANUÁRIO ESTATÍSTICO DE ACIDENTES DE TRABALHO. *Estatísticas de acidente de trabalho no Brasil*. 2007. Disponível em: <http://www.diesat.org.br/arquivos/aeat2007.pdf>. Acesso em: 12 abr. 2012.

ARAUJO, Luis Alberto David; NUNES JUNIOR, Vidal Serrano. *Curso de direito constitucional*. 14. ed. São Paulo: Saraiva, 2010.

BALERA, Wagner. *Noções preliminares de direito previdenciário*. São Paulo: Quartier Latin, 2004.

BALERA, Wagner. *Sistema de seguridade social*. 2. ed. São Paulo: LTr, 2002.

BARRA, Juliano Sarmento. *Fundos de pensão instituídos na previdência privada brasileira*. São Paulo: LTr, 2008.

BARROS, Alice Monteiro de. *Curso de direito do trabalho*. 2. ed. São Paulo: LTr, 2006.

BARROSO, Luís Roberto. *O direito constitucional e a efetividade de suas normas:* limites e possibilidades da Constituição brasileira. 8. ed. Rio de Janeiro: Renovar, 2006.

BASTOS, Celso Ribeiro. *Curso de direito constitucional*. 21. ed. São Paulo: Saraiva.

BISSIO, Roberto. Por um novo contrato social global. Dignidade e direitos: seguridade social como direito universal. Observatório da cidadania, relatório 2007, n. 11. In: IBRAHIM, Fábio Zambitte. *Curso de direito previdenciário*. 17. ed. Rio de Janeiro: Ímpetos, 2012.

BOBBIO, Norberto. *A era dos direitos*. 8. ed. Rio de Janeiro: Campus, 1992.

BONAVIDES, Paulo. *Curso de direito constitucional*. 11. ed. São Paulo: Malheiros, 2001.

_____. *Curso de direito constitucional*. São Paulo: Malheiros, 2000.

_____. *Do estado liberal ao estado social*. 5. ed. Belo Horizonte: Del Rey, 1993.

BRASIL. Ministério do Desenvolvimento Social e Combate à Fome. Financiamento da Assistência Social no Brasil. *Caderno SUAS*, ano 4, n. 4. Brasília, DF: Secretaria Nacional de Assistência Social, 2009a. Disponível em: <http://www.mds.gov.br/assistenciasocial/secretaria-nacional-de-assistencia-social-snas/cadernos/caderno-suas-volume-iv-2013-financiamento-da-assistencia-social-no-brasil/Caderno%20SUAS%20IV%20-%20Publicado.pdf>. Acesso em: 24 abr. 2012.

_____. Ministério do Desenvolvimento Social e Combate à Fome. 2012b. *Bolsa Família*. Disponível em: <http://www.mds.gov.br/bolsafamilia/informes>. Acesso em: 24 abr. 2012.

_____. Ministério da Previdência Social. *Empreendedor Individual*. 2012a. Disponível em: <http://www.previdencia.gov.br/conteudoDinamico.php?id=823>. Acesso em: 24 abr. 2012.

_____. Instituto Nacional do Seguro Social. 2012c. Disponível em: <http://www.mpas.gov.br/arquivos>. Acesso em: 12 jul. 2012.

_____. Ministério do Trabalho e Emprego. *Notícia*. 2012d. Disponível em: <http://portal.mte.gov.br/imprensa/brasil-soma-mais-de-um-milhao-de-novos-empregos-formais-no-primeiro-semestre.htm>. Acesso em: 21 jul. 2012.

_____. Portaria Interministerial MPS/MF n. 2, de 6 de janeiro de 2012. Dispõe sobre o reajuste dos benefícios pagos pelo Instituto Nacional do Seguro Social (INSS) e dos demais valores constantes do Regulamento da Previdência Social (RPS). *Diário Oficial da União*, 9 jan. 2012e. Disponível em: <http://www81.dataprev.gov.br/sislex/paginas/65/mf-mps/2012/2.htm>. Acesso em: 28 ago. 2012.

_____. Presidência da República. Casa Civil. Subchefia para Assuntos Jurídicos. *Constituição da República Federativa do Brasil de 1988*. 1988. Disponível em: <http://www.planalto.gov.br/ccivil_03/constituicao/constitui%C3%A7ao.htm>. Acesso em: 26 ago. 2012.

_____. Presidência da República. Casa Civil. Subchefia para Assuntos Jurídicos. Lei n. 12.618, de 30 de abril de 2012: Institui o regime de previdência complementar para os servidores públicos federais titulares de cargo efetivo, inclusive os membros dos órgãos que menciona; fixa o limite máximo para a concessão de aposentadorias e pensões pelo regime de previdência de que trata o art. 40 da Constituição Federal; autoriza a criação de 3 (três) entidades fechadas de previdência complementar, denominadas Fundação de Previdência Complementar do Servidor Público Federal do Poder Executivo (Funpresp-Exe), Fundação de Previdência Complementar do Servidor Público Federal do Poder Legislativo (Funpresp-Leg) e Fundação de Previdência Complementar do Servidor Público Federal do Poder Judiciário (Funpresp-Jud); altera dispositivos da Lei n. 10.887, de 18 de junho de 2004; e dá outras providências.

Diário Oficial da União, Brasília, 2 maio 2012f. Disponível em: <http://www.planalto.gov.br/ccivil_03/_Ato2011-2014/2012/Lei/L12618.htm>. Acesso em: 20 ago. 2012.

_____. Presidência da República. Casa Civil. Subchefia para Assuntos Jurídicos. Decreto n. 6.214 de 26 de setembro de 2007. Regulamenta o benefício de prestação continuada da assistência social devido à pessoa com deficiência e ao idoso de que trata a Lei nº 8.742, de 7 de dezembro de 1993, e a Lei nº 10.741, de 1º de outubro de 2003, acresce parágrafo ao art. 162 do Decreto nº 3.048, de 6 de maio de 1999, e dá outras providências. *Diário Oficial da União*, 26 set. 2007a. Disponível em: <http://www.planalto.gov.br/ccivil_03/_ato2007-2010/2007/decreto/d6214.htm>. Acesso em: 28 ago. 2012.

_____. Presidência da República. Casa Civil. Subchefia para Assuntos Jurídicos. Lei n. 11.457, de 16 de março de 2007: Dispõe sobre a Administração Tributária Federal; altera as Leis nºs 10.593, de 6 de dezembro de 2002, 10.683, de 28 de maio de 2003, 8.212, de 24 de julho de 1991, 10.910, de 15 de julho de 2004, o Decreto-Lei n. 5.452, de 1º de maio de 1943, e o Decreto n. 70.235, de 6 de março de 1972; revoga dispositivos das Leis ns. 8.212, de 24 de julho de 1991, 10.593, de 6 de dezembro de 2002, 10.910, de 15 de julho de 2004, 11.098, de 13 de janeiro de 2005, e 9.317, de 5 de dezembro de 1996; e dá outras providências. *Diário Oficial da União*, Brasília, 19 mar. 2007b. Disponível em: <http://www.planalto.gov.br/ccivil_03/_ato2007-2010/2007/lei/l11457.htm>. Acesso em: 20 ago. 2012.

_____. Presidência da República. Casa Civil. Subchefia para Assuntos Jurídicos. Decreto n. 81.240 de 20 de janeiro de 1978. Regulamenta as disposições da Lei n. 6.435, de 15 de julho de 1977, relativas às entidades fechadas de previdência privada. *Diário Oficial da União*, 16 jun. 1978. Disponível em: <https://www.planalto.gov.br/ccivil_03/decreto/antigos/d81240.htm>. Acesso em: 28 ago. 2012.

_____. Presidência da República. Casa Civil. Subchefia para Assuntos Jurídicos. Decreto n. 4.102 de 24 de janeiro de 2002. Regulamenta a Medida Provisória n. 18, de 28 de dezembro de 2001, relativamente ao "Auxílio-Gás". *Diário Oficial da União*, 25 jan. 2002a. Disponível em: <http://bib.pucminas.br/pergamum/biblioteca/index.php?resolution2=1024_1&tipo_pesquisa=&filtro_bibliotecas=&filtro_obras=&termo=&tipo_obra_selecionados=#posicao_dados_acervo>. Acesso em: 28 ago. 2012.

_____. Presidência da República. Casa Civil. Subchefia para Assuntos Jurídicos. Decreto n. 4.206 de 23 de abril de 2002. Dispõe sobre o regime de previdência complementar no âmbito das entidades fechadas. *Diário Oficial da União*, 24 abr. 2002b. Disponível em: <http://www.planalto.gov.br/ccivil_03/decreto/2002/D4206a.htm>. Acesso em: 28 ago. 2012.

_____. Presidência da República. Casa Civil. Subchefia para Assuntos Jurídicos. Decreto n. 7.052 de 23 de dezembro de 2009. Regulamenta a Lei nº 11.770, de 9 de setembro de 2008, que cria o Programa Empresa Cidadã, destinado à prorrogação da licença-maternidade, no tocante a empregadas de pessoas jurídicas. *Diário Oficial da União*, 24 dez. 2009b. Disponível em: <http://www.planalto.gov.br/ccivil_03/_Ato2007-2010/2009/Decreto/D7052.htm>. Acesso em: 28 ago. 2012.

_____. Presidência da República. Casa Civil. Subchefia para Assuntos Jurídicos. Decreto

n. 12.154 de 23 de dezembro de 2009. Cria a Superintendência Nacional de Previdência Complementar – PREVIC e dispõe sobre o seu pessoal; inclui a Câmara de Recursos da Previdência Complementar na estrutura básica do Ministério da Previdência Social; altera disposições referentes a auditores-fiscais da Receita Federal do Brasil; altera as Leis ns. 11.457, de 16 de março de 2007, e 10.683, de 28 de maio de 2003; e dá outras providências. *Diário Oficial da União,* 12 set. 2009c. Disponível em: <http://www.planalto.gov.br/ccivil_03/_ato2007-2010/2009/Lei/L12154.htm>. Acesso em: 28 ago. 2012.

_____. Presidência da República. Casa Civil. Subchefia para Assuntos Jurídicos. Decreto n. 3.877 de 24 de janeiro de 2001. Institui o Cadastramento Único para Programas Sociais do Governo Federal. *Diário Oficial da União,* 25 jul. nov. 2001b. Disponível em: <http://www.planalto.gov.br/ccivil_03/decreto/2001/D3877.htm>. Acesso em: 28 ago. 2012.

_____. Presidência da República. Casa Civil. Subchefia para Assuntos Jurídicos. Lei Complementar n. 108, de 29 de maio de 2001: Dispõe sobre a relação entre a União, os Estados, o Distrito Federal e os Municípios, suas autarquias, fundações, sociedades de economia mista e outras entidades públicas e suas respectivas entidades fechadas de previdência complementar, e dá outras providências. *Diário Oficial da União,* Brasília, 30 maio 2001c. Disponível em: <http://www.planalto.gov.br/ccivil_03/leis/lcp/Lcp108.htm>. Acesso em: 28 ago. 2012.

_____. Presidência da República. Casa Civil. Subchefia para Assuntos Jurídicos. Lei Complementar n. 109, de 29 de maio de 2001: Dispõe sobre o Regime de Previdência Complementar e dá outras providências. *Diário Oficial da União,* Brasília, 30 maio 2001d. Disponível em: <http://www.planalto.gov.br/ccivil_03/leis/lcp/lcp109.htm>. Acesso em: 28 ago. 2012.

_____. Presidência da República. Casa Civil. Subchefia para Assuntos Jurídicos. Lei n. 10.219, de 11 de abril de 2001: Cria o Programa Nacional de Renda Mínima vinculada à educação – "Bolsa Escola", e dá outras providências. *Diário Oficial da União,* Brasília, 12 abr. 2001a. Disponível em: <http://www.planalto.gov.br/ccivil_03/leis/LEIS_2001/L10219.htm>. Acesso em: 28 ago. 2012.

_____. Presidência da República. Casa Civil. Subchefia para Assuntos Jurídicos. Lei n. 10.689, de 13 de junho de 2003: Cria o Programa Nacional de Acesso à Alimentação – PNAA. *Diário Oficial da União,* Brasília, 16 jun. 2003a. Disponível em: <https://www.planalto.gov.br/ccivil_03/Leis/2003/L10.689.htm>. Acesso em: 28 ago. 2012.

_____. Presidência da República. Casa Civil. Subchefia para assuntos jurídicos. Lei n. 10.741, de 1º de outubro de 2003. Dispõe sobre o Estatuto do Idoso e dá outras providências. *Diário Oficial da União,* Brasília, 3 out. 2003b. Disponível em: <http://www.planalto.gov.br/ccivil_03/leis/2003/l10.741.htm>. Acesso em: 28 ago. 2012.

_____. Presidência da República. Casa Civil. Subchefia para Assuntos Jurídicos. Lei n. 10.836, de 9 de janeiro de 2004: Cria o Programa Bolsa Família e dá outras providências. *Diário Oficial da União,* Brasília, 12 jan. 2004. Disponível em: <http://www.planalto.gov.br/ccivil_03/_ato2004-2006/2004/lei/l10.836.htm>. Acesso em: 28 ago. 2012.

_____. Presidência da República. Casa Civil. Subchefia para Assuntos Jurídicos. Emenda Constitucional n. 20, de 15 de dezembro de 1998. Modifica o sistema de previdência social, estabelece normas de transição e dá outras providências. *Diário Oficial da União*, 16 dez. 1998. Disponível em: <http://www.planalto.gov.br/ccivil_03/constituicao/emendas/emc/emc20.htm>. Acesso em: 28 ago. 2012.

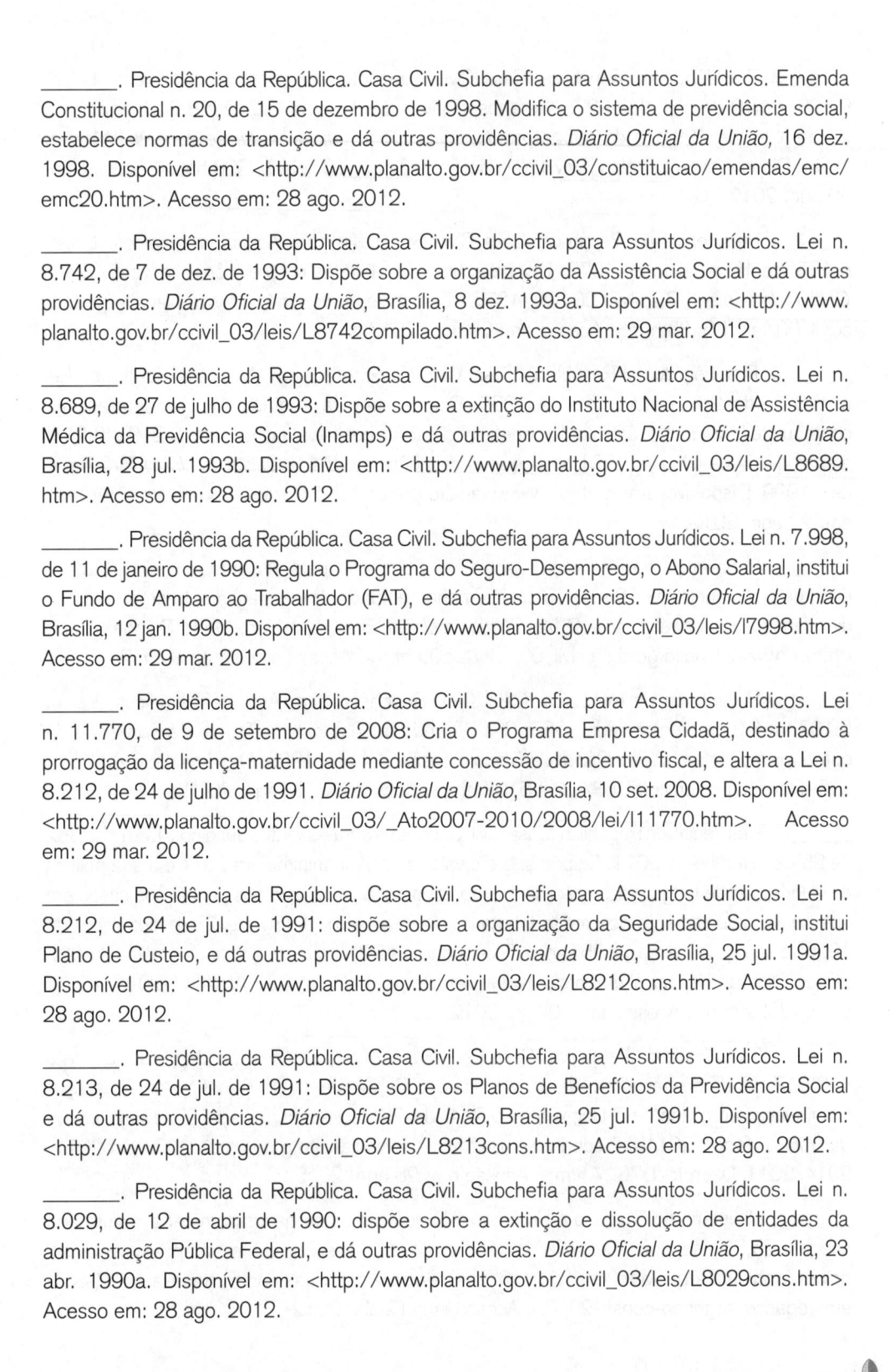

_____. Presidência da República. Casa Civil. Subchefia para Assuntos Jurídicos. Lei n. 8.742, de 7 de dez. de 1993: Dispõe sobre a organização da Assistência Social e dá outras providências. *Diário Oficial da União*, Brasília, 8 dez. 1993a. Disponível em: <http://www.planalto.gov.br/ccivil_03/leis/L8742compilado.htm>. Acesso em: 29 mar. 2012.

_____. Presidência da República. Casa Civil. Subchefia para Assuntos Jurídicos. Lei n. 8.689, de 27 de julho de 1993: Dispõe sobre a extinção do Instituto Nacional de Assistência Médica da Previdência Social (Inamps) e dá outras providências. *Diário Oficial da União*, Brasília, 28 jul. 1993b. Disponível em: <http://www.planalto.gov.br/ccivil_03/leis/L8689.htm>. Acesso em: 28 ago. 2012.

_____. Presidência da República. Casa Civil. Subchefia para Assuntos Jurídicos. Lei n. 7.998, de 11 de janeiro de 1990: Regula o Programa do Seguro-Desemprego, o Abono Salarial, institui o Fundo de Amparo ao Trabalhador (FAT), e dá outras providências. *Diário Oficial da União*, Brasília, 12 jan. 1990b. Disponível em: <http://www.planalto.gov.br/ccivil_03/leis/l7998.htm>. Acesso em: 29 mar. 2012.

_____. Presidência da República. Casa Civil. Subchefia para Assuntos Jurídicos. Lei n. 11.770, de 9 de setembro de 2008: Cria o Programa Empresa Cidadã, destinado à prorrogação da licença-maternidade mediante concessão de incentivo fiscal, e altera a Lei n. 8.212, de 24 de julho de 1991. *Diário Oficial da União*, Brasília, 10 set. 2008. Disponível em: <http://www.planalto.gov.br/ccivil_03/_Ato2007-2010/2008/lei/l11770.htm>. Acesso em: 29 mar. 2012.

_____. Presidência da República. Casa Civil. Subchefia para Assuntos Jurídicos. Lei n. 8.212, de 24 de jul. de 1991: dispõe sobre a organização da Seguridade Social, institui Plano de Custeio, e dá outras providências. *Diário Oficial da União*, Brasília, 25 jul. 1991a. Disponível em: <http://www.planalto.gov.br/ccivil_03/leis/L8212cons.htm>. Acesso em: 28 ago. 2012.

_____. Presidência da República. Casa Civil. Subchefia para Assuntos Jurídicos. Lei n. 8.213, de 24 de jul. de 1991: Dispõe sobre os Planos de Benefícios da Previdência Social e dá outras providências. *Diário Oficial da União*, Brasília, 25 jul. 1991b. Disponível em: <http://www.planalto.gov.br/ccivil_03/leis/L8213cons.htm>. Acesso em: 28 ago. 2012.

_____. Presidência da República. Casa Civil. Subchefia para Assuntos Jurídicos. Lei n. 8.029, de 12 de abril de 1990: dispõe sobre a extinção e dissolução de entidades da administração Pública Federal, e dá outras providências. *Diário Oficial da União*, Brasília, 23 abr. 1990a. Disponível em: <http://www.planalto.gov.br/ccivil_03/leis/L8029cons.htm>. Acesso em: 28 ago. 2012.

_____. Presidência da República. Casa Civil. Subchefia para Assuntos Jurídicos. Lei n. 9.528, de 10 de dez. de 1997: Altera dispositivos das Leis ns. 8.212 e 8.213, ambas de 24 de julho de 1991, e dá outras providências. *Diário Oficial da União*, Brasília, 11 dez. 1997. Disponível em: <http://www.planalto.gov.br/ccivil_03/leis/L9528.htm>. Acesso em: 20 ago. 2012.

_____. Presidência da República. Casa Civil. Subchefia para Assuntos Jurídicos. Lei n. 6.435, de 15 de julho de 1977: Dispõe sobre as entidades de previdência privada. *Diário Oficial da União*, Brasília, 20 jul. 1977. Disponível em: <http://www.planalto.gov.br/ccivil_03/leis/L6435.htm>. Acesso em: 20 ago. 2012.

_____. Presidência da República. Casa Civil. Subchefia para Assuntos Jurídicos. Lei n. 9.876, de 26 de novembro de 1999: Dispõe sobre a contribuição previdenciária do contribuinte individual, o cálculo do benefício, altera dispositivos das Leis ns. 8.212 e 8.213, ambas de 24 de julho de 1991, e dá outras providências. *Diário Oficial da União*, Brasília, 6 dez. 1999. Disponível em: <http://www.planalto.gov.br/ccivil_03/leis/L9876.htm>. Acesso em: 20 ago. 2012.

_____. Presidência da República. Casa Civil. Subchefia para Assuntos Jurídicos. Lei n. 605, de 5 de janeiro de 1949: Repouso semanal remunerado e o pagamento de salário nos dias feriados civis e religiosos. *Diário Oficial da União*, Brasília, 14 jan. 1949. Disponível em: <http://www.planalto.gov.br/ccivil_03/leis/l0605.htm>. Acesso em: 20 ago. 2012.

_____. Presidência da República. Casa Civil. Subchefia para Assuntos Jurídicos. Lei n. 5.107, de 13 de setembro de 1966: Cria o Fundo de Garantia do Tempo de Serviço, e dá outras providências. *Diário Oficial da União*, Brasília, 14 set. 1966. Disponível em: <http://www.planalto.gov.br/ccivil_03/leis/L5107.htm>. Acesso em: 20 ago. 2012.

_____. Presidência da República. Casa Civil. Subchefia para Assuntos Jurídicos. Lei n. 12.382 de 25 de fevereiro de 2011: Dispõe sobre o valor do salário mínimo em 2011 e a sua política de valorização de longo prazo; disciplina a representação fiscal para fins penais nos casos em que houve parcelamento do crédito tributário; altera a Lei n. 9.430, de 27 de dezembro de 1996; e revoga a Lei n. 12.255, de 15 de junho de 2010. *Diário Oficial da União*, Brasília, 28 fev. 2011a. Disponível em: http://www.planalto.gov.br/ccivil_03/_Ato2011-2014/2011/Lei/L12382.htm>. Acesso em: 20 ago. 2012.

_____. Presidência da República. Casa Civil. Subchefia para Assuntos Jurídicos. Decreto n. 7.617 de 17 de novembro de 2011. Altera o Regulamento do Benefício de Prestação Continuada, aprovado pelo Decreto n. 6.214, de 26 de setembro de 2007. *Diário Oficial da União,* 18 nov. 2011b. Disponível em: <http://www.planalto.gov.br/ccivil_03/_Ato2011-2014/2011/Decreto/D7617.htm>. Acesso em: 28 ago. 2012.

_____. Ministério do Trabalho e Emprego. Número de empregados com carteira assinada chega a 65,2%, segundo Censo 2010. 16 nov. 2011c. Disponível em: <http://www.brasil.gov.br/noticias/arquivos/2011/11/16/posse-de-carteira-assinada-chega-a-65-2-dos-empregados-segundo-censo-2010>. Acesso em: 12 abr. 2012.

_____. Presidência da República. Casa Civil. Subchefia para Assuntos Jurídicos. Lei n. 12.453, de 6 de julho de 2011: Altera a Lei n. 8.742, de 7 de dezembro de 1993, que dispõe sobre a organização da Assistência Social. *Diário Oficial da União*, Brasília, 7 jul. 2011d. Disponível em: <http://www.planalto.gov.br/ccivil_03/_Ato2011-2014/2011/Lei/L12435.htm>. Acesso em: 28 ago. 2012.

_____. Presidência da República. Casa Civil. Subchefia para Assuntos Jurídicos. Lei n. 12.470, de 31 de agosto de 2011: Altera os arts. 21 e 24 da Lei n. 8.212, de 24 de julho de 1991, que dispõe sobre o Plano de Custeio da Previdência Social, para estabelecer alíquota diferenciada de contribuição para o microempreendedor individual e do segurado facultativo sem renda própria que se dedique exclusivamente ao trabalho doméstico no âmbito de sua residência, desde que pertencente a família de baixa renda; altera os arts. 16, 72 e 77 da Lei nº 8.213, de 24 de julho de 1991, que dispõe sobre o Plano de Benefícios da Previdência Social, para incluir o filho ou o irmão que tenha deficiência intelectual ou mental como dependente e determinar o pagamento do salário-maternidade devido à empregada do microempreendedor individual diretamente pela Previdência Social; altera os arts. 20 e 21 e acrescenta o art. 21-A à Lei n. 8.742, de 7 de dezembro de 1993 – Lei Orgânica de Assistência Social, para alterar regras do benefício de prestação continuada da pessoa com deficiência; e acrescenta os §§ 4º e 5º ao art. 968 da Lei n. 10.406, de 10 de janeiro de 2002 – Código Civil, para estabelecer trâmite especial e simplificado para o processo de abertura, registro, alteração e baixa do microempreendedor individual. *Diário Oficial da União*, Brasília, 1º set. 2011e. Disponível em: <http://www.planalto.gov.br/ccivil_03/_ato2011-2014/2011/lei/l12470.htm>. Acesso em: 28 ago. 2012.

_____. Previdência Social. Secretaria de Políticas de Previdência Complementar. *Desafios para a previdência complementar do século XXI*: Início de seu 3º Ciclo no Brasil. Florianópolis, set. 2011f. Disponível em:<http://www.previdencia.gov.br/>. Acesso em: 12 abr. 2012.

_____. Presidência da República. Casa Civil. Subchefia para Assuntos Jurídicos. Lei n. 4.090 de 13 de julho de 1962: Institui a Gratificação de Natal para os Trabalhadores. *Diário Oficial da União*, Brasília, 27 jul. 1962. Disponível em: http://www.planalto.gov.br/ccivil_03/leis/l4090.htm>. Acesso em: 20 ago. 2012.

_____. Presidência da República. Casa Civil. Subchefia para Assuntos Jurídicos. Lei n. 4.266, de 3 de outubro de 1963: Institui o salário família do trabalhador. *Diário Oficial da União*, Brasília, 8 out. 1963. Disponível em: <http://www.planalto.gov.br/ccivil_03/leis/L4266.htm>. Acesso em: 29 mar. 2012.

_____. Presidência da República. Casa Civil. Subchefia para Assuntos Jurídicos. Lei n. 6.708, de 30 de outubro de 1979: Dispõe sobre a correção automática dos salários, modifica a política salarial e dá outras providências. *Diário Oficial da União*, Brasília, 30 out. 1979. Disponível em: <https://www.planalto.gov.br/ccivil_03/leis/1970-1979/l6708.htm>. Acesso em: 29 mar. 2012.

_____. Previdência Complementar – estatística mensal, 2010. Disponível em: <http://www.mpas.gov.br/arquivos/office/4_110408-152746-030.pdf>. Acesso em: 1º jul. 2012.

_____. Supremo Tribunal Federal. AI 618777/RJ – Agravo de Instrumento (Processo físico). Rel. Min. Sepúlveda Pertence. *Diário de Justiça,* Brasília, 3 ago. 2007c. Disponível em: <http://www.stf.jus.br/portal/processo/verProcesso Andamento. asp?incidente= 2403169>. Acesso em: 20 ago. 2012.

_____. 263252/PR. Recurso Extraordinário (Processo físico). Rel. Min. Moreira Alves. *Diário de Justiça,* Brasília, 4 maio 2000. Disponível em: <http://www.stf.jus.br/portal/processo/verProcessoAndamento.asp? incidente= 1798167>. Acesso em: 20 ago. 2012.

CANOTILHO, J. J. Gomes. *Direito Constitucional e Teoria da Constituição.* 7. ed. Coimbra: Almedina, 2003.

CARACTERÍSTICAS do Emprego Formal segundo a Relação Anual de Informações Sociais – 2010 – RAIS 2010. Disponível em: <http://portal.mte.gov.br/data/files/8A7C812D2E73 18C8012FE039D8AA15D9/resultado_2010.pdf.>. Acesso em: 13 abr. 2012.

CARDOSO JÚNIOR, José Celso et al. *Políticas de emprego, trabalho e renda no Brasil:* desafios à montagem de um sistema público, integrado e participativo. Brasília, 2006, (Texto Para Discussão n. 1.237). Disponível em: <http://www.ipea.gov.br/portal/images/stories/ PDFs/TDs/td_1237.pdf>. Acesso em: 16 jul. 2012.

CARDONE, Marly A. *Previdência, assistência, saúde:* o não trabalho na Constituição de 1988. São Paulo: LTr, 1990.

CARDOSO, Adalberto Moreira. *A década neoliberal e a crise dos sindicatos no Brasil.* São Paulo: Boitempo, 2003. p. 119.

CASTRO, Carlos Alberto Pereira; LAZZARI, João Batista. *Manual de direito previdenciário.* 14. ed. Florianópolis: Conceito Editorial, 2012. p. 904.

CATHARINO, José Martins. *Tratado jurídico do salário.* São Paulo: LTr, 1994. p. 207-208.

CESARINO JÚNIOR, A. F. *Direito social brasileiro.* 6. ed. São Paulo: Saraiva, 1970. v. 1, p. 10.

CLARAMUNT, C. O. Una evaluación de las reformas de los sistemas de pensiones en Latinoamerica. *Revista Internacional de Seguridad Social,* Genebra, v. 57, n. 2, abr./jun. 2004.

COIMBRA, José dos Reis Feijó. *Direito previdenciário brasileiro.* 10. ed. Rio de Janeiro: Trabalhistas, 1999. p. 235.

COSTA, Eliane Romeiro. Sistemas previdenciários estrangeiros. Análise das reformas estruturais de previdência complementar. *Revista Estudos,* Goiânia, v. 34, n. 5-6, p. 409, maio/jun. 2007.

CRETTELA JÚNIOR, José. *Elementos de direito constitucional.* 2. ed. São Paulo: Revista dos Tribunais, 1998.

CUEVA, Mario de la. *Derecho mexicano del trabajo.* Ciudad de México: Porrúa, 1960.

DEJOURS, Cristophe. Inteligência operária e organização do trabalho: a propósito do modelo japonês de produção. In: HIRATA, Helena (Org.). *Sobre o modelo japonês.* São Paulo: Edusp, 1993.

DELBONI, Denise Poiani. *A Previdência Complementar como instrumento da política de recursos humanos:* estudo em empresas do setor farmacêutico. 2003. 225 f. Tese (Doutorado em Administração de Empresas) – Escola de Administração de Empresas de São Paulo, Fundação Getúlio Vargas.

DELGADO, Gabriela Neves. *Direito fundamental ao trabalho digno.* São Paulo: LTr, 2006.

_____. O mundo do trabalho na transição entre os séculos XX e XXI. In: PIMENTA, José Roberto Freire *et al.* (Org.). *Direito do trabalho:* evolução, crise, perspectivas. São Paulo: LTr, 2004.

_____. Princípios internacionais do direito do trabalho e do direito previdenciário. In: SENA, Adriana Goulart de; DELGADO, Gabriela Neves; NUNES, Raquel Portugal. (Coord.). *Dignidade humana e inclusão social:* caminhos para a efetividade do direito do trabalho no Brasil. São Paulo: LTr, 2010.

_____; NUNES, Raquel Portugal. (Coord.). *Dignidade humana e inclusão social:* caminhos para a efetividade do Direito do Trabalho no Brasil. São Paulo: LTr, 2010.

DELGADO, Mauricio Godinho. *Capitalismo, trabalho e emprego:* entre o paradigma da destruição e os caminhos da reconstrução. São Paulo: LTr, 2005.

_____. Constituição da República, Estado democrático de direito e direito do trabalho. *Revista LTr:* Legislação do Trabalho, São Paulo, v. 75, n. 10, p. 1.159-1.171, out. 2011.

_____. *Curso de direito do trabalho.* 11. ed. São Paulo: LTr, 2012.

_____. Direitos fundamentais na relação de trabalho. *Revista Magister de Direito Trabalhista e Previdenciário*, Porto Alegre, v. 2, n. 12, p. 20-43, maio 2006.

_____. Relação de emprego e relações de trabalho: a retomada do expansionismo do direito trabalhista. In: SENA, Adriana Goulart de; DELGADO, Gabriela Neves; NUNES, Raquel Portugal. *Dignidade humana e inclusão social:* caminhos para a efetividade do direito do trabalho no Brasil. São Paulo: LTr, 2010.

_____; PORTO, Lorena Vasconcelos. O Estado de Bem-estar Social no capitalismo contemporâneo. In: DELGADO, Mauricio Godinho; PORTO, Lorena Vasconcelos. *O Estado de Bem-estar Social no século XXI.* São Paulo: LTr, 2007.

DEPARTAMENTO INTERSINDICAL DE ESTATÍSTICA E ESTUDOS SOCIOECONÔMICOS. Rotatividade e flexibilidade no mercado de trabalho. Disponível em: <http://www.dieese.org.br/textoRotatividade11.pdf>. Acesso em: 21 jun. 2012.

DOMENEGHETTI, Valdir. *Previdência complementar:* gestão financeira de fundos de pensão. Ribeirão Preto: Inside Books, 2009.

EDUARDO, Ítalo Romano; EDUARDO, Jeane Tavares Aragão. *Curso de direito previdenciário.* 8. ed. Rio de Janeiro: Elsevier, 2010.

ESTEVES, Juliana Teixeira. *Fundos de pensão*: benefício ou prejuízo para os trabalhadores? São Paulo: LTr, 2008.

FARIA, Carlos Aurélio Pimenta de. Uma genealogia das teorias e tipologias do Estado de Bem-estar Social. In: DELGADO, Mauricio Godinho; PORTO, Lorena Vasconcelos. *O Estado de Bem-estar Social no século XXI*. São Paulo: LTr, 2007.

FERRERA, Maurizio. Recalibrar o modelo social europeu: acelerar as reformas, melhorar a coordenação. In: DELGADO, Mauricio Godinho; PORTO, Lorena Vasconcelos. *O Estado de Bem-estar Social no século XXI*. São Paulo: LTr, 2007.

FERREIRA, Weber José. *Coleção introdução à ciência atuarial*. Rio de Janeiro: IRB, 1985. v. 4, p. 15.

FORTES, Simone Barbisan. *Previdência social no estado democrático de direito*. São Paulo: LTr, 2005.

GOES, Hugo Medeiros de. *Manual de direito previdenciário*. Rio de Janeiro: Ferreira, 2006.

GOMES, Orlando; GOTTSCHALK, Élson. *Curso de direito do trabalho*. 18. ed. Rio de Janeiro: Forense, 2007.

GONÇALVES, Antonio Fabrício de Matos. *Flexibilização trabalhista*. Belo Horizonte: Mandamentos, 2004.

GRAU, Eros Roberto. *A ordem econômica na Constituição de 1988*. 3. ed. São Paulo: Malheiros Editores, 1997.

GRUPO CONSULTIVO SOBRE O PISO DE PROTEÇÃO SOCIAL: para uma globalização equitativa e inclusiva. 2011. Disponível em: <http://www.oit.org.br/content/piso-de-prote-o-social-para-uma-globaliza-o-equitativa-e-inclusiva>. Acesso em: 12 jul. 2012.

GUIMARÃES, Leonardo José Rolim. Análise da implementação e alcance do programa salário-família. *Informe de Previdência Social*, v. 23, n. 1, jan. 2011. Disponível em: <http://www.mpas.gov.br/arquivos/office/3_110204-124527>. Acesso em: 10 maio 2012.

GUSHIKEN, Luiz; FERRARI, Augusto Tadeu; FREITAS; Wanderley. *Previdência complementar e regime próprio*: complexidade e desafios. Indaiatuba, SP: Instituto Integrar Integração, 2002. p. 141.

HARVEY, David. *Condição pós-moderna*. São Paulo: Loyola, 1989.

HOBSBAWM, Eric. *A era dos extremos*: o breve século XX: 1914-1991. São Paulo: Cia. das Letras, 1999.

IBRAHIM, Fábio Zambitte. *Curso de direito previdenciário*. 17. ed. Rio de Janeiro: Impetus, 2012.

INSTITUTO BRASILEIRO DE GEOGRAFIA E ESTATÍSTICA. *Brasil*: tábua completa de mortalidade – 2010. Censo 2010: País tem declínio de fecundidade e migração e aumentos na escolarização, ocupação e posse de bens duráveis. 2012. Disponível em: <http://www.ibge.gov.br/home/presidencia/noticias/noticia_visualiza.php?id_noticia=2018&id_pagina=1>. Acesso em: 12 jul. 2012.

INSTITUTO BRASILEIRO DE GOVERNANÇA CORPORATIVA. Disponível em: <http://www.ibgc.org.br/Home.aspx.>. Acesso em: 17 jul. 2012.

INSTITUTO DE PESQUISA ECONÔMICA APLICADA. Disponível em: <https://ipea.gov.br/portal/index.php?option=com_alphacontent&ordering=8&limitstart=4370&limit=10&Itemid=165>. Acesso em: 17 jul. 2012.

INSTITUTO DE PESQUISA ECONÔMICA APLICADA. Sobre a recente queda da desigualdade de renda no Brasil. Ago. 2006. Disponível em: <http://www.ipea.gov.br/sites/000/2/publicacoes/NTquedaatualizada.pdf>. Acesso em: 10 jul. 2012.

_____. TV CANAL 13: Desemprego entre pobres é 37 vezes maior que entre ricos. 11 fev. 2011. Disponível em: <http://www. ipea.gov.br/portal/index.php?option=com_content&view=article&id=7225>. Acesso em: 1º jul. 2012.

JACCOUD, Luciana. O programa Bolsa Família e o combate à pobreza: reconfigurando a proteção social no Brasil? In: CASTRO, Jorge Abrahão de; MODESTO, Lúcia. (Org.) *Bolsa família 2003-2010:* avanços e desafios. Brasília: Ipea, 2010. v. 1, p. 101.

JARDIM, Maria A. Chaves. Fundos de pensão, sindicalistas e recomposição das elites. In: JARDIM, Maria A. Chaves. *A natureza social das finanças:* fundos de pensão, sindicalistas e recomposição das elites. Bauru: Edusc, 2011.

_____. Governo Lula, Sindicatos e fundos de pensão: moralização do capitalismo? In: JARDIM, Maria A. Chaves (Org.). *Natureza social das finanças*: fundos de pensão, sindicalistas e recomposição das elites. Bauru: Edusc, 2011.

JAVILLIER, Jean-Claude. *Manual de direito do trabalho.* São Paulo: LTr, 1998. p. 30-33.

LEITE, Carlos Henrique Bezerra. *Ação civil pública.* São Paulo: LTr, 2006.

LIDERANÇA mundial – patrimônio das EFPCS brasileiras é o que mais cresce no mundo. Portal Fundos de Pensão. Disponível em: <http://www.abrapp.org.br/Lists/Revista/VisualizarConteudo.aspx?ID=523>. Acesso em: 12 abr. 2012.

LOBO, Valéria Marques. *Fronteiras da cidadania:* sindicatos e (des)mercantilização do trabalho no Brasil: 1950-2000. Belo Horizonte: Argvmentum, 2010.

LÚCIO, Clemente Gans. No mínimo, o máximo para a dignidade. Diretrizes para uma política de valorização do salário mínimo. In: BALTAR, Paulo Eduardo de Andrade; DEDECCA, Claudio Salvadori; KREIN, José Dari. *Salário mínimo e desenvolvimento.* Campinas (SP): UNICAMP, Instituto de Economia, 2005.

MARCHESINI, Lucas. AGU protocola 226 ações contra empresas por acidentes de trabalho. 27 abr. 2012. Disponível em: <http://www.valor.com.br/brasil/2637042/agu-protocola-226-acoes-contra-empresas-por-acidentes-de-trabalho#ixzz22orlL0a9>. Acesso em: 12 abr. 2012.

MACIEL, Fernando. *Ações regressivas acidentárias.* São Paulo: LTr, 2010.

MARTINEZ, Wladimir Novaes. *A seguridade social na Constituição Federal.* 2. ed. São Paulo: LTr, 1992.

_____. *Curso de direito previdenciário.* 4. ed. São Paulo: LTr, 2011.

_____. *Primeiras lições de previdência complementar.* São Paulo: LTr, 1996.

_____. *Princípios de direito previdenciário.* 4. ed. São Paulo: LTr, 2001.

MARTINS, Sérgio Pinto. *Direito da seguridade social.* 27. ed. São Paulo: Atlas, 2009.

MARX, Karl. *O capital:* crítica da economia política. 12. ed. Rio de Janeiro: Bertrand Brasil, 1988, Livro I, t. II.

MELLO, Celso Antônio Bandeira de. *Curso de direito administrativo.* 15. ed. São Paulo: Malheiros, 2003.

MELO, Frederico Barbosa de. O resgate do salário mínimo: instrumento ético, político e econômico. In: GUIMARÃES, Juarez. *As novas bases da cidadania:* políticas sociais, trabalho e previdência social. São Paulo: Fundação Perseu Abramo, 2010.

MERRIEN, François Xavier. O novo regime econômico internacional e o futuro dos Estados de Bem-estar Social. In: DELGADO, Mauricio Godinho; PORTO, Lorena Vasconcelos. *O Estado de Bem-estar Social no século XXI.* São Paulo: LTr, 2007.

MODESTO, Lúcia. Bolsa Família: Quem paga, quem recebe e para quê. *Jornal do Brasil,* 20 out. 2009. Disponível em: <http://www.fomezero.gov.br/art./bolsa-familia-quem-paga-quem-recebe-e-para-que-lucia-modesto/>. Acesso em: 28 ago. 2012.

NAÇÕES UNIDAS DO BRASIL. Declaração Universal dos Direitos Humanos. Disponível em: <http://www.onubrasil.org.br/documentos_direitoshumanos.php>. Acesso em: 12 abr. 2012.

NASCIMENTO, Amauri Mascaro. *Compêndio de direito do trabalho.* 2. ed. São Paulo: LTr, 1979.

_____. *Curso de Direito do Trabalho.* 23. ed. São Paulo: Saraiva, 2008.

_____. *Teoria geral do direito do trabalho.* São Paulo: LTr, 1998. p. 231.

OLIVEIRA, Sebastião Geraldo de. *Proteção jurídica à saúde do trabalhador.* 4. ed. São Paulo: LTr, 2002.

PIERDONÁ, Zélia Luiza. Previdência social. *In:* DIMOULIS, Dimitri (Coord.). *Dicionário brasileiro de direito constitucional.* São Paulo: Saraiva, 2007.

PINHEIRO, Ricardo Pena. *A demografia dos fundos de pensão.* Brasília: Ministério de Previdência Social, 2007. (Coleção Previdência Social; 24)

PINHEIRO, Vinícius Carvalho; VIEIRA, Solange Paiva. A nova regra de cálculo dos benefícios: o fator previdenciário. *Informe da Previdência Social,* n. 11, v. 11, nov/1999. Disponível em: <http://www.mpas.gov.br/arquivos/office/3_081014-104625-913.pdf>. Acesso em: 27 mar. 2012.

PIOVESAN, Flávia. *Direitos humanos e o direito constitucional internacional*. 4. ed. São Paulo: Max Limonad, 2000.

_____. *Direitos humanos e o direito constitucional internacional*. 3. ed. São Paulo: Max Limonad, 1997.

POCHMANN, Márcio. Ciclos do valor do salário mínimo e seus efeitos redistributivos no Brasil. In: BALTAR, Paulo Eduardo de Andrade; DEDECCA, Claudio Salvadori; KREIN, José Dari (Orgs.). *Salário mínimo e desenvolvimento*. Campinas: UNICAMP, Instituto de Economia, 2005.

_____. *O emprego na globalização*: a nova divisão internacional do trabalho e os caminhos que o Brasil escolheu. São Paulo: Boitempo, 2002.

_____. Revolução no embate das ideias e projeto de sociedade. In: SISTER, Sérgio (Org.) *O abc da crise*. São Paulo: Editora Fundação Perseu Abramo, 2009.

POLÍTICA de valorização do salário mínimo: considerações sobre o valor a vigorar a partir de 1º de janeiro de 2010. Nota Técnica, n. 86, jan. 2010. Disponível em: <http://www.dieese.org.br/esp/notatec86SALARIOMINIMO2010.pdf>. Acesso em: 15 jul. 2012.

PÓVOAS, Manuel Sebastião Soares. *Previdência privada:* filosofia, fundamentos técnicos, conceituação jurídica. São Paulo: Fundação Escola Nacional de Seguros Editora, 1985.

_____. *Na rota das instituições do bem-estar*: seguro e previdência. São Paulo: Green Forest do Brasil, 2000. p. 31.

PRESENÇA majoritária de patrocinadores privados. 7 mar. 2012. Disponível em: <http://www.revistabrasileiros.com.br/2012/3/7/presenca-majoritaria-de-patrocinadores-privados/>. Acesso em: 23 jul. 2012.

PREVI é um fundo de pensão como nenhum outro. *Valor Econômico*, 24 maio 2012. Disponível em: <http://www.valor.com.br/financas/2675686/previ-e-um-fundo-de-pensao-como-nenhum-outro#ixzz21fPuxxX4>. Acesso em: 23 jul. 2012.

PREVIDÊNCIA Social. Institucional: MPS divulga reajuste de benefícios e nova tabela de contribuição. Disponível em: <http://www.previdencia.gov.br/vejaNoticia.php?id=45063.>. Acesso em: 17 jul. 2012.

PULINO, Daniel. A atuação estatal na regulação e fiscalização das entidades fechadas de previdência complementar. In: *Fundos de Pensão:* aspectos jurídicos fundamentais. SP: Abrapp/ICSS/Sindapp, 2009.

_____. Acidente do trabalho: ação regressiva contra as empresas negligentes quanto à segurança e à higiene do trabalho. *Revista de Previdência Social*, Porto Alegre, v. 20, n. 182, jan. 1996.

RAMOS, Maria Cibele de Oliveira. *Os planos de benefícios das entidades de previdência privada*. São Paulo: LTr, 2005.

REALE, Miguel. *Lições preliminares de direito*. 26. ed. São Paulo: Saraiva, 2002.

REIS, Daniela Muradas. O princípio da vedação do retrocesso jurídico e social no direito coletivo do trabalho. *Revista IOB Trabalhista e Previdenciária,* Porto Alegre, v. 22, n. 262, p. 84-100, abr. 2011.

RENAULT, Luiz Otávio Linhares. O novo código civil e o velho contrato de trabalho. *Carta Maior on line* – CLT@letrônica, Internet, 2003.

RICARDO Flores deixa o comando da Previ. *Correio Braziliense*, 26 maio 2012. Disponível em: <https://conteudoclippingmp.planejamento.gov.br/cadastros/noticias/2012/5/26/ricardo-flores-deixa-o-comando-da-previ/>. Acesso em: 18 jul. 2012.

RIFKIN, Jeremy. *O fim dos empregos*: o declínio inevitável dos níveis dos empregos e a redução da força global de trabalho. Trad. de Ruth Gabriela Bahr, Revisão técnica Luiz Carlos Merege. São Paulo: Makron Books, 1995.

ROCHA, Daniel Machado da. O direito fundamental à Previdência Social na perspectiva dos princípios constitucionais diretivos do sistema previdenciário. In: CASTRO, Carlos Alberto Pereira; LAZZARI, João Batista. *Manual de direito previdenciário*. 14. ed. Florianópolis: Conceito Editorial, 2012.

RUSSOMANO, Mozart Victor. *Comentários à Consolidação das Leis da Previdência Social*. 2. ed. São Paulo: Revista dos Tribunais, 1981.

_____. *Curso de previdência social*. 2. ed. Rio de Janeiro: Forense, 1983.

_____. *Curso de previdência social*. Rio de Janeiro: Forense, 1978.

SENA, Adriana Goulart de; DELGADO, Gabriela Neves; NUNES, Raquel Portugal. (Coord.). *Dignidade humana e inclusão social:* caminhos para a efetividade do Direito do Trabalho no Brasil. São Paulo: LTr, 2010.

SENADO FEDERAL. Fundo de pensão. *Portal de Notícias*. Disponível em: <http://www12.senado.gov.br/noticias/entenda-o-assunto/fundos-de-pensao>. Acesso em: 18 jul. 2012.

SILVA, José Afonso. *Curso de direito constitucional positivo*. 27. ed. São Paulo: Malheiros, 2006.

SOUTO MAIOR, Jorge Luiz. A Convenção 158 da OIT: dispositivo que veda a dispensa arbitrária é autoaplicável. *Jus Navigandi*. Disponível em: http://jus.com.br/revista/texto/5820"http://jus.com.br/revista/texto/5820&p=2">. Acesso em: 18 jul. 2012.

_____. A terceirização e a lógica do mal. In: SENA, Adriana Goulart; DELGADO, Gabriela Neves; NUNES, Raquel Portugal (Coord.). *Dignidade humana e inclusão social:* caminhos para a efetividade do Direito do Trabalho no Brasil. São Paulo: LTr, 2010.

_____. Direito do trabalho e desenvolvimento econômico. Um contraponto à teoria da flexibilização. *Revista da Faculdade de Direito Padre Anchieta,* Porto Alegre, v. 3, n. 5, set. 2002.

_____. *Relação de emprego e direito do trabalho:* no contexto da ampliação da competência da justiça do trabalho. São Paulo: LTr, 2007.

_____; CORREIA, Marcus Orione Gonçalves. O que é direito social. In: CORREIA, Marcus Orione Gonçalves (Org.). *Curso de direito do trabalho.* São Paulo: LTr, 2007.

SOUZA, Lilian Castro de. *Direito previdenciário.* 2. ed. São Paulo: Atlas, 2006. v. 27.

TAVARES, Geovani de Oliveira. *Desobediência civil e direito político de resistência:* os novos direitos. Campinas: Edicamp, 2003.

TAVARES, Marcelo Leonardo. *Direito previdenciário*: regime geral de previdência social e regras constitucionais dos regimes próprios de previdência social. 13. ed. rev., ampl. e atual. Rio de Janeiro: Impetus, 2011.

TEIXEIRA, Paulo *et al.* Projeto de Lei Complementar – PLP 130/2012. Disponível em: <http://www.camara.gov.br/proposicoesWeb/fichadetramitacao?idProposicao=534163>. Acesso em: 18 jul. 2012.

THUSWOHL, Maurício. Não mata ninguém: uma minúscula tributação sobre as grandes fortunas em nada incomodaria o sono dos mais ricos e poderia ser um grande reforço para a saúde pública e o combate à miséria. *Revista Do Brasil*, n. 70, abr. 2012. Disponível em: <http://www.redebrasilatual.com.br/revistas/70/economia>. Acesso em: 18 jul. 2012.

TRINDADE, Antônio Augusto Cançado. *Tratado de direito internacional dos direitos humanos.* Porto Alegre: Sergio Fabris, 1997.

_____. Apresentação. In: PIOVESAN, Flávia. *Direitos humanos e o direito constitucional internacional.* 4. ed. São Paulo: Max Limonad, 2000.

TRINDADE, José Damião de Lima. Terá o direito do trabalho chegado a seu esgotamento histórico? In: SILVA, Alessandro da; SOUTO MAIOR, Jorge Luiz; FELIPPE, Kenarik Boujikian; SEMER, Marcelo (Coord.). *Direitos Humanos*: essência do direito do trabalho. São Paulo: LTr, 2007.

THOMPSON, Lawrence. Mais velha e mais sábia: a economia dos sistemas previdenciários. In: BARRA, Juliano Sarmento. *Fundos de pensão instituídos na Previdência Privada Brasileira.* São Paulo: LTr, 2008.

VIANA, Márcio Túlio. A proteção social do trabalhador no mundo globalizado: o direito do trabalho no limiar do século XXI. *Revista LTr*, São Paulo, v. 63, n. 7, p. 885-896, 1999.

_____. As andanças da economia e as mudanças no Direito. In: RENAULT, Luiz Otávio Linhares; DIAS, Fernanda Melazo; VIANA, Márcio Túlio (Coord.). *O novo contrato a prazo.* São Paulo: LTr, 1998.

_____. Direito do Trabalho e flexibilização. In: BARROS, Alice Monteiro de (Coord.). *Curso de Direito do trabalho*: estudos em memória de Célio Goyatá. 3. ed. São Paulo: LTr, 1997.

_____. Proteção social do trabalhador no mundo globalizado. In: PIMENTA, José Roberto Freire et al. (Coord.). *Direito do trabalho:* evolução, crise, perspectivas. São Paulo: LTr, 2004.

_____. Terceirização e sindicato. In: DELGADO, Gabriela Neves; HENRIQUE, Carlos Augusto Junqueira. (Coord.). *Terceirização no direito do trabalho.* Belo Horizonte: Mandamentos, 2004.

_____. Trabalhando sem medo: alguns argumentos em defesa da convenção n. 158 da OIT. *Revista do Tribunal Regional do Trabalho 3ª Região*, Belo Horizonte, n. 76, p. 235-246, jul. 2007.

WEINTRAUB, Arthur Bragança de Vasconcellos. *Previdência privada*: doutrina e jurisprudência. São Paulo: Quartier Latin, 2005.